GOLF ANATOMY

高尔夫运动
解剖学

第 2 版

[英] 克雷格·戴维斯（Craig Davies）
文斯·迪赛亚（Vince DiSaia） 著

唐 翀 / 译

人民邮电出版社

北 京

U0747275

图书在版编目（CIP）数据

高尔夫运动解剖学：第2版 / （英）克雷格·戴维斯
(Craig Davies)，（英）文斯·迪赛亚 (Vince DiSaia)
著；唐翀译. -- 北京：人民邮电出版社，2020.5
ISBN 978-7-115-52584-0

Ⅰ. ①高… Ⅱ. ①克… ②文… ③唐… Ⅲ. ①高尔夫
球运动—运动解剖 Ⅳ. ①G849.314

中国版本图书馆CIP数据核字(2019)第243500号

版权声明

Copyright © 2019, 2010 by Craig Davies and Vince DiSaia

All rights reserved. Except for use in a review, the reproduction or utilization of this work in any form or by any electronic, mechanical, or other means, now known or hereafter invented, including xerography, photocopying, and recording, and in any information storage and retrieval system, is forbidden without the written permission of the publisher.

保留所有权利。除非为了对作品进行评论，否则未经出版社书面允许不得通过任何形式或任何电子的、机械的或现在已知的或此后发明的其他途径（包括静电复印、影印和录制）以及在任何信息存取系统中对作品进行任何复制或利用。

免责声明

本书内容旨在为大众提供有用的信息。所有材料（包括文本、图形和图像）仅供参考，不能替代医疗诊断、建议、治疗或来自专业人士的意见。所有读者在需要医疗或其他专业协助时，均应向专业的医疗保健机构或医生进行咨询。作者和出版商都已尽可能确保本书技术上的准确性以及合理性，并特别声明，不会承担由于使用本出版物中的材料而遭受的任何损伤所直接或间接产生的与个人或团体相关的一切责任、损失或风险。

内 容 提 要

　　高尔夫运动中的挥杆是一个极其复杂的动作，高尔夫球手需要掌握很好的技巧，才能提升运动表现并降低损伤风险。本书作者基于超过 15 年为高尔夫球员服务的经验，为读者提供了全方位的高尔夫专项体能训练指导，包括灵活性训练，平衡和本体感受训练，旋转对抗和减速训练，力量训练及爆发力训练等高效练习和方案，帮助读者优化挥杆角度、提升能量转移效率、增加击球距离，从而实现更远、更准的击球，减少完成比赛所需的杆数，赢得比赛的胜利。无论对高尔夫球员、教练，还是高尔夫运动爱好者及相关专业的学生来说，本书都不容错过。

◆　著　　　　　 ［英］克雷格·戴维斯（Craig Davies）
　　　　　　　　　文斯·迪赛亚（Vince DiSaia）
　　译　　　　 唐翀
　　责任编辑　 林振英
　　责任印制　 周昇亮

◆　人民邮电出版社出版发行　　北京市丰台区成寿寺路 11 号
　　邮编　100164　 电子邮件　315@ptpress.com.cn
　　网址　http://www.ptpress.com.cn
　　廊坊市印艺阁数字科技有限公司印刷

◆　开本　700×1000　1/16
　　印张　13.75　　　　　　　　　2020 年 5 月第 1 版
　　字数　254 千字　　　　　　　 2025 年 11 月河北第 20 次印刷
　　　　　　著作权合同登记号　图字：01-2018-3875 号

定价：98.00 元
读者服务热线：(010)81055296　印装质量热线：(010)81055316
反盗版热线：(010)81055315

目　录

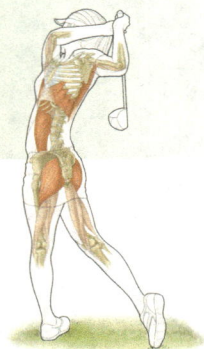

扫描右侧二维码添加企业微信。

1.首次添加企业微信，即刻领取免费电子资源。

2.加入体育爱好者交流群。

3.不定期获取更多图书、课程、讲座等知识服务产品信息，以及
参与直播互动、在线答疑和与专业导师直接对话的机会。

译者序

上一部译作《高尔夫运动从入门到精通（全彩图解第 2 版）》出版后，我收到了很多读者的反馈，一些读者是为了咨询书中的不解之处，也有很多读者是希望我能翻译更多的高尔夫运动方面的著作。从多个渠道的反馈来看，《高尔夫运动从入门到精通（全彩图解第 2 版）》确实获得了很多的正面评价，这是一件非常鼓舞我的事情。

为了帮助高尔夫运动爱好者更深入和系统地学习这项运动，经国家体育总局王雄博士推荐，我决定将 HUMAN KINETICS 出版社的这本专业图书翻译出来。这是一本以高尔夫运动中的人体解剖学特点来系统学习这项运动的指导书。

对于希望更加了解高尔夫动作原理的爱好者，这本书可以帮助你了解发力过程中身体各部位肌肉群的变化情况。同时，运用书中的原理和训练方法进行练习，还可以使你的发力更加顺畅、动作更加标准。因此，无论对于初学者还是专业选手，这都是一本非常难得的学习参考资料。重要的是它可以帮助你早日形成符合自身身体特点的击球方式。我一直坚信这样的高尔夫运动理念：标准的动作是基本功，但结合自己身体条件的动作才可以帮助你发挥到最好，才可以持久让你进步。

本书的翻译工作是在 2019 年 4 月前后完成的。由于书中有较多的解剖学术语，故需要较长的时间进行复核，以至于现在才得以出版，其中难免有些翻译不当之处，还请指正。

最后，感谢我的导师清华大学经济管理学院高建教授对我的鼓励，感谢清华大学经济管理学院何平教授对协会的指导。并感谢读者们的热情和宝贵建议。

二〇一九年八月八日于清华园

序 言

21 世纪初，我在安大略省米西索加市与克雷格·戴维斯博士会面，这是我职业生涯中最重要的时刻之一。我当时已经执教 4 年，我认为自己已经完全了解高尔夫运动的挥杆动作。在这次偶然见面中，他让我很快意识到，我知道的那点东西太浅薄了。（可以肯定的是，作为高尔夫教练，我在解剖学、生理学和生物力学方面接受的教育还不够充分。具有讽刺意味的是，理解高尔夫挥杆原理最重要的就是解剖学、生理学和生物力学！）我的世界在那一天变得更美好，因为克雷格一直是我最好的高尔夫导师，没有之一。

现在，15 年过去了，我和克雷格一直在青少年高尔夫、高尔夫迷你巡回赛以及 10 多年的美国职业高尔夫协会巡回赛中保持合作关系。我们曾与许多在我们的时代进入世界前 10 名的球员合作过。在这段时间里，克雷格已经成为高尔夫界最成功和值得信赖的体能教练、动作教练和脊椎指压治疗师之一。脊骨神经医生是他的正式职衔，但他的好奇心和敏锐的头脑让他成为以动作为基础的所有事物的专家。克雷格掌握的知识包括营养、训练、治疗、人体学习和运动表现等方面，他忘记的知识都已经比大多数人掌握的知识更多了。

文斯·迪塞亚博士和克雷格博士合著了一本突破性的作品，即本书的第 1 版。这是让高尔夫球手、高尔夫教师和高尔夫体能教练有机会探索在高尔夫挥杆过程中体内的实际运作情况的首批著作之一。在本书第 2 版新增加了几十个练习，使读者能更深入地了解身体在高尔夫挥杆中的运作规律，同时，这些练习更侧重于提升身体的移动能力，以帮助读者提高挥杆水平。

高尔夫运动员由于长期运动，以及高尔夫这项困难运动引起的伤病和对身体造成的高负担，而使他们的职业生涯面临极大的风险。克雷格和迪塞亚博士帮助了无数这样的运动员。本书将与您分享世界顶级球员在美国职业高尔夫协会巡回赛、欧洲巡回赛和美国女子职业高尔夫协会巡回赛中每周都会收到的信息。我建议您完整地阅读本书，因为书中介绍的这些相关技能会紧密相接——从第 1 章到最后一章。高尔夫球员犯的最大错误之一就是匆匆结束基础训练阶段。如果不具备基础技能，那就无法拥有高尔夫运动所需的身体素质，也无法掌握正确的高尔夫挥杆技能。

球员难以提高挥杆技术的主要原因之一是他们的身体往往无法执行他们自己

及其高尔夫教练所期望的技术。这将是使用这本书能解决的最大问题。当您慢慢读完本书的所有章节时，就会解锁越来越大的运动潜力。这种提高将使您能够在挥杆中更好地运用几何学和物理学。你的几何结构和物理学掌握得越好，高尔夫挥杆效率就越高，您将能够比以往更快、更安全地改变自己的技术。

在这本书第 2 版中，您将受益于克雷格和迪塞亚博士对该领域更深入的理解。我很幸运地能够在自己的训练中获得他们的建议，并且我亲眼看见了他们服务的球员的运动能力发生了令人难以置信的转变。在过去的 10 年里，有十几名运用这本书中概念训练的球员成为美国职业高尔夫协会巡回赛的最佳击球手和发球手。

无论您是高尔夫教练、理疗医师、脊椎指压治疗师，还是训练员，这本书都能让您更好地理解这项运动，从而让您更加胜任自己的专业岗位。如果您是青少年高尔夫球员、大学高尔夫球员、职业球员，甚至是业余球员，只要正确运用本书中的知识与方法，无疑都可以提升您在这项运动中的表现。

无论您是想实现更远的击球距离和更直的击球线路，还是想在打球时避免损伤，这本书都适合您。当您仔细阅读这本书时，当您在这项迷人的运动中逐渐取得更大的成功时，请享受自己的进步。

西恩·弗莱
美国职业高尔夫协会巡回赛教练

前　言

　　在过去10年中，大量的高尔夫训练辅助工具、球杆和球涌入市场。你可以使用自己想用的所有训练辅助工具、高尔夫球杆和高尔夫球。但是，身体是诚实的。如果你的身体无法按高尔夫挥杆要求的方式移动，无论你的球杆有多新，或者你使用过多少挥杆训练辅助工具都不重要，因为你无法做出自己所渴望的稳定、有力的挥杆。

　　高尔夫挥杆需要非常复杂的技巧，需要身体中的大部分关节的移动接近其最大动作范围，并且移动和支撑这些关节的肌肉必须以接近其最高能力的水平来发力。世界上最好的高尔夫球员在击球时会加速球杆冲击，然后立即减速，使球杆在达到终止位置时从极高的速度重归于零，在其他运动中几乎没有动作能达到这种精确度和爆发性。

　　许多高尔夫解说员认为这个运动就是获得更少的杆数和更高的世界排名，然而马克·布罗德在高尔夫界的出现影响了这一观点。过去大家一直认为高尔夫球员"发球赚掌声，推杆赚大钱"（drive for show and putt for dough）。这个说法在电视转播中一次又一次地被重复，但现在已被证明是不准确的。布罗德教授的分析已经证明，与世界排名较低的球员相比，世界上最好的球员击球距离更远，并且更准确。当然，与现在相比，推杆在过去几十年里对整体分数的影响力更大，这也是大众产生传统观点的重要影响因素之一。

　　顶尖球员（根据世界排名）与世界排名比他们低几百位的球员使用的是相同质量的高尔夫球杆和高尔夫球。因此，并不仅仅是装备让这些顶尖球员更用力、更精确地击球。世界顶尖球员也经常与世界排名远远落后于他们的球员聘请同一位教练。所以仅仅是教练并不可能造成决定性的差异。是什么因素让世界顶尖球员比其他球员更优秀呢？

　　那么，我们来简单看一下，在最近的世界高尔夫锦标赛比洞赛中，世界排名前66的球员中有64位参赛，这可以引发我们的一些思考。64名球员中的57名（89%）有一名教练或治疗师随同参赛，以帮助他们更好地发挥运动水平。而在另外7名没有带训练师或徒手按摩师参赛的球员中，至少5名在家时有请教练。这意味着在这个非常独特的领域中，64名球员中至少有62名利用专业人员来帮助他们。当我们评估在同一周进行的另一场比赛时，只有26%的球员聘请专业人员来帮助他们。这是一个重大的差异，并且可能是决定高尔夫球员在该项运动的最高水平赛事上取得成功的最大影响因素。

在各个科学领域中，对探讨身体如何发展，以及哪些因素让身体适应训练并创造更有效和精确的动作均有多项研究，而将这些研究成果联系起来就是本书的目标。我们将帮助读者了解如何养成健康、无痛的关节，并按自己的意愿控制它们。我们将举例说明如何让这些健康的关节精确参与动作。读者还将学习如何训练特定的动作模式，并且了解每个动作如何直接帮助自己提高在高尔夫运动中的表现。从来没有一本书如此清晰和简单地将动作学习和高尔夫表现这两个世界联系在一起。一旦了解如何循序渐进、安全和高效地让身体适应，以提升其运动潜力，学习和训练体验将使自己变得更加充实，并且积极性将会更高，因为花在身体上的时间将会更有效和更有趣。

基于多个原因，我们对本书进行了重新设计和更新。每位高尔夫球员都应该了解在高尔夫挥杆期间，自己的身体是如何运动的，以及能够产生运动的能力。因此，第1章致力于增加读者对有效高尔夫挥杆的关键要素的了解。任何单独的章节都无法涵盖高尔夫挥杆的美妙之处和复杂性。但是，理解本书第1章中所介绍的要点可以帮助领会高尔夫挥杆中的力量是如何产生的，以及为什么身体不仅要健壮，还要适合高尔夫这项运动。

我们希望帮助大家清晰而详细地了解在高尔夫挥杆过程中以及本书中各种练习时所执行的动作。由于移动能力是更高水平的高尔夫挥杆的关键，因此了解身体如何移动对于改善移动能力至关重要。毕竟，知道得越多，才可以准备得越好。

本书在介绍体能练习和高尔夫挥杆时配备了详细的解剖插图，以准确说明赛场内外每一个动作过程中球员体内的实际变化。这些解剖插图使用不同的颜色区分每个练习和动作中所涉及的主要肌群、辅助肌群及结缔组织。

　　　　■ 主要肌群　　　　■ 辅助肌群　　　　■ 结缔组织

通过深入地研究人体，大家不仅能够了解每个练习所锻炼的关节和肌肉，还能了解高尔夫挥杆过程中如何直接利用这些肌肉。使用插图的形式一目了然地说明挥杆和身体肌肉的关系是本书的独特之处。这为我们了解身体和高尔夫挥杆以及二者如何密切相互影响提供了一个最简单的方法。

本书还提供了许多简单练习。对于那些直接影响挥杆的准确度、击球距离以及稳定性的关节和肌肉，这些练习可以提高它们的灵活性、稳定性、平衡能力、旋转能力、力量和爆发力。这些练习都有分步骤的讲解，可以帮助读者轻松地完成每个练习。

这些讲解配有详细的解剖插图，可以帮助你进行有针对性的训练，并理解训练如何直接转化为挥杆质量。自己的身体就是在高尔夫球场上能够使用的最强大和最有效的工具。越了解这个工具，就能越有效地使用和改善它。

此外，本书提供的信息还有助于培养健康和正常运作的关节。身体需要具备拥有足够动作范围的关节及控制关节的能力，这样才能够安全地创造出具有所需精确度和爆发力的运动模式。高尔夫挥杆是所有运动项目中最具动态、爆发性和复杂性的动作之一。高尔夫球员的身体产生和吸收的作用力属于运动世界中看到的最大作用力。这一点是显而易见的，因为事实上，高达80%的高尔夫球员在其高尔夫职业生涯中至少经历一次重大伤病。仅在美国就有超过3500万人打高尔夫球，也就是说，超过2800万人经历过重伤，更多的人有许多其他的轻伤。

产生高损伤率的其中一个原因是发球时造成的作用力对高尔夫球员的脊柱产生8～10倍于其体重的压缩力。为了说明这一点，我们以跑步为例，跑步被认为是一种对身体造成极高压力的冲击性运动，而跑步对脊柱产生的压缩力只相当于跑者体重的3～4倍。每一次高尔夫挥杆的重复高速作用力要求许多身体部位有足够的力量和灵活性才能承受，而脊柱只是其中之一。在每次挥杆时必须吸收所有这些压力，才能让身体保持健康、强壮和活跃。若不具备承受这种作用力的能力，就会导致危险的代偿、挥杆技巧不佳和运动损伤。体能训练可以帮助球员防止损伤并提高在高尔夫球场上的最佳表现。

当试图训练身体承受高尔夫挥杆过程中的作用力时，我们必须考虑要改善高尔夫表现的哪些方面。例如，当我们挥动高尔夫球杆时，我们需要即时的无氧能量，而行走四五个小时则需要我们的有氧系统来产生能量。这两个系统要以完全不同的方式进行训练。

如果那看起来还不够复杂，我们就必须看看在练习课中对身体的要求。这些要求与实际的高尔夫比赛并不一致。在练习课中，高尔夫球员或许会在不到1个小时内执行超过100次高尔夫挥杆。高尔夫挥杆的爆发力需要极高水平的肌肉激活，这需要大量的能量。重复的高尔夫挥杆与耗尽的能量将导致运动表现下降，并增加损伤的可能性。在设计训练计划时必须考虑练习课的要求，而不仅仅是在一轮高尔夫球比赛中的实际表现。

尽管为了更好的高尔夫表现和降低受伤风险而提高身体素质是个很重要的目标，但是仅仅告诉你几十个练习并让你随意进行训练是不够的。为此，本书特意帮助大家理解高尔夫挥杆涉及的解剖学知识，以及如何最有效地使用这些知识。

因为大家训练的目标是提高身体适应某项运动的身体素质，而非仅仅是增大肌肉，所以按照功能对各章内容进行排序是完全合理的。你或许只能在本书中找到这种针对高尔夫球员设计的独一无二的训练方法。

由于高尔夫挥杆的动态特点，身体的许多部位在其他部位高速运动的情况下需要保持稳定。要打好高尔夫，必须要有极佳的速度、力量和爆发力水平，但是要有效获得这些能力，身体必须先具备足够的灵活性、平衡性和稳定性。后三者是前三者所依赖的基石。因此，本书前几章重点介绍高尔夫球员身体的灵活性、平衡性以及稳定性，而将力量和爆发力的内容留到后面的章节再进行介绍。虽然大家不必完全掌握前面章节的内容再进行下一章节的学习，但是如果身体的灵活性和稳定性严重不足，就不能只做爆发力训练。这些练习和章节按照进阶的顺序排列，非常便于学习，遵循这个进阶过程，大家在提高身体素质和高尔夫运动表现方面的目标会很容易实现。

拥有适合打高尔夫的健康身体，绝对可以降低损伤的风险，但是却不能保证在高尔夫职业生涯中永远没有损伤。因为高尔夫挥杆的爆发力很大，损伤是肯定会出现的。然而，如果制订的高尔夫体能训练计划可以强调每个身体部位的正确动作，那么你将拥有不让身体的某个区域超负荷的最佳机会。许多高尔夫运动损伤是由于挥杆力学不佳造成的，因为球员缺乏灵活性或无法正确控制动作。根据练习在本书中出现的顺序以及第8章中的练习进阶图表来创建高尔夫体能训练计划，将有助于你最大限度地利用在球场上训练的时间，并缩短伤病康复耗费的时间。

在本书中，我们用一整章来介绍热身，以确保你的身体为高尔夫挥杆和高尔夫体能训练流程做好准备。球员往往会忽视训练流程中的热身部分，这会使他们更容易受伤或形成不良运动模式。在我们撰写本前言的前一周，参加美国职业高尔夫协会巡回赛的一名球员决定不做热身，因为他迟到了，错过了与其他球员一起练习的时间。后来，他的下背部受伤，并被迫错过了下一站比赛。让身体为高尔夫挥杆做好准备的重要性是怎么强调都不为过的。

本书介绍了很多有用的信息，并且适合以下几类读者。第一类是所有希望避免损伤、改善健康，并提高击球的距离、准确性及稳定性的高尔夫球员。本书可以帮助他们理解挥杆背后的解剖学知识，以及有效训练该解剖结构的工具。

可从本书中获益的第二类读者是专业教学人员。他们可以从中更深入地理解挥杆过程中的身体动力学知识。教学人员往往没有意识到或没有能力发现其学生在身体上的各种不足或限制。这种情况不是教学人员的过失，因为他们是高尔夫挥杆能手，却不是身体方面的专家。但是，更好地理解高尔夫球员的身体解剖学知识和各身体部位的移动类型，可以帮助专业教学人员提高教学效果，更好地了解球员如何避免受伤，并针对如何改善功能不健全的身体部位提出合理建议。

高尔夫教学专业人员将学习如何确定高尔夫球员能够移动到特别好的特定区域（我们将这些特殊运动区域称为身体天赋），并确保球员能够利用这些身体天赋。这将帮助高尔夫球员以发挥其最大身体潜能的方式移动。

遵循自己的身体结构特点来移动正是亨特·马汉在他的青少年时期、大学时期和职业生涯中所贯彻的事情，这段时间也正好是我们的好朋友西恩·弗莱教练与他合作的时期。识别并利用这些身体天赋可以让最好的击球员展示其独特的挥杆方式，无论我们谈论的是罗里·麦克罗伊、凯文·查普尔、贾斯汀·托马斯、加里·伍德兰德、格雷厄姆·德拉特、达斯汀·约翰逊、松山英树、本·霍根，还是默伊·诺曼或戈雷格·诺曼，他们都有独特的挥杆方式。当一名球员试图以一种不展现自己天赋的方式移动或照搬某种挥杆方式时，他往往会失去高超的击球能力。

利用本书可以增长知识的第三类读者是体能训练专业人士。虽然他们在设计训练计划方面拥有丰富的经验，但他们可能对高尔夫挥杆的力学认识不足，不能运用正确的训练方法。本书深入详细地介绍了高尔夫挥杆的原理，并说明了如何针对高效、强劲的挥杆所需的动作和其他重要方面来设计有效的训练计划。

致 谢

　　这本书得以问世，是因为我的周围都是出色的人。这些优秀的人多年来一直支持、激励并鼓舞着我。他们让我的每一天都很特别，并使我处于一个充满爱和互相学习的氛围中。有些人的名字可能没有出现在这份简短的致谢中，但我仍然感谢他们。

　　我的妻子安德里亚给我的挑战和鼓励比任何人都大。如果没有她，我的生活、家庭和事业不可能像现在一样美好。我的女儿布鲁克林和夏洛特教给我的比我所希望教会她们的更多。我的母亲和姐妹们也一直相信并鼓励我。

　　感谢我职业生涯中最伟大的导师西恩·弗莱和我的好朋友丹·麦维卡，如果没有他们两位，我的生活将是不完整的。在过去10年的巡回赛里，我的身边一直有一群同龄人在为高尔夫事业而奋斗，他们是阿拉·苏皮亚、马克·瓦尔、马纳斯·玛莱、特洛伊·范·比森、克里斯·诺斯、乔伊·戴维塞维、兰迪·迈尔斯、杰夫·巴纳斯扎克和马克·布莱克本。如今，致力于推进运动员护理标准的大量专业人士也已加入我们。下一代的高尔夫球员将得到更好的服务。

　　我非常荣幸能与这些信任我可以帮助发展和保持其优秀表现的杰出运动员共度时光：亨特·马汉、凯文·查普尔、格雷厄姆·德拉特、尼克·泰勒、切斯·雷维、加里·伍德兰德、安秉勋、亨利克·斯滕森、克里斯·巴里拉、乔恩·米尔斯、安德鲁·帕尔、斯蒂芬·艾米斯、金时沅、肖恩·奥海尔、高宝璟、贾斯汀·罗斯和梁容银。他们每一位都是了不起的运动员，但更重要的是，每一位都是出色的人。

克雷格·戴维斯

　　致我的妻子玛西，谢谢你永远支持我，无法想象没有你在身边，我如何实现我的目标。

　　致卡森、科尔和克罗斯比，感谢你们保持自我。希望我能激励你们，就像你们激励我一样。

　　致陪我这一路走来的导师们，感谢你们的建议，这些建议塑造了真正的我和我的成就。

文斯·迪塞亚

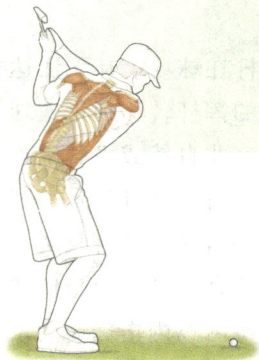

运动中的高尔夫球员

高尔夫是一项独特的运动项目，因为通过使用差点，所有技能水平的球员都可以同场竞技。在降低自己的差点时，球员也在与自己比赛。对所有运动员而言，无论实际的高尔夫能力如何，能够在一场有意义的比赛中竞技便是个绝妙的机会，而这个机会在任何其他运动项目中都不会出现。

但是，我们都更想成为差点较低的球员，差点最好是越来越低！有很多方法可以让我们在高尔夫比赛中表现得更好。我们可以用推杆来改善击球，或者提高我们正确阅读推杆线路的能力。我们可以改进打短杆和铁杆的技术，或者改进开球的技术。这些选择的问题是，我们需要在高尔夫球场上练习和提高。对于大多数人来说，很难找到足够的时间定期去球场练习并在任何一个方面取得实质性进步，更不要说所有这些方面了。

还有另一种选择可以完善高尔夫技术。世界上最好的球员早就知道，要完善高尔夫技术，最有效的方法就是提高与这项运动有关的身体素质。当球员可以更好地控制自己的身体时，完善这项运动的技术部分就会变得更加容易，因为他们现在拥有更多可用的移动选择。无论是高差点的业余选手，还是那些试图在美国职业高尔夫协会巡回赛或欧洲巡回赛上保留其职业卡的选手，大多数球员都会遇到一个共同的问题——他们浪费宝贵的时间、精力和信心去改变其技术，但他们的身体当时根本无法执行所需的动作。他们试图按自己的高尔夫教练认为有好处的方式去移动，但可能尚未掌握足够的身体技能去实现。他们可能不具备按期望的方向、范围或顺序来移动所需的灵活性、力量或身体意识。球员可能会因损伤而无法做到所要求的姿势，甚至可能会因为试图迫使身体进入一个根本无法做到的姿势而受伤，这种情况很常见。

有时球员会认为自己可以按所要求的方式移动，因此将大量的时间花费在击球距离上，使用大部分的精力、注意力和重复次数，来执行理想的动作，却不太注意其他变量（风、水等）。然而，球员所练习的挥杆在球场上却无法达到预期效果。根据我们的经验，球员很难将击球练习场上的挥杆转移到正式球场上，因为球员在尝试使用相对于其当前身体移动能力而言非自然或极其困难的技术。当身体移动能力提高时，这些技术会变得更容易执行，并且高尔夫球员此时能够将击球练习场上的挥杆转移到球场上。如果你一直在练习挥杆技巧，但仍然很难在球场上利用它，那么你很可能正在练习并不适合自己当前身体状态的动作。提高技术和成绩的最有效方法不是继续在击球练习场内击球，而是提高身体素质。

在职业高尔夫锦标赛上，球员经常会让人觉得比赛很简单，他们的挥杆看起来不费吹灰之力。事实上，这项运动并不简单，而且他们的挥杆并非毫不费力。像贾斯汀·罗斯、格雷厄姆·德拉特、亨利克·斯滕森、凯文·查普尔、罗里·麦克罗伊和莱西·汤普森这些伟大的击球员，他们看起来能够创造巨大的杆头速度，并且仍然以完美的平衡完成其高尔夫挥杆，是因为他们已经投入了很多时间去练习高尔夫挥杆的技术，以及提高其身体的移动能力。普通高尔夫球迷无法理解这些顶级球员要花费多少时间才可以确保其身体的高水平移动能力，从而始终保持世界级的表现。

这正如一级方程式赛车（F1）、纳斯卡（NASCAR）或印地赛车（Indy Car）要经过调整和修改才可以满足每条赛道的要求。如果赛车在当天没有适合赛道条件的轮胎，世界上速度最快的赛车加上世界上最好的车手也无法获得冠军。

在美国职业高尔夫协会巡回赛上的每一周，手法治疗和物理治疗区都摆放了许多治疗床，用于帮助世界顶级球员进行优化微调和恢复。有太多的球员进进出出，希望努力提升他们在球场上的表现。挥杆教练一直与体能教练和手法治疗师保持交流，以确保他们根据每个球员的当前身体状态来教授最合适的挥杆技术。

为了教授或执行高尔夫挥杆技术，我们需要提高执行动作的能力。高尔夫挥杆要求身体中的许多关节的移动接近其最大动作范围，并且全身几乎所有肌肉都以高水平执行动作，以实现有效的、重复动作的爆发力和精确度。高尔夫挥杆的复杂性与体育运动中最困难的一些动作不相上下。这些动作包括奥林匹克举重和体操技能。世界上最好的动作教练必须研究多种科学，如胚胎学、解剖学、细胞生物学、神经学、心理学、生理学、生物力学和营养学等，以正确地帮助他们的球员提升技能水平。这种级别的理解需要数年时间去积累，但我们的目标是在本书中概述这些科学知识，帮助大家简化自己的学习过程，了解自己的身体，并理解如何最大限度地提高身体的移动潜能。

　　体育运动的成功往往归因于运动员能够比其竞争对手更有效地移动。在最基本的层面上，要求运动员具备在动作的整个过程中移动和控制每个关节的能力。许多运动员、训练员和教练都试图在未获得足够关节能力的情况下创造有效的动作。这类似于在学习如何计数之前就尝试大学水平的微积分。你可能会蒙对一些选择题，但你不会得到一致的结果，并且长期来看，你一定不会成功！

　　一旦优化了各个关节的移动能力，球员就可以发展出在挥杆时进入理想姿势的神经控制水平。只有这时，我们才能专注于获得这项运动所需的力量和速度。在高尔夫挥杆中，这可以是很大的进步！在 2017 年公开赛的几周后，凯文·查普尔在抵达世界高尔夫锦标赛时已将其一号木的杆头速度从 192 ~ 195 千米 / 时提高到了 204 ~ 208 千米 / 时。他专注于更好的身体控制，并对其技术进行微小调整，以展现新的身体技能，从而实现了这一进步。

　　许多高尔夫球手及从事其他运动的运动员在尝试提高速度时所犯的最大错误之一就是未能学会如何降低速度。对于追求提升杆头速度的高尔夫球员来说，更常见的限制因素是减速，而不是真的缺乏加速或创造速度的能力。任何高尔夫挥杆都有一个毫无商议余地的元素，就是它最终必须结束。

　　许多与青少年球员合作的高尔夫教练现在认为，最重要的是在运动员年龄还小时教他们快速挥杆，并在培养了创造速度的潜力之后再专注于技术。理由是技术可以随时教授，但是刺激神经系统以提高速度则必须在运动员发展的特定窗口期间完成。尽管文献中有相当多的证据支持这一观点，但是如果他们没有采取必要的步骤来培养足够的减速技能，那么这种以速度为重点的做法可能会对运动员的长期健康造成破坏性影响。损伤的发生将更可能是必然事件，而不是可能事件。

　　我们的身体本身就很聪明，会尽可能减少受伤的可能性。为了理解这句话的意思，让我们以自然本能为例，假设我们开着一辆高端汽车，并在靠近悬崖边缘的急转弯之前 30 米处停下。如果我们开的车没有刹车，而且轮胎非常旧，我们绝对会以最低速度接近 30 米的标记。如果我们有全新的刹车系统，新的轮胎，还有额外 15 米的减速空间，我们将更有可能以快得多的速度行驶，因为我们相信汽车的性能和额外的空间足以让汽车及时停下来。

　　新的刹车系统和轮胎就好比优化的神经系统和健康的关节；增加的空间等同于身体具有更强的控制能力使关节在更大的动作范围内移动。当我们接近关节活动范围末端时，支撑关节的软组织的工作必须更接近其最大能力，以减慢身体各节段的速度。在关节动作极限之外时很容易损伤关节和相关的软组织（肌肉、肌腱、韧带、关节囊）。如果我们能够让全身这么多的关节都提高 10% 的灵活性，那么累积下来我们将获得非常大的运动潜力。可控程度更高的动作等于更大的减速空间！

如果你有更大的减速空间，并且由于训练而增强了减速的能力，你将毫无疑问更有可能提升杆头速度，因为你的身体会更加确信它拥有安全地停止动作的能力。更快的杆头速度等于更远的距离，而具有精确度的更远距离从来都不会有什么坏处。

如果你看看美国职业高尔夫协会巡回赛 2017 年奖金排行榜的前 7 位球员，并比较他们的开球距离，以及他们在进入巡回锦标赛过程中的攻果岭得分和推杆得分的排名（表 1.1），你可以看到管理杆头速度和准确性多么重要，在发球台和攻果岭时均是如此。

表 1.1　2017 年美国职业高尔夫协会巡回赛奖金排行榜、开球距离及攻果岭得分和推杆得分的球员排名

球员奖金排行榜	奖金（美元）	开球距离（码）	攻果岭得分（排名）	推杆得分（排名）
贾斯汀·托马斯	9921560	309.76	6	47
乔丹·斯皮思	9433033	295.6	1	42
达斯汀·约翰逊	8732193	315.0	5	81
松山英树	8380570	303.3	7	173
乔恩·拉姆	6123248	305.8	17	49
里基·福勒	6083197	300.3	23	2
马克·莱什曼	5866391	298.6	21	27

如何最精确地将球击出最远的距离？你要学会掌握身体的运动潜能！如果我们看看 1985 年、1995 年和 2015 年赛季在美国职业高尔夫协会巡回赛上开球距离排名第 100 的球员的开球距离（表 1.2），我们就可以更好地认识到更远距离的重要性，这比看顶级球员们的平均开球距离更有意义。从排名第 100 的球员的数据中可以看到，与发球台之间的距离有大幅增长，这说明如果你无法产生速度，就无法继续在球场上比赛了。

表 1.2　1985 年、1995 年和 2015 年赛季排名第 100 的球员的开球距离

年份	与发球台之间的平均距离（码）
1985	258.4
1995	262.0
2015	292.0

　　世界上最好的球员大部分都会带着体能教练和手法治疗师一起外出参赛，以帮助他们的身体保持最佳状态。虽然普通人大多数都没有这么好的条件，但这并不意味着你不能理解并接触到这些球员使用的技术。我们曾与许多大型锦标赛冠军、世界高尔夫锦标赛冠军，以及美国职业高尔夫协会巡回赛、欧洲巡回赛、澳大利亚巡回赛和亚洲巡回赛的冠军一起合作。我们也曾与来自美国、欧洲和世界联队的参加一年一度的莱德杯和总统杯比赛的选手合作。我们曾经合作过的球员参加过里约奥运会，其中两位在男子赛事中分获金牌和银牌，而另一位在女子赛事中夺取银牌。本书将提供我们与这些伟大球员、青少年球员和高差点球员合作时使用的原则和训练方法。

技术

　　高尔夫教学产业是一个耗资巨大的产业。不幸的是，即使巨额的投资在过去30年中也几乎没有改变北美地区运动员的平均差点。大部分高尔夫挥杆的教学都在不改善高尔夫球员移动能力的情况下试图改变球员的动作。此外，大多数高尔夫教练对解剖学、运动学、关节能力或运动员体验到的常见技能局限性知之甚少（甚至没有）。若不了解这些方面，人们就只能猜测高尔夫球员可以获得的技术。然而，正如西恩·弗莱、德鲁·斯泰克尔、乔治·甘卡斯、斯科特·汉密尔顿和马克·布莱克本证明的那样，了解身体及其移动方式可以帮助高尔夫球员快速安全地实现其挥杆技术的巨大进步。当你知道一名运动员实际上能够达到的身体水平时，如果你知道高尔夫球员的脚、踝、髋、脊柱、肩和颈具备足够的灵活性，并且能够在高尔夫挥杆期间，以你希望他们做的动作的方式彼此配合移动，你就可以更加确信自己不会浪费他们的时间或增加他们损伤的可能性。

　　我们撰写本书的目标是帮助改变业余和职业级别高尔夫的教学方式。我们希望高尔夫球员通过阅读本书来完善自己身体，并在短期内获得成功，同样重要的是，延长他们以自己的最高水平健康且无痛地参与这项伟大的运动的时间。在这项运动中，许多人试图在不提高底层工具（身体素质）质量的条件下改变艺术作品（动作技术），我们想要制止这种疯狂的行为。你的身体素质会增强或抑制你创造和复制动作的能力。尊重高尔夫挥杆这个复杂动作。当在执行挥杆时能做到不受限制且毫不犹豫或无妥协时，挥杆就是体育运动中最优美但最有力的动作之一。

　　有些人的动作范围会更大，而另一些人的动作范围则相对较小。凯文·查普尔和金时沅都是世界级的击球手。然而，他们的挥杆看起来完全不同，因为这两位伟大球员的移动潜力不同。如果凯文·查普尔试图像金时沅一样挥杆，他就不会成功。金时沅和凯文的高尔夫教练都了解高尔夫球员的身体和移动潜力。这些知识使他们能够简化所采用的技术，以最大限度地匹配球员的身体。大家凭直觉就会知道让技术与身体匹配是合理的做法，但我们大多数人并不具备足够的知识去实现这一点。

在美国职业高尔夫协会巡回赛中，有些教练所带的球员在学习新技术时会遇到困难，这些教练有时会向我们寻求帮助，因为我们在帮助高尔夫球手提高技术方面有着丰富的经验，而技术对于培养运动员的个人运动潜能是一个重要因素。

更好的身体控制如何使球员在更短的时间内习得更好的技术，并且降低损伤的可能性？在确定高尔夫挥杆的完美方式时，通过3D视频分析、雷达、高清慢动作摄像机和测力板系统等技术的研究分析表明，并不存在一种特定的完美挥杆方式。这个论点适用于每个人。你可以用无数种方式挥杆。其中许多都会得到相同的结果：球杆面干脆地击在球上。

不同之处在于挥杆的效率。如果你将泰格·伍兹在其巅峰时期的挥杆与格雷厄姆·德拉特或亨利克·斯滕森对比，或者如果你将亨特·马汉的挥杆和吉姆·福瑞克（他那神奇的58杆纪录）的挥杆在一起对比，你会发现挥杆的大部分过程都有极大的差异，但在撞击球的瞬间，这些差异会变得不那么明显。显然，这些球员都是非凡的击球者，但他们的挥杆风格看起来完全不同。他们都有高效的下挥杆，在下挥杆过程中产生的能量有很高比例会在撞击时转移到高尔夫球中。他们的挥杆看起来不同是因为他们体内的运动潜力是不同的。

如果你在任何一场美国职业高尔夫协会巡回赛中的击球练习场上观察一下就会发现，每个球员都有自己独特的挥杆动作。然而，业余爱好者甚至许多专业人士在训练时都会被教练要求练习一种通用的挥杆模式，这种模式往往不适合正在寻求改进的高尔夫球员。

将自己的挥杆和你最喜欢的球员进行比较，并试图模仿他的动作，这并不是一个提高完整挥杆技术的明智方法。让你的身体能够产生你能产生的最高效的挥杆才是最关键的。高尔夫的未来不再仅仅依赖于复制标准的挥杆动作，它将更像是恰当的机械技巧和动作效率的融合。每个球员都有独特的关节可用动作范围、独特的力量水平，以及不一样的身体意识。只有最大限度地提高自己的身体素质，球员才能真正实现最佳竞争力。

每项运动都有自己的特定要求，高尔夫也不例外。体能行业也终于摒弃了"按身体部位锻炼"这种在专业训练的早期阶段就根深蒂固的传统观念。了解胚胎过程中的身体发育和组织连续性的概念最终使我们能够不再按身体部位给出练习方案，而是以动作和关节健康为目标给出方案。

通过学习本书内容，你将能够了解关节的灵活性和健康状况、身体意识及平衡性，对于更好的全身运动、爆发力发展和抵抗损伤的坚韧身体而言，是先决条件。

高尔夫体能的主要方面包括灵活性，平衡性和身体意识（本体感受），力量和爆发力等。这些特定组成部分的训练顺序非常重要。练习的正确进阶可以提供最高效的训练，并降低损伤风险。在获得足够的灵活性之前进行爆发力训练会增加损伤风险，并降低高尔夫特定表现的效果。本书将介绍针对这些方面的基本技能，以帮助球员打造真正适应高尔夫运动的身体。

产生爆发力和速度

在高尔夫最高水平的比赛中，球员们通过改变自己的挥杆方式来提高产生爆发力的效率是很常见的。本书将介绍可帮助球员实现更好的高尔夫身体素质的各种练习，并讲解当今一流教练和球员提高高尔夫挥杆技术效率时使用的一些重要的训练原理。其中三个原理是地面反作用力、动力链或动力网、潜在能量。

地面反作用力

用双臂来产生速度造成了我们在练习场上看到的许多挥杆错误。为了产生最大的爆发力，同时又要确保身体承受的负荷最小，我们必须以地面作为能量传递链条中的第一环。牛顿第三运动定律指出，若一个物体对另一个物体施加一个作用力，那么第二个物体会对第一个物体施加一个相等的反作用力。例如，双腿用力蹬地，就会导致地面对身体产生同等大小的反作用力。从地面传递进入高尔夫球员身体的作用力被称为地面反作用力。然后，地面反作用力向上传递，通过腿部，进入骨盆，自骨盆处传递到核心区、肩部、双臂，并最终传递到高尔夫球杆和球。以最高效率将此能量从地面传递到球，就会产生我们的身体许可范围内的最大爆发力。

动力链或动力网

从地面产生的能量通过动力链或动力网穿过我们的身体。身体的各个不同部位共同组成了一个链条系统，身体某个部位（或环节）产生的能量或作用力可以传递给下一个环节。身体各个部位及其运动的最佳协调（时机）使能量和爆发力在身体中高效传递。序列中的每一个运动都叠加前一个部位的运动和能量。这种传递和叠加的结果决定了杆头的速度。

　　动力链通过结缔组织将全身中各个相邻的关节和肌肉都连接起来。身体中任何一个部位的薄弱或损伤都会阻碍能量的传递，然后通过过度或不当使用其他部位来代偿这种不足，以弥补能量损失。高效挥杆动作主要依靠腿部大肌肉群发力产生大部分爆发力。如果身体动力链中出现了薄弱环节，腿部产生的能量就不能有效传递给核心区和手臂。此时，薄弱部位周围较小的肌肉就会承受很大的压力。长此以往，这会导致关节和软组织（肌肉、肌腱和韧带）产生过劳损伤，从而无法实现高效的挥杆。

潜在能量

　　与任何运动项目一样，可以通过增加可用潜在能量来提高爆发力。在高尔夫挥杆中，潜在能量是储存在身体内的能量。这是一个非常重要的概念，因为它突出反映了活动能力的提高与爆发力密切相关。在本章前面的内容中，我们已讨论过在每个级别获得最佳关节活动的重要性。我们还提到，如果将每个关节的活动能力增加10%，就会在整个挥杆过程中积累大量的运动潜力。这是因为增加灵活性就等于增加潜在能量。当高尔夫球员移动到后挥杆的最高位置时，在其身体内部所创造的潜在能量最终会在下挥杆至撞击球时被引导到球杆头中。因此，如果高尔夫球员不能在全动作范围内移动，就不能获得最大的潜在能量。

　　潜在能量在挥杆过程中只是有可能转移到球杆头上。为了最大限度地利用后挥杆中储存的潜在能量，高尔夫球员还必须能够在整条动力链中高效地传递能量。这就是为何增加灵活性是没有用的，有时甚至是有害的，除非它能被正确控制。合格的高尔夫训练计划必须包括提高灵活性或潜在能量的方法，以及控制或引导它的方法。

高尔夫挥杆时所使用的主要肌肉和关节

　　高尔夫的挥杆动作几乎涉及人体的所有肌肉和关节，因此很难选出几个最重要的。因此，我们尝试重点介绍整个挥杆过程中各个阶段使用的主要肌肉和关节。介绍的内容虽然不能面面俱到，但至少可以帮助我们打下一个坚实的基础。

上挥杆或后挥杆

　　上挥杆阶段（图1.1）又称为后挥杆，其过程中造成的张力和身体压力要小于高尔夫挥杆的其余阶段。在这个阶段中，平衡、本体感受及关节和肌肉的灵活性往往比实际的肌肉力量更重要。轨迹侧肩关节（对于习惯使用右手的球员，指的是右肩）充分外旋和回缩，目标侧肩关节（对于习惯使用右手的球员，指的是左肩）则充分内旋和前伸；同时控制轨迹侧髋关节充分内旋，目标侧髋关节充分外旋，脊椎也要充分旋转。

做到上述这些，要比拥有强健的大肌肉群更加重要。许多高尔夫体能训练计划都存在一个问题，即用于提升灵活性或柔韧性的时间不足。如果球员在上挥杆过程中无法在移动到理想姿势的同时保持身体平衡，那么不论该球员的肌肉力量或爆发力如何，其高尔夫挥杆的余下阶段都会受到负面影响。

虽然挥杆的这个阶段

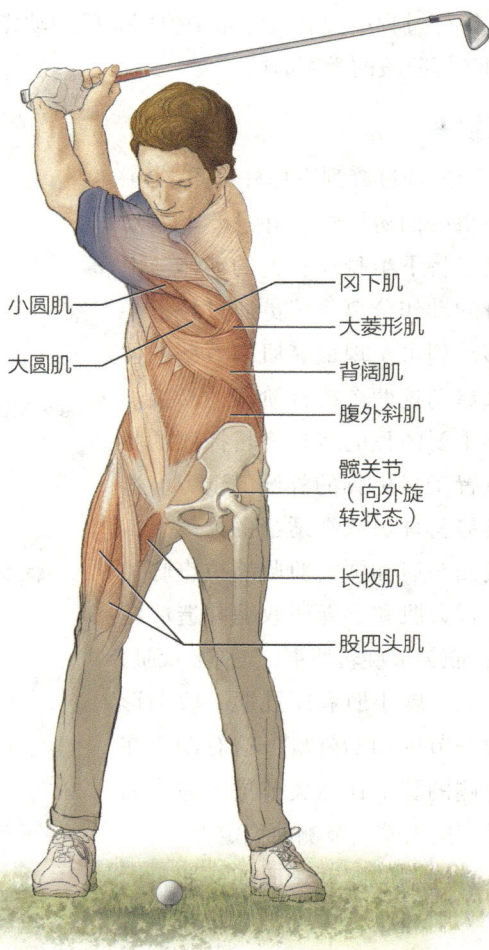

图 1.1　上挥杆过程中使用的肌肉

主要依靠球员的灵活性，但是有一些肌肉负责提供稳定的基础，使其他肌肉可以实现在最大运动范围内移动。上挥杆过程中，挥杆接近该阶段的最高点时，球员必须让轨迹侧的腿的股四头肌、臀中肌、臀大肌以及腹斜肌蓄力。在这些肌肉有效工作时，背阔肌、冈下肌、菱形肌、腹斜肌和多裂肌适当拉长，从而实现正确到位的上挥杆。

高尔夫教学中需要利用大量时间训练学员进行上挥杆。在体能训练过程中，大多数的高尔夫球员不会致力于发展全身上下的足够动作范围。因此，很多球员可能无法正确做到高尔夫教练想要的姿势。如果看不到积极的变化，球员和教练都会感到失望，还有可能会导致糟糕的表现和损伤。当球员的灵活性有所加强，在上挥杆过程中做到教练希望他们完成的动作，就可以增加挥杆中的下挥杆、撞击和随挥阶段的学习时间。

下挥杆

上挥杆过渡到下挥杆（图 1.2）需要很好的协调性，并且要求运动员能够将下半身和骨盆的动作与上半身的动作分离。球员通过将下半身移动到可实现最高肌肉效率的位置来启动这两个挥杆阶段的转换。一个主要的目的就是将目标侧的膝关节置于目标脚的外侧的上方。这种姿势将球员放在适当的力线上，使股四头肌和腘绳肌收缩拉直膝关节，臀大肌和腘绳肌收缩并造成髋伸展，髋关节旋转肌群（包括梨状肌、臀中肌、臀小肌和闭孔肌）收缩形成髋关节的初始外旋，这有助于在目标侧的腿上让膝关节进入适当的位置，提供髋关节侧向稳定性。

轨迹侧的腿利用股四头肌、大收肌、腘绳肌、臀大肌和腓肠肌来使膝关节伸展、髋关节伸展和踝关节跖屈，帮助将球员的重心推到目

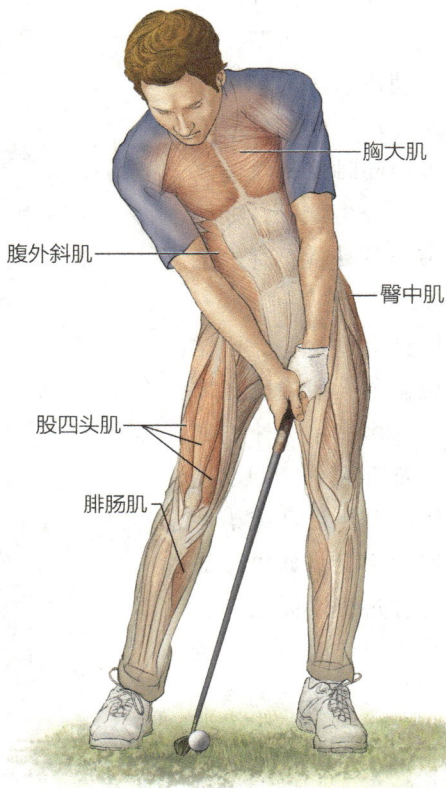

图 1.2　下挥杆过程中使用的肌肉

标侧。腿部肌肉的激活帮助球员向地面发力，摆出适当的姿势，以便手臂能够移动到位，形成理想的击球角度。

在核心肌肉中，腹斜肌和腰大肌被充分激活，形成类似于卷腹的姿势，即高尔夫球员的髋关节移向伸展位置，骨盆相对后倾（皮带扣开始朝向上方），同时保持胸部位于球的正上方。目标侧背阔肌帮助将高尔夫球员的身体拉向目标侧，同时抵消球员身体两侧的胸肌所产生的力。

随挥

高尔夫挥杆的随挥动作（图1.3）让身体（特别是双臂）可以在撞击球之后减速。挥杆的这个阶段要求很高，因为肌肉主要通过离心收缩来减缓身体的运动速度。高尔夫球员的整个核心区肌肉（臀肌、腹斜肌、腰方肌、腰大肌、腹横肌和腹直肌等）以最大爆发力工作，从而产生作用力并减缓身体的运动速度。背阔肌和将肩胛骨固定在脊椎与胸腔上的肌肉（前锯肌、菱形肌和肩胛提肌），以及肩袖肌群（冈上肌、冈下肌、小圆肌和肩胛下肌）帮助保护肩关节，避免其以高速接近动作范围末端。

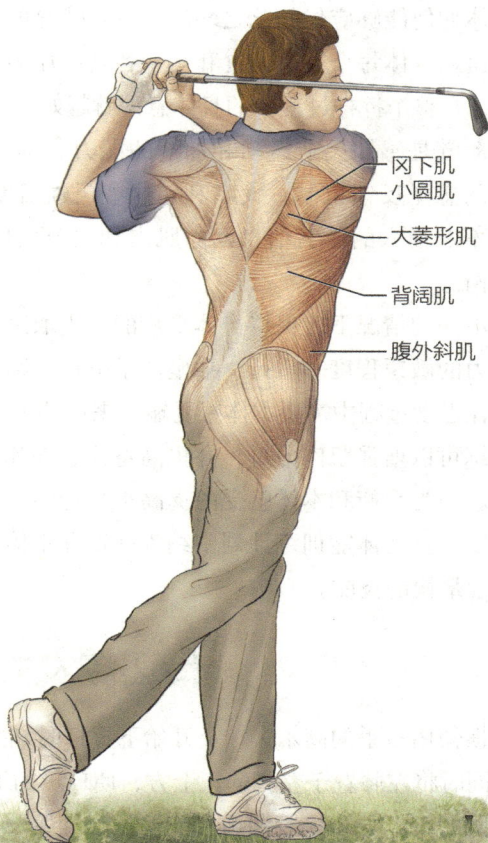

冈下肌
小圆肌
大菱形肌
背阔肌
腹外斜肌

图1.3　随挥过程中使用的肌肉

理解身体意识

身体意识也被称为本体感受，它往往是最容易被忽视的感官。但是对于运动员实现最佳运动状态来说，它的重要性绝不亚于其他感官。身体利用本体感受对周边环境做出即时反应。整个挥杆过程中，身体必须能够快速地对身体姿势和作用力的变化做出响应。从上挥杆开始一直到随挥结束，高尔夫挥杆的全过程耗时不到2秒，想象一下在此过程中，有多少身体部位朝着不同的方向运动。

身体如何能够应付如此之多的信息？依靠的是肌肉和关节中微小的感受器，它们能追踪身体每个关节位置和全身各处的压力。这些感受器与各自的肌肉协调得越好，在整个挥杆过程中的身体意识就越好。

运动觉是感知关节运动和加速的能力。本体感受和运动觉是针对运动控制和姿势的感觉反馈机制。大脑利用这些反馈机制来帮助定位身体并保持平衡，它评估不断涌入的感官信息，向肌肉和关节发出即时的调整，以实现特定的动作和平衡。

在不同的情况下，保持身体平衡的能力取决于身体感知姿势变化以及所受内力和外力的敏锐程度。步行、乘坐扶手电梯、踏上不平坦的地面等事例都可以说明身体在运动过程中需要本体感受输入来保持平衡。

训练可以增强肌肉力量，并提高身体感知和响应各种姿势和作用力的准确性和速度。因为平衡和本体感受的提高来自神经适应，往往并不需要真的增加肌肉量，所以一旦在体能训练计划中纳入平衡和本体感受训练，它们往往会成为我们进步速度最快的技能。

传递爆发力

习惯使用右手的高尔夫球员开始下挥杆时，往往会将身体重心移至目标侧（左侧），同时将左膝置于左脚的正上方，使球员的下半身进入产生力量的理想姿势。当膝在脚的正上方时，股四头肌能够拉直膝关节，臀大肌和腘绳肌能够收缩并造成髋关节和骨盆的伸展。这些伸展动作使目标侧的脚向地面施加作用力；而地面则向高尔夫球员施加一个反作用力。这个反作用力轻松通过腿部传入球员的骨盆和核心区域。如果骨盆和核心区域具备足够的功能力量，并且能够在理想动作范围内移动，该力就能传递到肩部。

肩部肌肉包括将脊柱和肋骨连接到肩胛骨的肌肉，以及将肩胛骨连接到手臂的肌肉。如果肩部肌肉能够以最佳状态工作，该作用力就能被传递到手臂，并最终传递给高尔夫球。关节和组织的这种极其周密的连接强烈说明了为什么高尔夫的体能训练如此独特，不能按独立的肌肉群分别进行训练。

此外，使用双腿来确定高尔夫球员的位置并产生爆发力，这有助于最大限度地减少过头顶的、产生右曲球的挥杆的概率。我们通常会发现对在下挥杆过程中身体如何向目标移动存在理解错误。对于惯用右手的高尔夫球员，教练通常会将其讲解为骨盆向左移动。对于已经培养出足够身体技能的球员来说，重点应放在左膝向左侧移动，使其位于左脚的正上方。之后因为关节力线对齐，运动员就会在左膝和髋部伸展时自动将骨盆向着目标旋转。当球员将骨盆（而不是膝关节）向左侧移动时（相对于骨盆和脚，通常左膝会向内扣或进入外翻位置），随着膝关节伸直，骨盆旋转会受到限制。下半身向目标侧的横向移动使其更容易将下挥杆平面带向前朝目标移动。因此，球杆的弧线将自动更偏向内侧挥杆路径。

当球员用上半身发力挥杆时，在下挥杆的过程中高尔夫球杆产生的角动量将迫使杆头向外侧移动，离开身体。一旦开始挥杆，这个角动量就会因为惯性而对球员身体产生阻力，阻碍身体向前朝目标移动。在视觉上，你会觉得球员的髋部移动速度很快。髋关节似乎旋转得太快了，以至于当轨迹侧肩关节向前朝着球移动时，球杆被迫向外侧移动，离开身体，产生过头顶的右曲球挥杆平面。人们往往建议这样的球员放慢髋部的运动速度。而实际上，问题的关键并不是球员髋关节转得太快，而是没有使用腿部力量向前朝目标移动。当球员学会使用双腿蹬地时，看起来快速旋转的髋关节将会自动放慢，而杆头也能开始轻松地从内侧击球。

髋关节似乎转得太快并且难以从内侧击球的球员主要通过下背部的关节完成旋转，而髋关节的旋转实际上微乎其微。这种以下背部为中心的动作对于脊柱和辅助性肌肉造成的压力特别大。这种磨损最终将导致疼痛。

为成功而训练

一流球员如何在其高尔夫挥杆中实现爆发力和技巧的完美结合呢？答案中的一部分是显而易见的：他们拥有世界一流的技巧。而答案的另一部分却不那么明显。他们能够让身体的每一个部分在必要的动作范围内移动，同时保持动力平衡、稳定性和爆发力。如果其中一项技能受限，球员的能量转移效率就会降低，挥杆的质量会下降，并且损伤也会出现。因此，这些球员都会投入大量的时间和精力来确保自己的身体处于最佳运作状态。这包括在巡回赛的数周时间里使用体能训练房车进行日常训练，定期接受治疗来进行损伤的预防和护理，以及制订积极的休赛期训练计划。

这些运动员每周的常规训练包括多种训练形式，如类似于瑜伽中的灵活性练习、针对核心和肩部的稳定性动作、平衡和本体感受练习，以及力量和爆发力练习等。他们使用的锻炼器材包括弹力带、绳索、药球、健身球、传统器械、有氧训练器械和壶铃等。许多练习仅需身体自重即可完成。重要的是，在高尔夫体能训练计划中应包括多种训练方法，以确保对身体提供持续且循序渐进的挑战。

在生活的许多方面中，人们会倾向于练习自己擅长的东西，而忽视让他们感到有挑战性或困难的东西。优秀的高尔夫球手往往将其大部分练习时间用于在练习场上击球，却几乎完全忽略了短打练习。在进行体能训练时也常常出现同样的情况，练习自己的长处而忽略短处。举例来说，柔韧性较差的运动员用于练习灵活性计划的时间很少，甚至没有，而把大部分时间都用于执行传统的力量训练上。在体能训练过程中取得的进步只有极少被转化到高尔夫球场上，最终导致球员失望并浪费大量时间。

不论你是高尔夫界的新秀、资深老将，还是希望在未来上场时球技有所提高的业余球员，高效地利用时间都是很重要的。我们都希望能够有更多的时间来做我们热爱的事情。不幸的是，我们的时间是有限的，必须充分利用它。本书中的各项练习都是经过仔细挑选的，旨在帮助你实现效率最大化，让你很快就能在球场上和在日常生活中看到成效。

要知道，高尔夫体能训练可能与你以前做过的任何其他训练计划都不同。出多少汗或燃烧多少能量可能并不是在球场上取得进步的唯一指标。关键是，你必须改善身体以满足高尔夫挥杆的要求，而这要从适当的灵活性、平衡和本体感受开始。要带着目的进行训练，并消除任何先入为主的训练概念。我们撰写本书就是为了帮助你避免常见的体能训练陷阱。

不要忘记，提高身体素质涉及不同的技能。运动员们往往想从最少量的甚至完全没有特定的体能训练就直接升级至最难、最复杂的动作。这种做法往往导致球技进步缓慢，而且会增加损伤和功能受限的可能性。重要的是首先培养良好的平衡、灵活性、稳定性和力量，然后再尝试本书以及其他书中介绍的爆发力动作。如果你能倾听自己的身体并循序渐进完成训练流程，你就应该能在保证安全、避免受伤的同时看到很大的进步。随着时间的推移，你将能够扩展训练程序，并融入本书后面章节中提供的多关节复杂动作。

高尔夫界许多传奇人物都在其职业生涯的晚期出现了伤病问题。杰克·尼克劳斯、阿诺德·帕尔默和汤姆·沃特森都被迫接受髋关节重建手术。弗雷德·卡普雷斯和汤米·阿莫尔三世的背部出现了严重问题。泰格·伍兹已出现严重的伤病，让他可能不仅无法创造大满贯冠军数量的纪录，甚至难以再赢一场锦标赛的胜利。高尔夫球员的伤病程度令人吃惊。不论任何年龄或技术水平，参加高尔夫四人二球赛的球员在一轮比赛之前或之后使用某种止痛药的情况已经屡见不鲜。很多必须使用止痛药物的伤病虽然在球场外发生，但却限制了球员在球场上无痛比赛的能力。

要知道，体能训练时也可能会受伤。赛场内外都应始终优先考虑尽量预防损伤。本书中介绍热身的章节，有助于你在提高身体素质的同时降低损伤概率。确保身体为锻炼和运动做好准备始终是最重要的事情。

体能训练计划设计

本书的目标是为你提供一些基础知识，帮助你制订适合自己需求的高尔夫体能训练计划。本书第 1 版并未讲述详细的锻炼计划，只是因为每个高尔夫球员的身体都不一样。高尔夫球员需要的练习取决于球员身体素质的哪些方面最需要被提高。

假设所有方面都存在缺陷，最好将锻炼重点放在灵活性和本体感受，而不是力量练习。我们不仅不可能创建标准锻炼模板，而且它可能被证明对某些高尔夫球员是低效且不利的。我们鼓励你寻求高尔夫体能训练专业人员的帮助，将这些动作融入当前的训练计划。请高尔夫体能训练专业人员进行适当的综合评估，这样做可以帮助你了解如何高效地创建一个可以让效果最大化的计划。但是，我们也理解，有时并不那么容易找到合格的专业人员。在第 8 章中，我们提供了一些基于我们与职业高尔夫球员合作的示例计划。

本书中的练习按特定顺序出现，为安全有效地发展身体运动潜能提供最佳机会。我们从本书的第 1 版收到的许多读者问题都是关于计划设计的。如何使用本书制订个人计划？现实情况是，从诚实或道德的角度来说，我们都不能设计出适合所有（或任何）读者的计划或计划风格。当我们设计一个计划时，它通常以 3 个前提为中心。

1．全面评估的结果。
2．特定训练目标。
3．训练项目的特定时间。

当我们为高尔夫球员制订计划时，第一步，也是最重要的一步，永远都是全面的运动评估。这使我们能够了解球员如何移动，以便我们可以针对其长处和短处制订计划。这可以为球员提供最高效的锻炼计划。它也会防止运动员的训练超出其能力。我们经常看到运动员想要进行高强度锻炼，但缺乏基本动作所需的技能。当力量建立在一个糟糕的基础上时，它只会导致不良的挥杆习惯，无法稳定地挥杆，并最终导致损伤。有些运动员花费数周时间专注于灵活性练习，而另一些运动员则从更高级的练习开始其计划。在本书中，我们显然没有那么多篇幅去介绍个人评估，所以我们按照特定的顺序来写以便提供一些指导，使你在选择最适合自己的练习时容易一些。

运动员经常忽略或误解的第二个前提：具备一个特定训练目标。就高尔夫而言，训练目标是在整个高尔夫挥杆中高效地移动。虽然会更多地听到人们说目标是将球击出更远的距离或更一致地击球，但这只是塑造在高尔夫球挥杆中可以良好移动的身体的附带好处。尽管击球更远是一个很好的目标，但它通常会使运动员只想进行与力量和爆发力相关的练习。要理解，高尔夫的击球质量主要取决于身体移动得有多好，而不是你有多强壮。如果你开始让自己的身体在整个高尔夫挥杆过程中高效地移动，你将能够明白为什么我们按照这个顺序来编写本书，并且在书中介绍这些练习。

计划设计中的第三个前提针对的是特定的训练时间。我们将在本书后面解释这一点，但这意味着不同体能训练计划的适用性要取决于其使用时间。有些计划最适合休赛期训练，有些计划则适合比赛周、预赛或康复训练、伤后训练等。对于正在参加职业赛或坚持参加锦标赛的高尔夫球员来说，这会更加重要。但是，每个人都应该学习如何在必要时每周都切换不同的训练。在大型锦标赛前一天进行的锻炼与在离比赛还有一个月时的锻炼是不一样的。

本书后面会介绍具体的示例计划。这些计划被用于帮助那些已经掌握了大量技能的职业高尔夫球员。每个计划的设计都是不同的，因为每个球员在其动作中都有独特的强项和不足，并且必须评估体能训练计划的时间和目标。你会注意到，即使是顶级高尔夫球员有时并且是经常都需要将重点放在灵活性、平衡和本体感受等技能，以改善其运动表现。

制订体能训练计划的第一个环节是适当的热身。第 2 章提供了一些相对简单的练习，可以安全有效地让身体为打一轮高尔夫球或更高强度的训练做好准备。我们建议在进行任何剧烈活动之前都要进行完整的热身。热身将加快心率和呼吸，从而让身体准备好将氧气和营养物质输送到工作组织并消除细胞废物。热身时体温会稍微上升，使结缔组织具有更流畅的环境，并且还有许多其他生理上的好处。

这些身体上的改善是完整热身的重要组成部分，但热身中最被低估的方面之一就是为迎接挑战而做好准备的心理益处。现代社会生活中，我们大多数人都将精神包袱带到体能训练中和高尔夫球场上。我们在学校、工作或家庭的问题可能会占据了我们的大部分注意力。热身是整理思绪并专注于即将到来的任务的绝佳机会。当高尔夫球员来体能训练房车进行热身时，他们通常无所不谈，并非将话题局限于训练课或高尔夫球。当他们完成热身并离开体能训练房车时，他们已得到放松并获得最高水平竞赛所需的专注度。我们经常看到业余高尔夫球员上场前不做热身，而有些人过分热衷于体能训练，在做好身体和心理准备之前就直接进行高强度训练。球员的身体和精神需要为比赛做好准备，如果不进行热身，在球场上的第一回合可能会被白白浪费掉，这也增加了受伤的可能性。

　　下一步是弄清楚在计划的初始阶段中可以包含本书中的哪些练习。灵活性是第一个主要练习（第 3 章）的主题，因为目前来说，它是高尔夫球员最重要的身体技能。训练员、治疗师和高尔夫球员经常谈到运动员需要更多稳定性或柔韧性，但其实运动员通常更需要的是灵活性。灵活性即是运动员可以控制的可用动作范围。实质上，灵活性是稳定你的柔韧性的能力。具备作为先决条件的灵活性是高效执行任何练习或运动技巧的基础。在灵活性、平衡和本体感受以及旋转阻力和减速中投入最多时间，长远来说，这将让大多数运动员收获最好的效果。要避免一个常见错误，即匆匆略过前几章就直接进入力量和爆发力练习的章节。虽然很多人认为后面的章节会产生最大的回报，但事实恰恰相反。一开始就要集中时间和精力去打造最好的身体控制，你会发现余下的力量和爆发力练习执行起来不仅容易得多，而且还会安全得多！

　　我们建议使用热身（第 2 章）和灵活性（第 3 章）这两章的内容作为模拟评估。如果你在很多或大部分这些练习中遇到困难，你的初始计划就需要将重点完全放在这些练习上。相反，如果你能熟练完成大部分练习，你就可以在计划中加入来自第 4 章和第 5 章的更复杂和困难的练习。通常情况下，你会发现有些动作非常难执行，而其他动作则容易一点。请理解，你在灵活性和移动能力中所发现的弱点正是你需要努力改善的方面！一旦你开始熟练掌握这些练习，就可以进阶到本书后面的章节。

　　除了按照本书中的章节顺序来制订运动发展计划之外，我们还在每章中安排练习，它们均以前面练习的技巧和经验为基础。这将帮助你制订适合自己特定需求的计划。

　　高尔夫是一项非常好的活动，它可以促进健康的生活方式。我们真心希望本书能够通过提高功能性能力，并降低球场上的损伤和不适的可能性，从而帮助你更加享受球场上的乐趣。但更重要的是，我们希望本书能让你在球场上取得更好的成绩！

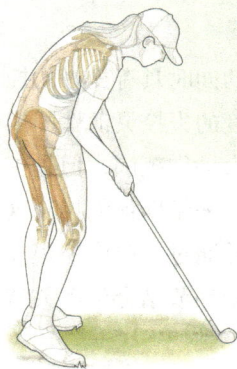

运动前的热身

　　无论你是准备打高尔夫、踢非正式的足球比赛还是进行艰苦的体能训练，你都需要进行适当的热身。虽然热身可能因活动而异，但目标是相同的——让所有必需的关节、相关肌肉和结缔组织在多个运动平面中的全动作范围内活动。适当的热身能使全身的关节、肌肉和结缔组织中的机械感受器做好准备。这些机械感受器向大脑提供有关身体的位置和正在承受的作用力的详细信息。大脑翻译这些信息，以便做出关于速度、力量和运动方向的明智决定，从而以最佳方式完成预期行动。由于结缔组织具有胶质特性，冷的组织不如温暖的组织那么敏感，因此，热身是让身体为行动做好准备的关键，促使机械感受器开始向大脑发出信号，使大脑可以准确快速地产生动作和响应动作。让关节在全动作范围和多个运动平面中移动，可以增加激活的感受器的数量。活跃的感受器越多，大脑接收的信息就越多，成功的可能性越大，损伤风险越低。运动员有效使用这个功能性动作范围的能力将在以灵活性为主题的第 3 章中进行讨论，但在此之前，热身应该让每个关节为其全动作范围做好准备。

任何运动员的真正目标都应该是在增加关节的动作范围的同时具有良好的控制能力。虽然灵活性不足对任何运动员都是一个问题，但过度的失控灵活性同样是有害的。我们经常告诉运动员，我们的工作是帮助他们增大动作范围，但是一旦我们这样做了，我们就必须立即通过后续的练习和运动模式来帮助他们控制这个新学会的动作。一旦培养出对这些重要肌肉的身体意识，并通过在肌肉缩短和拉长的位置锻炼关节来激活动力链，就可以开始将身体的每个环节结合到多关节运动和全身运动中，逐渐增加对运动控制的要求。

热身进阶

我们热身的方式与我们针对高尔夫进行训练的顺序一样重要。我们将从双脚开始，因为这个区域必须运作良好，我们才有机会成功执行涉及双脚在地面上的运动。双脚将身体锚定在地面上，并提供关于我们所处表面的反馈。脚和踝的肌肉和结缔组织中都有机械感受器。机械感受器是身体用于平衡和身体意识的感受器。身体的其他关节如何确定自己的位置在很大程度上取决于脚和踝的机械感受器所获得的信息。

如果执行深蹲之类的练习，但脚和踝不具备必要的灵活性，那么需要其他关节（例如髋和脊柱）进行更大幅度的移动，以代偿脚和踝的不足。这大大增加了损伤的机会以及无法完成动作的可能性。重要的是，首先要确保每个关节都达到最大工作能力，然后再尝试那些要求整合身体动力链的更困难、要求更苛刻的任务。

在增强了脚和踝的肌肉力量和关节灵活性后，我们就会沿动力链向上，侧重于增加髋关节的范围和控制力。拥有良好的髋关节动作范围可以让下背部发挥最合适的作用。高尔夫球员发生下背部疼痛或损伤的最常见原因之一是失去髋关节灵活性，特别是目标侧髋关节的内旋和内收，轨迹侧髋关节的外旋和外展，以及两侧髋关节的伸展。

当髋关节不能在横向平面适当地进入旋转时，下背部将被迫代偿其缺陷并旋转。下背部的椎间关节将被迫屈曲或伸展，而不是旋转。当发生过度旋转时，椎间盘上的剪切力会大幅增加，导致椎间盘和关节的纤维环磨损。在高尔夫球员中有证据表明，下背部的伸展和旋转增加了在椎间关节上的应力，在轨迹侧特别明显。脚、踝和髋保持正确的灵活性水平，可以让你不那么依赖背部产生旋转，并且可以更可靠地重复挥杆，更长时间无痛地参与这项运动。

我们中的许多人无法正确地分段移动脊柱，这是指让脊柱的每一节都分别在全范围内移动的能力，包括单独移动以及与脊柱中的其他关节一起移动。

　　当运动员不能有意识地移动其脊柱中的各个节段时，就会同时移动一整块或一组节段。在铰链中，一个节段会过度活动，以代偿在其相邻节段发生的活动不足。这导致那部分脊柱的应力增加，并且运动效率降低。我们最常看到的是，胸椎的中段和上段，以及腰椎的下段没有分段移动，而是作为一整块一起移动。另外，身体退化或产生关节炎的主要原因是缺乏运动或过度运动。当一个关节不动时（一个区域的脊椎无法节段化时），我们就开始看到关节炎的产生，因为身体不再认为这些节段是正常的日常功能所必需的。

　　在练习完单个关节的运动之后，你可以开始将它们结合到整体运动中，并确信自己的关节能够发挥最大的能力。我们最初通过受控的运动开始这种关节运动的整合，然后进阶到涉及多个平面、不同范围以不同速度移动的动态运动中。完成这个热身部分后，可以准备进入第 3 章中强度更大的灵活性部分。

踝关节背屈，使用 SUPERFLEX 弹力带

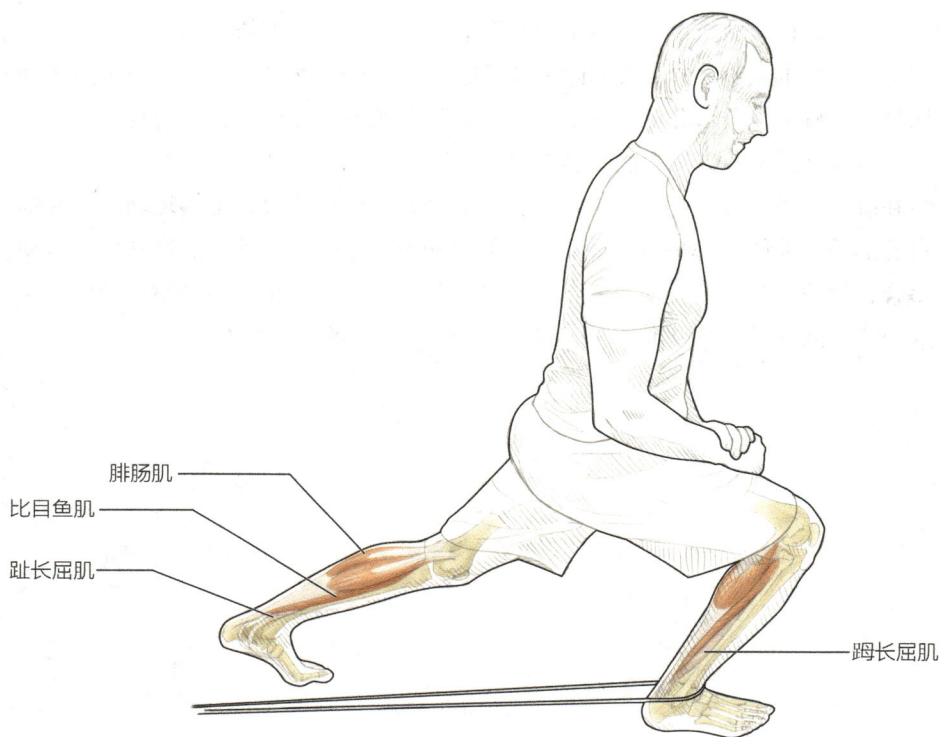

腓肠肌

比目鱼肌

趾长屈肌

跗长屈肌

执行

　　将弹力带的一端环绕或绑在不可移动的物体上。另一端绕在右脚的脚跟前部最低的部分。背对着固定弹力带的物体，让弹力带位于体后。采用分腿站姿，右脚在前。站在离固定点足够远的地方，以便感受到弹力带的中等强度到大强度的拉力。在不抬起脚跟的情况下，尽可能将右膝向前推，以最大力量的 30% 保持 60 秒。放松膝盖，返回到开始位置，然后执行第二次重复。换另一侧重复动作。

参与的肌肉

　　主要肌群：腓肠肌、比目鱼肌、跟腱

　　辅助肌群：跗长屈肌、趾长屈肌

髋 90/90

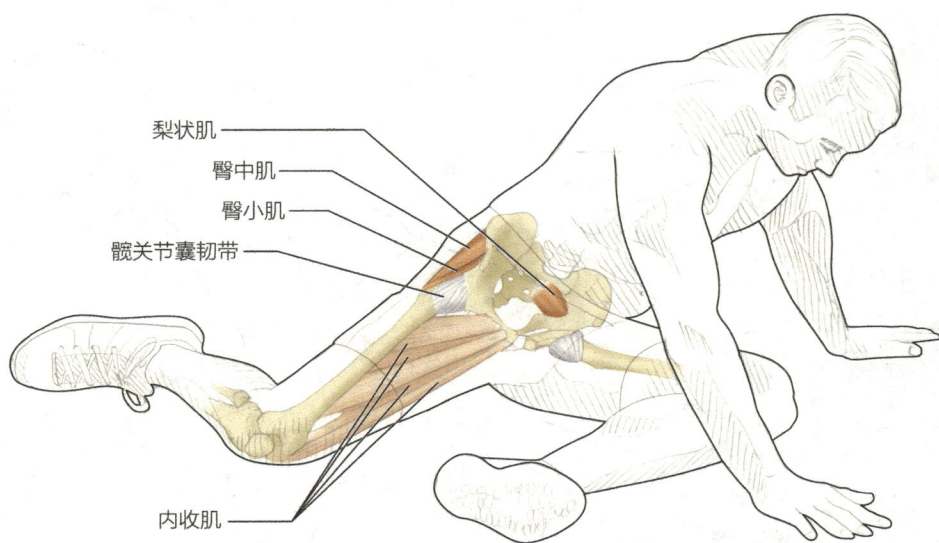

梨状肌
臀中肌
臀小肌
髋关节囊韧带

内收肌

执行

　　坐在地上。左腿置于身前，屈膝 90 度，大腿和小腿的外侧平放在地面上。右膝弯曲 90 度，并使大腿和膝盖直接指向身体右侧。左手放在身旁的地上，提供支持和稳定性。躯干与骨盆对齐。脊柱直立，从而感觉到右侧髋关节的张力，而非下背部。对于大多数人来说，这意味着脊柱会稍微向左倾斜。挤压右臀部，将右髋向前推，直至在右髋感觉到有压力。以最大作用力的 30% 将右侧膝盖、小腿和脚踝压向地面（对三者施加同等大小的作用力）。保持这个压力 60 ~ 90 秒。在不移动身体的情况下，尝试将腿拉离地面，以降低右侧小腿的压力。保持 15 ~ 20 秒。换另一侧重复动作。

参与的肌肉

主要肌群： 梨状肌、臀中肌、臀小肌、髋关节囊韧带
辅助肌群： 髋内收肌（右侧）

23

鸽子式

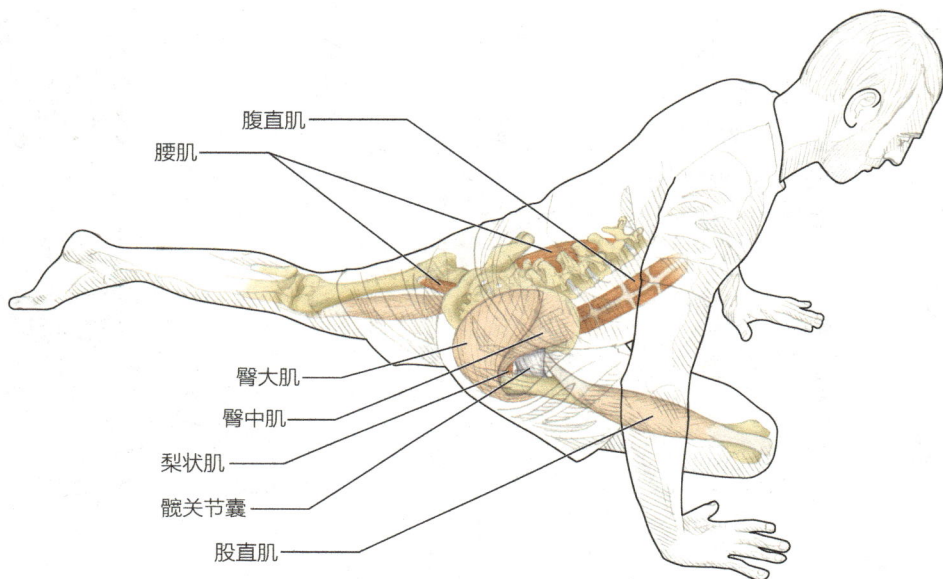

腹直肌

腰肌

臀大肌

臀中肌

梨状肌

髋关节囊

股直肌

执行

从四肢着地的姿势开始。向前滑动右膝，使大腿和膝关节位于髋关节窝的正前方，右大腿外侧接触地面。右脚舒适地放在左大腿附近。尝试伸直左腿。保持骨盆水平并指向正前方。双手放在地面上，从尾骨到头顶，保持躯干拉长。在髋关节处铰链，直至感觉右髋后部有适度的伸展。以最大压力的30%将右大腿压向地面，保持躯干不要移动。保持60秒。尝试将右小腿拉离地面，同样保持躯干不要移动。此时小腿无法抬起，但可以试着感受腹部和大腿内侧之间的张力。保持这种张力15～30秒。换另一侧重复动作。

参与的肌肉

主要肌群： 腰肌（左侧）、髋关节囊（右侧）、梨状肌（右侧）

辅助肌群： 股直肌、腹直肌、臀大肌（右侧）、臀中肌（右侧）

三角式

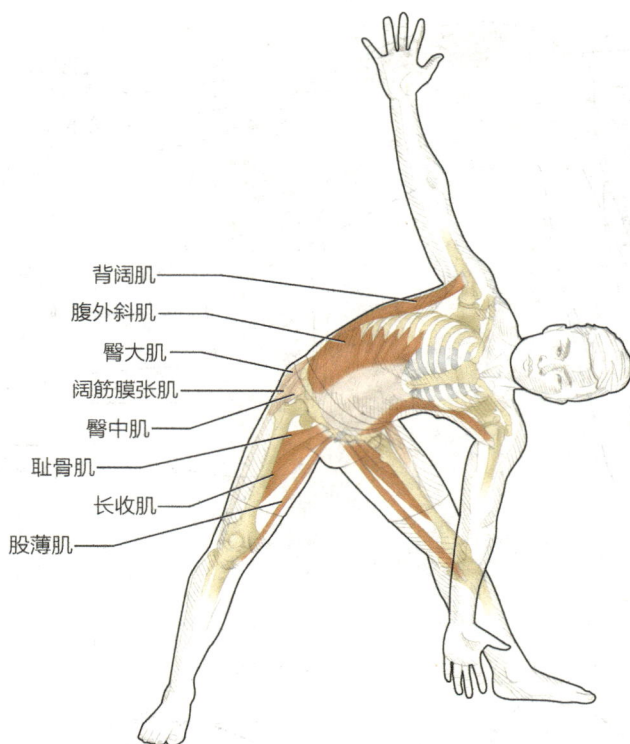

背阔肌
腹外斜肌
臀大肌
阔筋膜张肌
臀中肌
耻骨肌
长收肌
股薄肌

执行

　　双腿分开交错站立，双脚距离 90 ~ 120 厘米，左脚在前并指向前方。双臂向身体两侧伸直，与地面平行。向前推左膝盖，使其与左脚对齐。躯干屈曲并向左旋转，右手向上伸而左手向下伸以辅助躯干运动。始终保持右手、右肩、左肩和左手在一条直线上。在保持躯干旋转的同时，尽可能伸直膝关节。保持这个位置最多 60 秒，同时保持左脚对地面的压力，并保持脊柱平直和拉长。反向旋转，慢慢返回到起始位置。换另一侧重复动作。

参与的肌肉

主要肌群： 长收肌、股薄肌、耻骨肌、背阔肌、腹外斜肌
辅助肌群： 臀中肌、臀大肌、阔筋膜张肌

分段的猫式和骆驼式

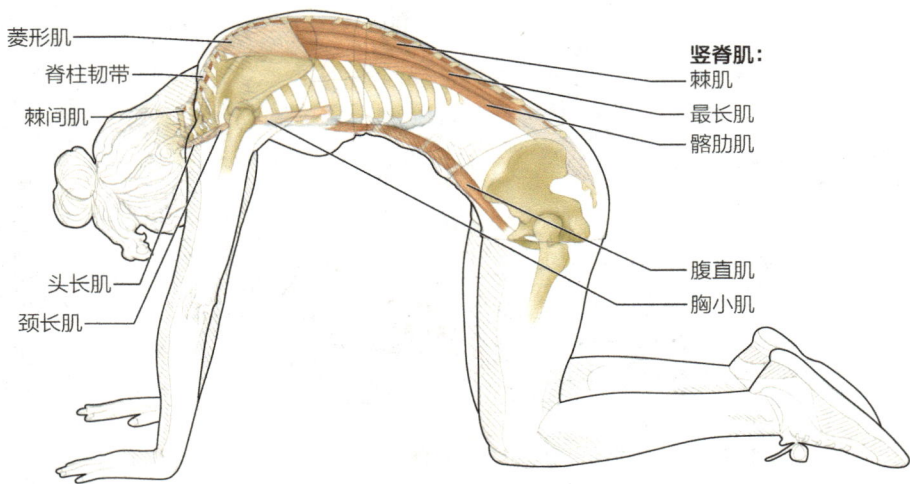

菱形肌
脊柱韧带
棘间肌

头长肌
颈长肌

竖脊肌：
棘肌
最长肌
髂肋肌

腹直肌
胸小肌

猫式

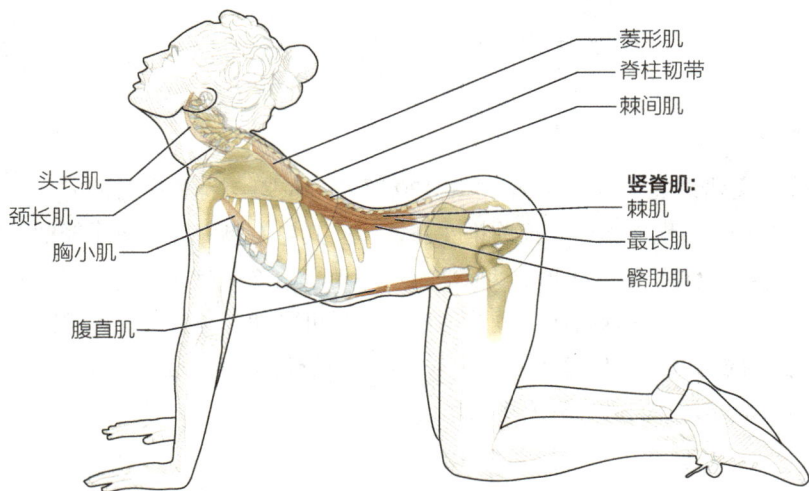

菱形肌
脊柱韧带
棘间肌

头长肌
颈长肌
胸小肌

腹直肌

竖脊肌：
棘肌
最长肌
髂肋肌

骆驼式

执行

双手和双膝着地。尽可能地将脊柱拱起来，让背部形成顺滑的曲线，并将头部和骨盆内缩，使脊柱达到最大屈曲位置。在将骨盆缩到身体内侧时，可以感受到整个核心肌群的参与。尝试倾斜骨盆，同时脊柱的其余部分保持圆弧形。然后，脊柱慢慢伸展，尝试一次只让一个节段进入伸展状态，其余部分尽可能保持屈曲。背部最上方的节段伸展，抬起头，同时保持下巴放松，仰望天花板。慢慢反转步骤，回到开始位置。每一轮的脊柱的整体屈曲和伸展都应该各用 30 秒。再重复 3 次。

参与的肌肉

主要肌群： 竖脊肌（髂肋肌、最长肌、棘肌）、棘间肌、脊柱韧带、腹直肌

辅助肌群： 菱形肌、胸小肌、颈长肌、头长肌

肩胛骨画圈

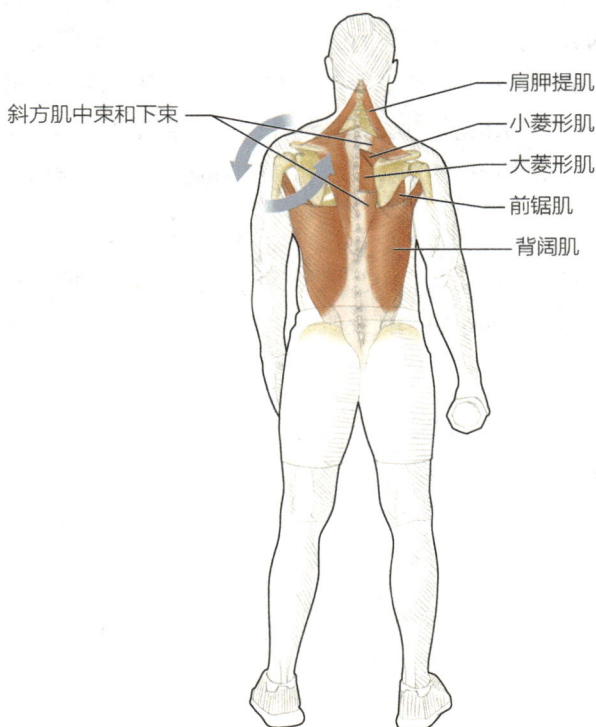

斜方肌中束和下束

肩胛提肌
小菱形肌
大菱形肌
前锯肌
背阔肌

执行

站立，右手拿着一个体积较小的重物。手尽可能地用力握紧重物，同时在腿部与核心处产生张力。在整个练习过程中保持这种张力。在此练习中，唯一允许移动的身体部位是左肩胛骨。缓慢地将左肩胛骨尽可能向臀部降低。接下来，将左肩胛骨朝着脊柱方向尽可能拉紧，然后让它朝着耳朵向上滑动，到达尽可能高的位置。再将左肩胛骨保持尽可能高的位置朝着身体侧面向外移动，离开脊柱。肩胛骨离开脊柱后，重新向着臀部降低。每一圈运动至少需要20秒。执行5次重复，然后换另一侧重复动作。

参与的肌肉

主要肌群： 大菱形肌、小菱形肌、前锯肌、肩胛下肌、肩胛提肌、背阔肌、斜方肌中束和下束

针对肩部的俯卧泳者式

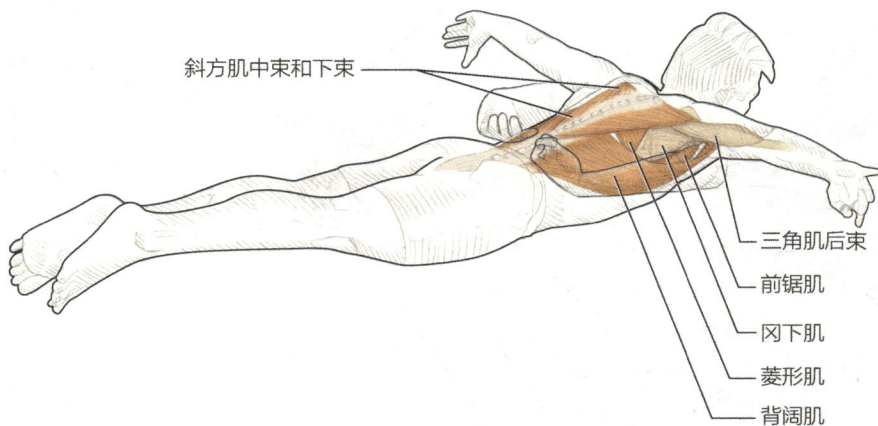

斜方肌中束和下束 ————

三角肌后束
前锯肌
冈下肌
菱形肌
背阔肌

执行

俯卧在地面上，双手掌心向上并放在下背部。在胸部下面放一个枕头或垫子可以让你更容易地让颈部与脊柱的其余部分保持在一条直线上。向中间挤压两侧肩胛骨。尽可能提高肘部。手掌朝天花板抬起，并伸直肘关节。在整个练习过程中保持双手和肘部在尽可能高的位置。然后慢慢地开始向身体两侧移动双臂。当手臂到达肩部水平位置时，将肩胛骨向后并向臀部下拉，同时手臂内旋，使掌心向后。保持此姿势 10 秒，然后沿反方向返回到开始位置。重复 2 次。

参与的肌肉

主要肌群：菱形肌、斜方肌中束和下束、前锯肌、背阔肌
辅助肌群：冈下肌、三角肌后束

平板支撑

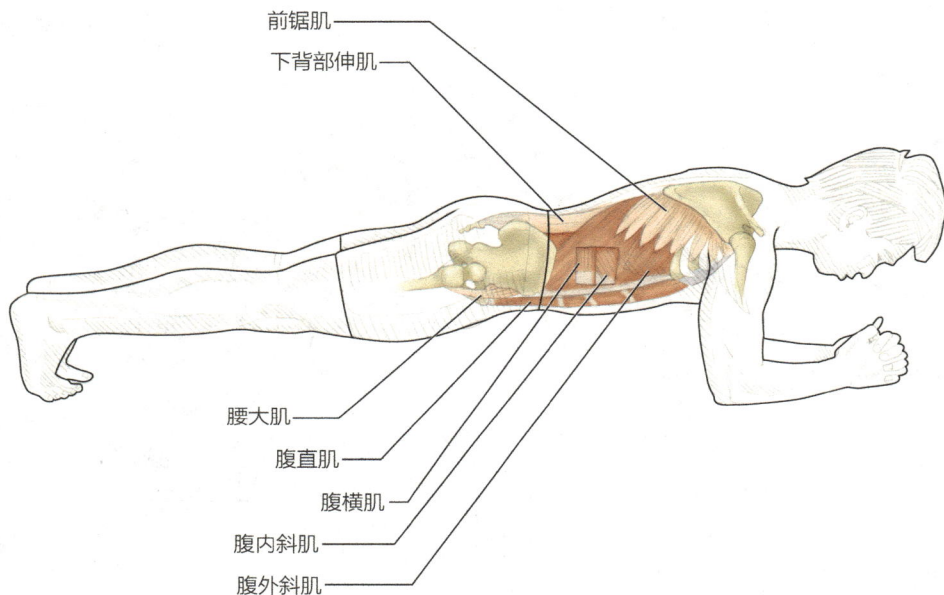

前锯肌

下背部伸肌

腰大肌

腹直肌

腹横肌

腹内斜肌

腹外斜肌

执行

　　俯卧，双臂弯曲，身体抬离地面，使用前臂和脚趾来支撑身体。收紧腹部，保持脊柱挺直。肘部位于肩部下方。在练习过程中持续向下看着地板，这样整条脊柱就是直的。在保持姿势的同时不要忘记呼吸。保持 15 ~ 30 秒。重复 2 或 3 次。

参与的肌肉

　　主要肌群：腹横肌、腹直肌、腹内斜肌、腹外斜肌

　　辅助肌群：下背部伸肌、前锯肌、腰大肌

单腿站立髋关节屈曲和膝关节伸展

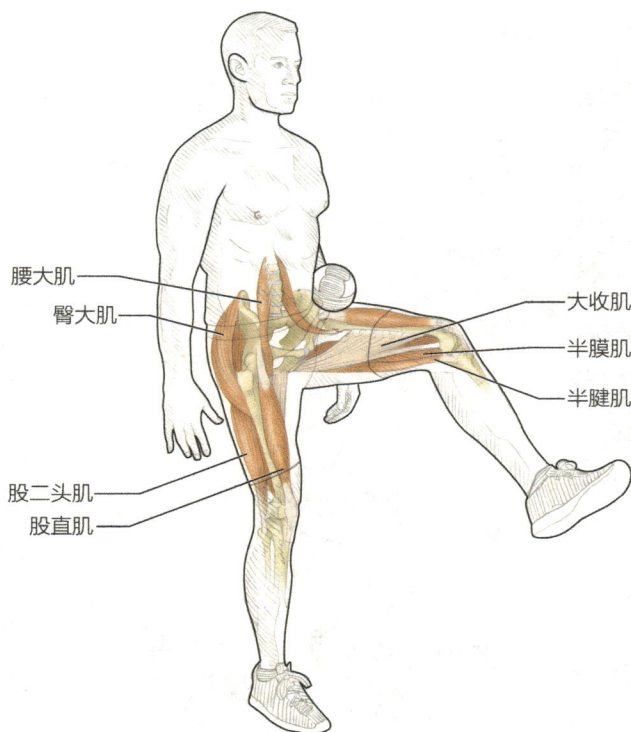

腰大肌
臀大肌
大收肌
半膜肌
半腱肌
股二头肌
股直肌

执行

右脚站立。保持右膝尽可能伸直，脊柱尽可能拉长。在左大腿顶部和左下腹部之间放一个轻的小球。尝试让左膝尽可能接近胸部，压住球，同时保持良好的姿势。慢慢伸直左膝，保持对球的压力。把膝盖伸直到你无法维持其高度或对球的压力为止。如果左膝被拉高到极限，你将无法完全伸直膝关节。以良好的姿势执行 10 ~ 15 次缓慢的膝关节伸展，然后换另一侧重复动作。

参与的肌肉

主要肌群： 腘绳肌（半腱肌、半膜肌、股二头肌）、腰大肌、股直肌、臀大肌
辅助肌群： 大收肌

三个位置的侧弓步

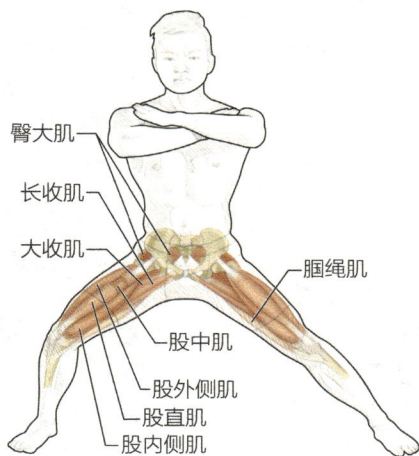

臀大肌
长收肌
大收肌
腘绳肌
股中肌
股外侧肌
股直肌
股内侧肌

侧面

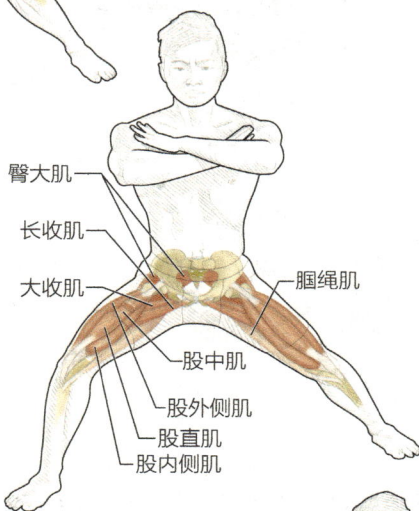

臀大肌
长收肌
大收肌
腘绳肌
股中肌
股外侧肌
股直肌
股内侧肌

向前 30 度

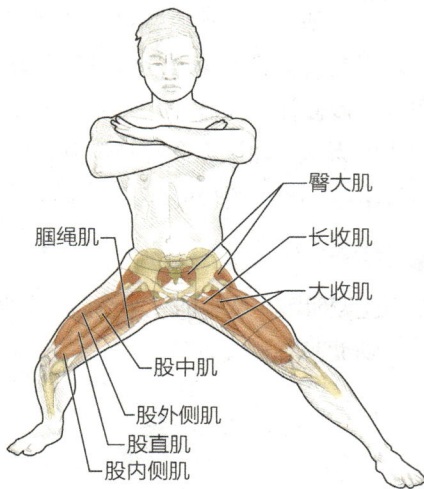

臀大肌
长收肌
大收肌
腘绳肌
股中肌
股外侧肌
股直肌
股内侧肌

向后 30 度

执行

站立，右脚向正右方迈一步，双脚距离大约为肩宽的两倍。当右脚碰到地面时，将右膝向外推向侧面，位于右脚上方（不要让膝关节向内塌陷），并向后和向下压髋关节。左膝伸直。右腿发力返回至开始位置。重复，但这次右脚向正右方偏前约30度的方向，而不是正右方迈出一步。再次重复，但这次向正右方偏后约30度的方向迈出一步。这些位置分别重复5次，然后换另一侧重复动作。

参与的肌肉

主要肌群： 长收肌、大收肌、臀大肌、股四头肌（股直肌、股外侧肌、股内侧肌、股中肌）

辅助肌群： 腘绳肌（半腱肌、半膜肌、股二头肌）

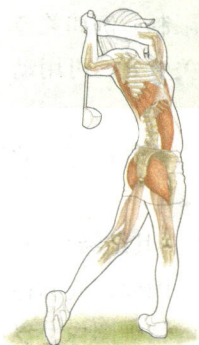

实现最佳挥杆角度的灵活性训练

正如我们所讨论的那样，高尔夫挥杆是一个复杂的全身动作，需要在不可思议的加速和减速下控制所有身体节段的移动接近全动作范围。人们有一个常见的误解：伟大的击球手仅凭蛮力就能够实现惊人的挥杆速度和距离。尽管拥有足够的力量显然是一个优势，而巡回赛上最好的击球手大多具备足以高于平均水平的力量，但它并不是挥杆中产生爆发力的唯一决定因素。

在美国职业高尔夫协会巡回赛和较低级别的巡回赛中都有许多球员具备相同或更大的力量，但他们无法实现世界顶尖球员所能达到的挥杆速度或开球距离。顶尖击球手还有一个优势：他们以高水平的控制来让其身体在所需的动作范围内移动。这是神经系统实现极佳灵活性的结果。

灵活性是一个人能够让一个或一组关节，以期望的速度、精确度在对抗内外部阻力的情况下移动。

仅仅有能力在大动作范围内移动是不够的。灵活性是一个重要组成部分，因为它涉及控制。如果，你的单个或多个关节具备高活动范围，而你却没有控制的能力，这会怎样？在这个"马虎的"动作范围内会发生什么？你无法控制的动作范围就是你不具备的动作范围！身体无法获得有关位置、速度或移动方向的准确信息，并且无法以期望方式抵抗或产生移动所需的力。

单个关节或一组协作的关节所不能控制的动作范围被称为柔韧性区域。这个柔韧性区域是运动潜力明显下降的地方。我们经常看到可控动作范围（灵活性）和被动的末端范围或不可控动作范围（柔韧性）之间存在巨大差异。

许多因素可能会阻碍灵活性。当一个单独或多个关节不能在所需的动作范围内移动时，结果往往导致挫败感和时间的浪费，以及运动员由于难以产生期望的技术而无法进步。随着年龄的增长，这种运动潜能的缺乏或僵硬是非常普遍的，但也可见于快速生长期后的青少年，以及没有经常在多个运动平面上让身体在全动作范围内移动的几乎任何人。缺乏运动可能是由于解剖学上的限制，例如关节退化或肌肉过度劳累，也可能是使神经系统负荷过重并且减少在关节处的可用动作范围的动作模式。

　　无论运动员是由于柔韧性区过大还是由于肌肉过度紧张而无法实现理想的动作，都有两个主要因素易造成运动员移动不足。

　　首先，运动员从来自关节的周围神经系统中的感觉器官（肌肉及其结缔组织、关节囊、韧带、肌腱、筋膜中的机械感受器）接收的信息不准确。因此，周围神经系统无法向中枢神经系统（大脑和脊髓）提供关于该特定关节的精确图像，以及其相对于其他身体部位或身体必须与之相互作用的环境（地面、高尔夫球杆）的相对位置。

　　其次，运动员对于特定的环境可能没有足够的经验，无法有效地解释周围神经系统向中枢神经系统发送的信息。周围神经系统提供了足够的信息，但中枢神经系统无法正确解释该信息以产生期望的动作。

　　运动中使用的机械感受器类似于视觉系统的眼睛中的感受器。它们收到有关身体的物理环境的信息，然后将这些信息发送给大脑进行解释，这就产生了意识。正如眼睛中的感受器接收有关视野内有哪些事物的信息，并将这些信息提供给大脑进行解释一样。

　　无论是运动员的身体向中枢神经系统发送了不准确的身体位置信息，还是由于缺乏经验而产生了混乱的动作方案，结果都是一样的，高尔夫球员不太可能产生期望的动作，因此所造成的球的飞行线路将导致挫败感和高杆数！

　　第3章中的练习有助于提高周围神经系统的能力，使其提供关节相对于其他身体部位及其环境更准确的信息。此外，我们包括的一些练习还会侧重于帮助中枢神经系统更好地使用周围神经系统提供的数据，产生将多个关节整合到无缝流畅动作的方案。

　　这种能力将对高尔夫比赛产生极大的影响。高尔夫球员若能够让身体在期望的动作范围内移动，并进行必要的控制，就可以利用几何和物理学的最大效果，确保通过最好的控制来产生和重复最大的球杆头速度。世界上的顶尖击球手都喜欢这种独特的能力。

　　无论是实现更远的距离，还是提高准确性和稳定性并避免受伤，灵活性在高尔夫运动中都扮演着重要角色。相比于运动员的举重能力，在整个高尔夫挥杆过程中创造特定的角度和动作对产生高杆头速度的影响更大。在职业生涯中，无论体形如何，泰格·伍兹总是拥有可供他随时支配的非常高水平的灵活性。当年，这位精瘦的22岁年轻人在职业巡回赛中一鸣惊人，释放出超越比赛的巨大爆发力，并不仅仅是靠力量。这种灵活性（特别是他的髋部和脊椎）在他的整个职业生涯中一直陪伴着他，直到伤病导致他的双腿乃至背部开始无法承受压力。

　　灵活性也是高尔夫球员在撞击后能够让高尔夫球杆减速的关键因素。高尔夫球员能够控制每个关节的动作范围越大，关节和软组织就有越长的时间和距离来降低杆头速度。这相当于减轻了对身体的压力并减少了受伤的可能性。

　　此外，任何参加过高尔夫课程的高尔夫球员都经历过一种挫败感：无法将自己的身体和球杆按指令移动到教练要求的位置。这种无法遵循指令的情况通常不是由于缺乏欲望，而往往是由于球员身体内的灵活性问题。若高尔夫球手让关节和肌肉在全动作范围内移动的能力有限，就无法让自己进入可以创建适当角度的姿势。当然，这会使高尔夫教练不满意，也是学生的烦恼。

　　当身体任何部位的功能受到损害，无法以令人满意的力量在所需动作范围内移动时，身体会尝试在其他部位代偿这种动作的不足。举个例子，下背部过度旋转，以代偿髋关节的（向内）旋转的不足。下背部的这种代偿性运动通常会导致运动表现下降（经常会看到挥杆路径过高），并且增加下背部损伤的可能性。

　　所有的高尔夫球员都应该有两个主要目标：（1）无论年龄如何，可以无伤痛地、尽可能长时间地参与这项美妙的运动；（2）充分发挥其高尔夫运动的潜力。在尝试参加任何级别的高尔夫运动时，适当的灵活性都是必须解决的基本变量（图 3.1）。

　　当高尔夫球员来到我们的测试机构时，不管是参加美国职业高尔夫协会巡回赛的球员还是业余级别的球员，我们往往都能够识别出灵活性问题。运动员身体内功能性动作范围有限的区域常常导致代偿性动作，对邻近的肌肉和关节造成反应性压力，这是因为身体正试图弥补在受限区域内丧失的移动能力。对于最高水平的职业高尔夫球员来说，身体机能受限可能导致巨大的损伤。

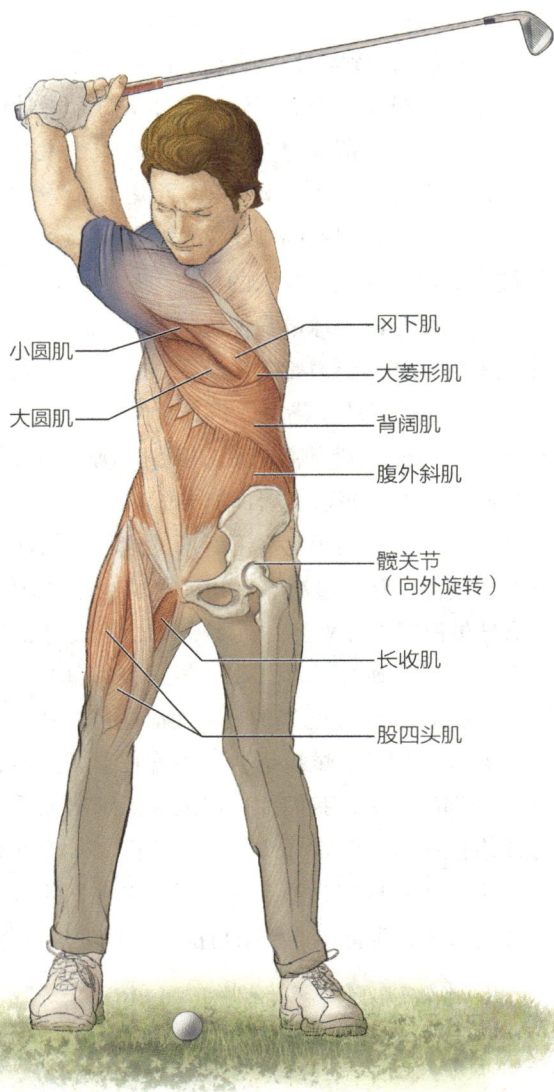

小圆肌

大圆肌

冈下肌

大菱形肌

背阔肌

腹外斜肌

髋关节
（向外旋转）

长收肌

股四头肌

图 3.1　出色的灵活性使高尔夫球员能够在挥杆过程中创造适当的角度

　　职业高尔夫球员将我们的机构作为最后的救命稻草。这种情况很常见，因为他们一直无法与其高尔夫教练一起解决挥杆效率低的问题。如果球员花费了大量的时间和精力改变自己的高尔夫挥杆技术，但是只取得了有限的成功，最常见的原因就是灵活性的限制。通常我们会在测试过程中发现高尔夫球员的动作受到的限制与无法进行特定挥杆变化直接相关。一旦高尔夫球员纠正了动作缺陷，就可以轻松成功地完成所需的挥杆变化。

　　本章针对普通球员所教的动作，不仅会改善高尔夫挥杆所需的动作范围，还会增加在整个动作范围内的功能性力量。当你阅读本章的练习时，你会发现它们并不是我们大部分人从书本、视频或体育课中学到的传统拉伸。传统的拉伸练习既不会提高周围神经系统中的机械感受器的准确性（因此，身体对自身的意识并没有改善），也不会提高中枢神经系统产生更准确的运动方案的能力，而这两点都是提高高尔夫成绩的关键要素。

等长髋屈肌拉伸保持（腘绳肌激活）

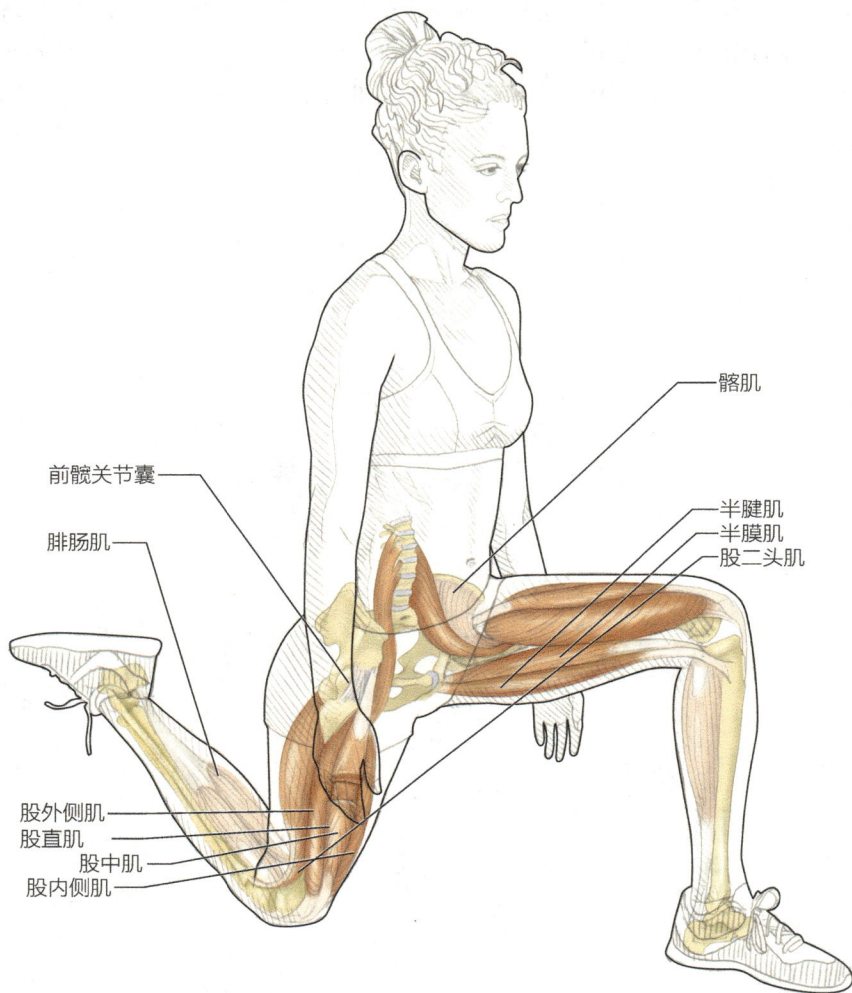

髂肌

前髋关节囊

半腱肌
半膜肌
股二头肌

腓肠肌

股外侧肌
股直肌
股中肌
股内侧肌

执行

1. 右膝跪地，呈跪式弓步姿势。

2. 主动用腘绳肌将右脚跟拉向臀部，同时将右髋向下和向前推。

3. 在末端范围保持 60 秒，尝试坚持对抗可能出现的痉挛。

4. 最初，通常需要用尽量小的力将右脚抬离地面，以防止腘绳肌痉挛。痉挛是这个练习的一个正常部分。当你的力量得到提高并且神经系统能力得到改善时，你将能够用更大的力来抬高右脚。

5. 换另一侧重复动作，并在每侧再重复一次。

参与的肌肉

主要肌群： 腘绳肌（半腱肌、半膜肌、股二头肌）、股四头肌（股直肌、股外侧肌、股内侧肌、股中肌）、腰肌

辅助肌群： 前髋关节囊、髂肌、腓肠肌

高尔夫训练要点讲解

　　加强腘绳肌在其主动动作的末端范围的力量，这对每个人都很重要，而不仅仅是高尔夫球员。通常，为了代偿较弱的臀部肌肉，股四头肌和腰肌会过劳。在这种情况下，髋关节屈曲通常用于代替髋关节伸展，这会限制髋关节伸展的动作范围。当髋关节伸展范围受限且臀部肌肉和腘绳肌较弱时，在接近高尔夫挥杆完成时，你会难以向前推动髋部。此练习将帮助打开髋前部的组织，同时加强腘绳肌和臀部肌肉力量，从而更有效地利用在腿部和髋部后侧的强大肌肉。

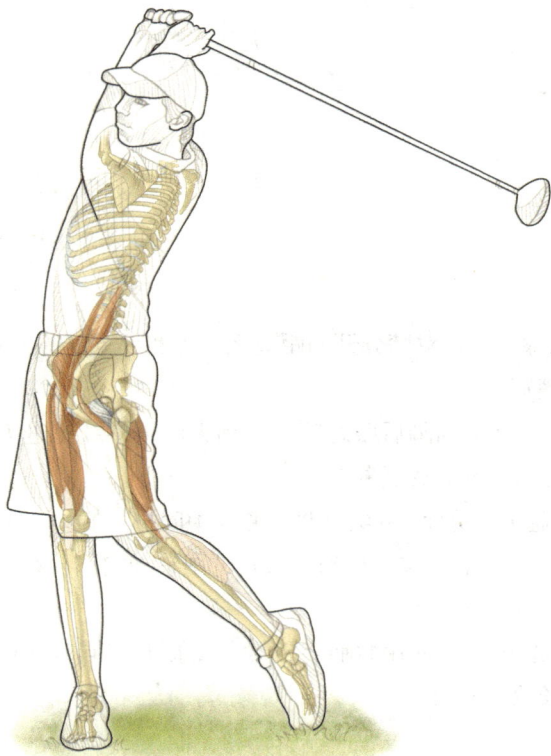

斗蛙式等长练习（内收和外展）

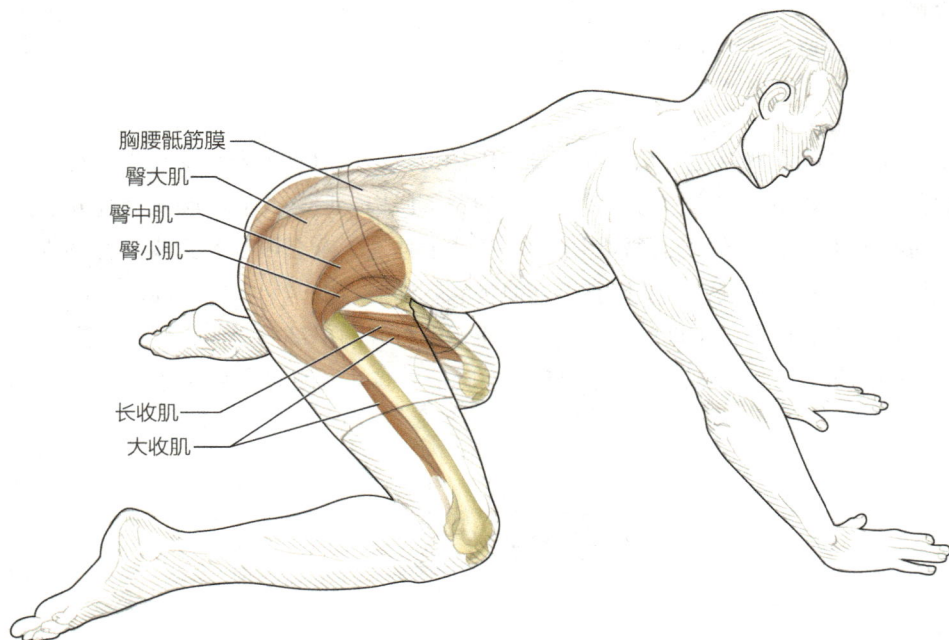

胸腰骶筋膜
臀大肌
臀中肌
臀小肌

长收肌
大收肌

执行

1．双手、双膝着地，双膝分开的距离至少为髋部宽度的 1.5 倍。双脚分开的距离应该比双膝稍宽。

2．慢慢地将骨盆推到脚后跟之间，直到无法再继续推进为止。在整个练习过程中，脊柱从尾骨到头顶保持拉长。

3．通过将膝盖压向地面，并尝试将双膝向中间拉，在内收肌中产生等长收缩。双膝压在地面上，实际上不应该移动，只是试图移动它们。在整个保持过程中继续将骨盆向后推。保持 60 秒。

4．接下来，尝试通过使用臀肌将双膝分得更开，同时保持骨盆向后推，脊柱拉长。保持等长收缩 60 秒。

参与的肌肉

主要肌群： 长收肌、大收肌、臀中肌、臀小肌、髋关节囊

辅助肌群： 胸腰骶筋膜、臀大肌、闭孔外肌、闭孔内肌、梨状肌

高尔夫训练要点讲解

　　开球距离最长的高尔夫击球手有一点做得非常好：在下挥杆时，前腿拉而后腿推。在前（目标）腿上，这种拉的动作在很大程度上由沿大腿内侧分布的髋内收肌产生。臀中肌、臀小肌和臀大肌主要执行后（轨迹）腿的推的动作。不幸的是，轨迹腿上的内收肌常常被过度使用，而这种紧张会阻碍完全的髋外展，并导致所产生的爆发力从臀部肌肉中溜走。斗蛙式等长练习可以拉长并加强髋内收肌力量，也使臀部肌肉可以在髋外展的末端范围得到加强。

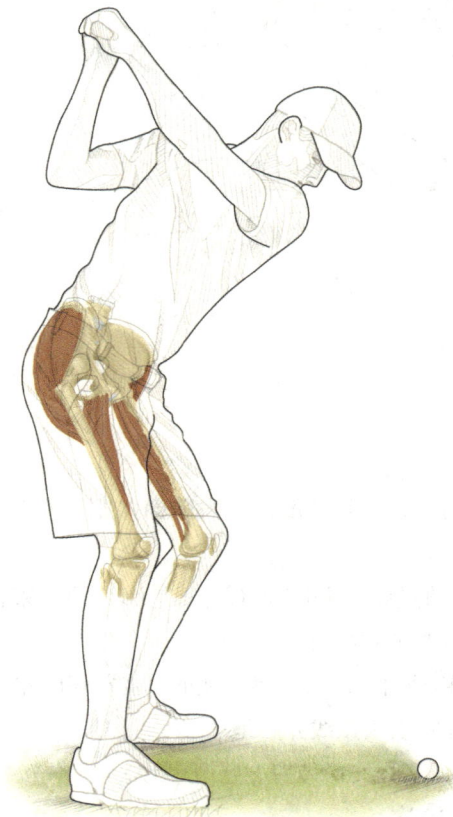

灵活性

43

90/90 过渡

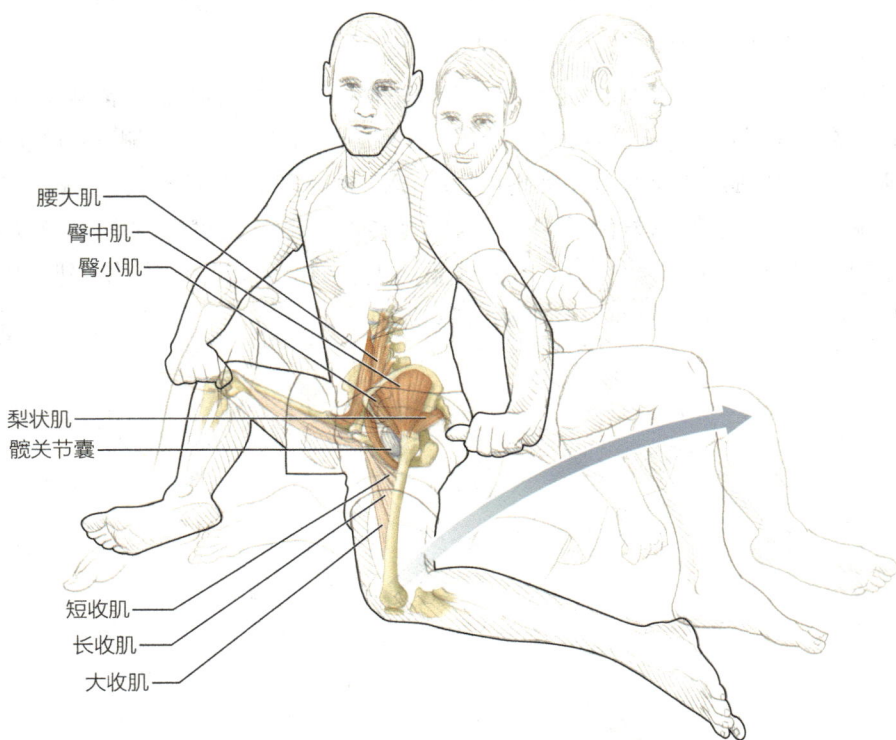

腰大肌
臀中肌
臀小肌

梨状肌
髋关节囊

短收肌
长收肌
大收肌

执行

1．坐在地上。双膝弯曲至 90 度，左大腿朝向躯干左侧，右大腿朝向右侧，双腿压向地面。

2．左膝向左上方通过跖球和脚趾（而不是脚后跟）来移动。保持右膝向下压地面，直到左膝不能再向上移动。

3．当左膝不能再移动时，让右膝离开地面。将左膝向左旋转，同时右膝跟随，直至左膝触地。让右膝完成该弧线并触地。

4．回到起始位置，双腿交换位置，重复动作。

5．每侧重复 5 ~ 10 次。

参与的肌肉

主要肌群：梨状肌、臀中肌、臀小肌、腰大肌、髋关节囊韧带

辅助肌群：大收肌、长收肌、短收肌

高尔夫训练要点讲解

　　许多球员在髋关节向内旋转或向外旋转方面都受到限制。尽管髋关节动作范围限制的大部分重点都放在了挥杆的撞击和随挥部分上，但是轨迹侧髋关节的向内旋转或目标侧髋关节向外旋转的受限会严重改变球员能够实现的后挥杆姿势。轨迹侧髋关节的向内旋转受限将阻碍高尔夫球员在后挥杆中让髋关节和骨盆向离开目标的方向旋转。这可能会导致一系列的代偿，包括过度轨迹腿伸直；侧向挥杆或滑动，而不是转动骨盆；依靠下背部旋转；或者在后挥杆顶端时将手臂抬起，离开身体。90/90 过渡练习将帮助高尔夫球员学习控制髋关节能够移动的范围。这将使在后挥杆中的加力更容易、可重复性更高，并且在挥杆的撞击至随挥阶段中髋关节的旋转会更加自如。

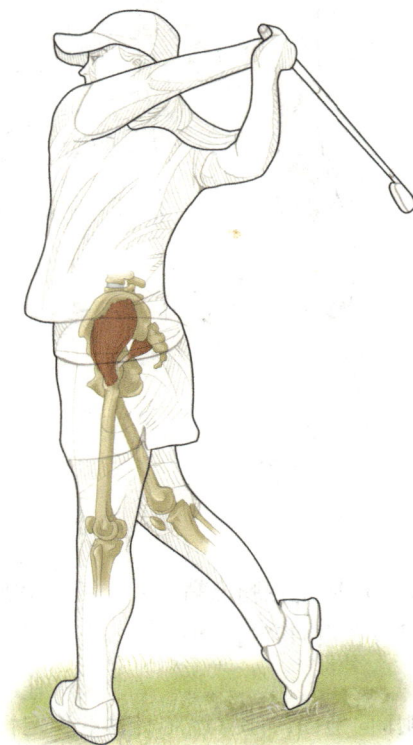

单臂冲拳
对侧手臂拉

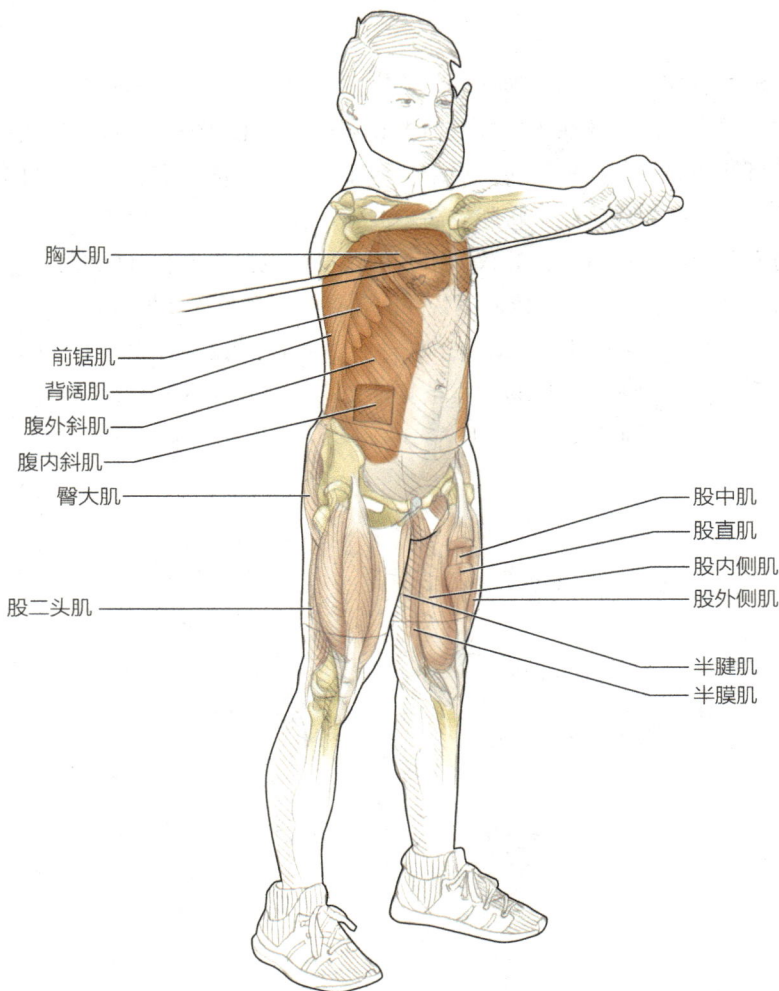

胸大肌

前锯肌
背阔肌
腹外斜肌
腹内斜肌
臀大肌

股二头肌

股中肌
股直肌
股内侧肌
股外侧肌

半腱肌
半膜肌

执行

1. 将弹力绳（或绳索）固定在胸部高度处。用右手握住弹力绳的手柄，并背向固定点站立。将右手放在右肩旁边，前臂平行于地面。把左手放在头后面。这是开始位置。

2. 通过牢牢将双脚压向地面，建立髋和骨盆的稳定性。双脚压着地面，然后尝试让它们转向外侧，形成向外旋转。向地面施加的下压力不会使双脚发生实际旋转（双脚将继续朝向正前方），但在脚下应该形成明显的拱形。在这个练习中，骨盆应该总是朝向前方。

3. 左肘向后拉，同时右手向前冲，使右肘伸直。左肘尝试在身后尽可能旋转，而右手尽可能向前推。骨盆保持稳定。左肘和右手应尽可能互相远离。

4. 慢慢返回到开始位置，并重复 8 ~ 15 次。换另一侧重复动作。

参与的肌肉

主要肌群： 背阔肌、斜方肌中束和下束、胸大肌、前锯肌、腹内斜肌、腹外斜肌

辅助肌群： 臀大肌、股四头肌（股直肌、股外侧肌、股内侧肌、股中肌）、腘绳肌（半腱肌、半膜肌、股二头肌）

高尔夫训练要点讲解

许多运动员难以协调目标侧的拉和轨迹侧的推。当实现这种协调时，就会发生更有效的爆发力产出。在撞击阶段，目标侧手臂的拉有助于造成躯干旋转，并将身体驱动到目标脚上。当高尔夫球员依赖于轨迹侧的推，而没有同时从目标侧执行拉的动作时，在撞击过程中高尔夫球员的体重会更多地保留在轨迹侧。在只依靠轨迹侧的上半身推动的高尔夫球员中，你会经常看到更多的侧向滑动，而不是旋转。

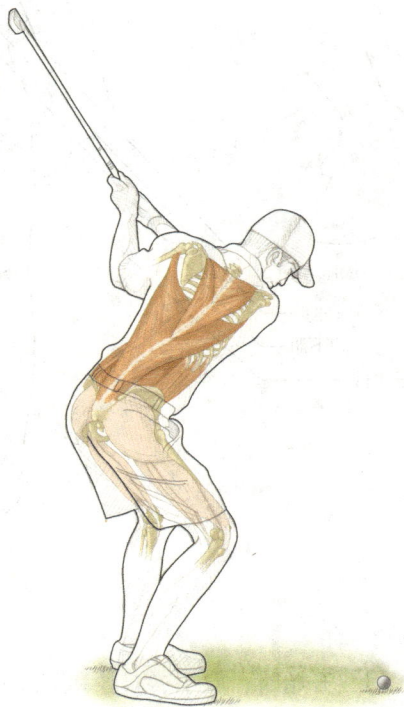

四点支撑转
上下犬式

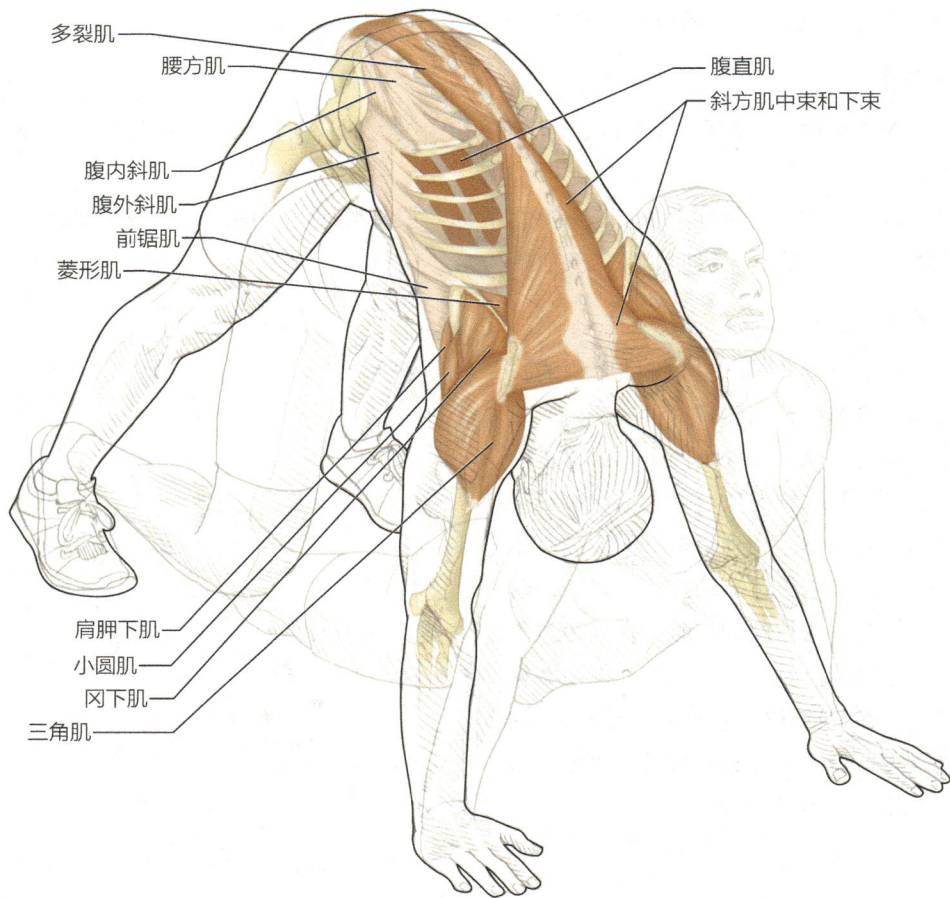

多裂肌
腰方肌
腹内斜肌
腹外斜肌
前锯肌
菱形肌
腹直肌
斜方肌中束和下束
肩胛下肌
小圆肌
冈下肌
三角肌

执行

1. 开始时，双手、双膝和脚趾着地。把髋部向脚跟推动，保持双臂伸直。

2. 将双膝抬起，离开地面 2.5 ~ 5 厘米；这是四点支撑姿势。

3. 将髋部抬高，同时以脚趾提供支撑。保持双臂伸直，头部前屈置于双臂之间，眼睛看着双脚。

4. 从下到上慢慢地屈曲脊柱的每一个节段，拱起脊柱，类似于分段的猫式和骆驼式练习中的动作。

5. 从下到上慢慢地伸展脊柱的每一个节段。到达脊柱的顶部后，头部向后仰，眼睛看向上方。你将进入上犬式。

6. 再次屈曲颈部并向下看，然后从上到下屈曲脊柱的每个节段。

7. 回到髋部抬高在空中的位置，然后回到四点支撑姿势。

8. 重复 2 ~ 5 次，每次重复需要 20 ~ 30 秒。

参与的肌肉

主要肌群： 多裂肌、椎骨关节囊、三角肌、菱形肌、肩袖肌群（冈下肌、冈上肌、肩胛下肌、小圆肌）、腹直肌、斜方肌中束和下束

辅助肌群： 腹内斜肌、腹外斜肌、前锯肌、腰方肌

高尔夫训练要点讲解

让脊柱分段屈曲和伸展的能力能使你更有效地分配作用力，并均匀地产生动作。这可以最大限度地减少在脊柱的任何一部分中积聚的应力，并减少磨损发生的机会。此外，肩关节在外旋的全动作范围内移动的能力，依赖于胸椎段能够伸展，并且肩胛骨能够适当地在肋骨上移动对于后挥杆（轨迹侧手臂）的顶部和随挥（目标侧手臂）的减速阶段非常重要。当胸椎段保持在屈曲位置时，肩胛骨将处于更前倾的位置。这将使肩胛骨的关节面向前和向下倾斜，减少可用的盂肱关节（肩）外旋。增加的胸椎伸展将改善肩关节外旋，这是由于肩胛骨及其关节面角度的位置有所改善。

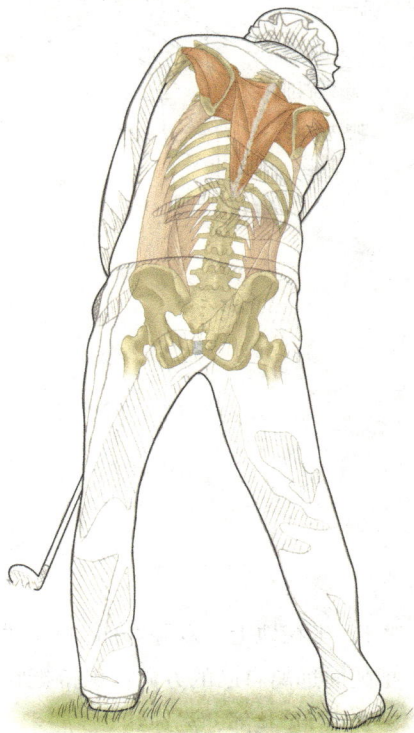

蟹式伸臂

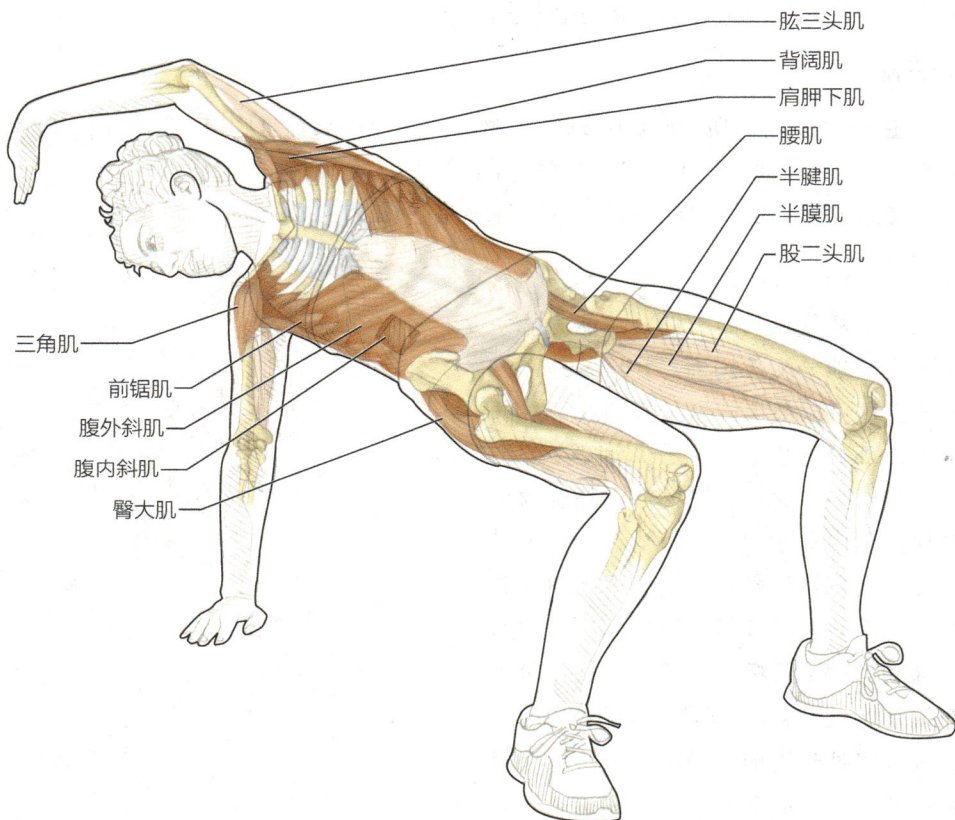

肱三头肌
背阔肌
肩胛下肌
腰肌
半腱肌
半膜肌
股二头肌

三角肌
前锯肌
腹外斜肌
腹内斜肌
臀大肌

执行

1. 坐在地上，双膝弯曲约 90 度，双脚放在地上。双手放在身后，肘部伸直，手指朝向远离自己的方向。保持挺胸，并让肩胛骨向下向后压。

2. 抬起髋部，离地约 2.5 厘米。然后把左臂向身前伸出，肘部弯曲。

3. 将髋部抬得尽可能高，同时通过右肩旋转，并将左手在头顶上方伸向右边。

4. 向下看着右手，并坚持 2 或 3 次呼吸。

5. 将弯曲的肘部返回到身体前面，并沿反向回到起始姿势。

6. 换在另一侧重复动作。每侧重复 3 或 4 次。

参与的肌肉

主要肌群：臀大肌、腹内斜肌、腹外斜肌、前锯肌、腰肌、三角肌、肩袖肌群（冈下肌、冈上肌、肩胛下肌、小圆肌）、背阔肌

辅助肌群：腘绳肌（半腱肌、半膜肌、股二头肌）、肱三头肌

高尔夫训练要点讲解

髋屈肌、腹斜肌和背阔肌具有足够的灵活性，可以使高尔夫球员能够在后挥杆的顶部实现目标侧手臂伸直并横过胸部的姿势。它还让高尔夫球员能够在随挥中自如地伸展髋部和骨盆，同时实现在全动作范围内减速，并对脊柱尤其是下背部产生尽量小的压力。令人惊讶的是，控制球杆和身体减速能力的增强常常会提高杆头速度。可控动作范围的增大提供了更大的减速区域，从而使杆头速度增加。

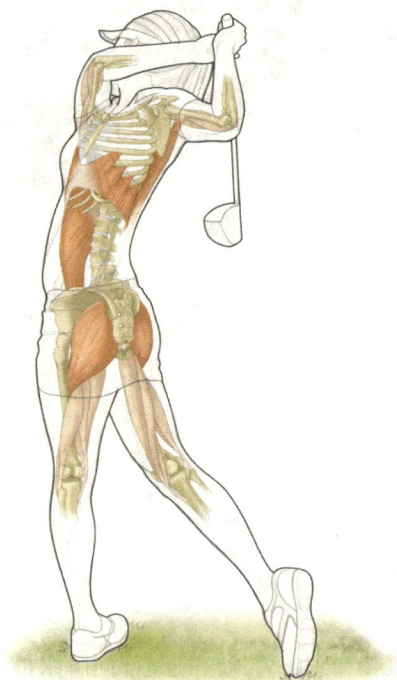

四点支撑转蝎式伸展

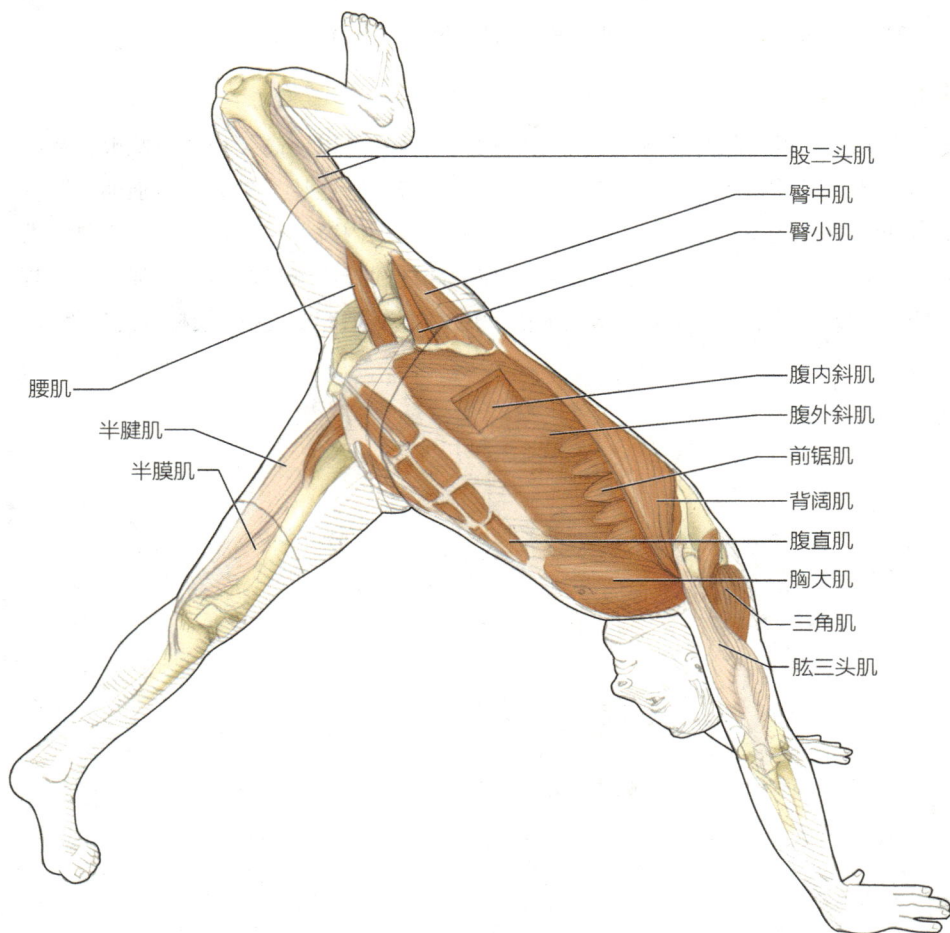

股二头肌

臀中肌

臀小肌

腹内斜肌

腹外斜肌

前锯肌

背阔肌

腹直肌

胸大肌

三角肌

肱三头肌

腰肌

半腱肌

半膜肌

执行

1. 开始时，双手、双膝和脚趾着地。把髋部向脚跟推动，保持双臂伸直。

2. 双膝抬起，离开地面 2.5 ~ 5 厘米。这是四点支撑式。

3. 右脚抬离地面，身体向前移动到俯卧撑位置，并向左肘方向屈曲右膝。保持右膝屈曲，旋转右侧髋关节，使其尽可能地向右打开。

4. 继续打开右侧髋关节，并通过推动左脚趾和双手，让右膝向天花板移动。

5. 保持 3 次呼吸，然后慢慢地将动作反向，回到开始位置。

6. 换另一侧重复动作，每侧重复 3 ~ 8 次。

参与的肌肉

主要肌群：腰肌、腹直肌、前锯肌、胸大肌、三角肌、腹内斜肌、腹外斜肌、臀中肌、臀小肌、多裂肌、竖脊肌（髂肋肌、最长肌、棘肌）、背阔肌

辅助肌群：腘绳肌（半腱肌、半膜肌、股二头肌）、梨状肌、肱三头肌、斜方肌中束和下束

高尔夫训练要点讲解

许多高尔夫球员在下挥杆开始时很难分开移动骨盆和上半身。这可能是由于灵活性差或运动控制不佳。蝎式伸展的美妙之处在于，它教高尔夫球员将骨盆与躯干分开，并且能够增加腹斜肌、腰肌、股直肌和背阔肌等肌肉的灵活性。此外，该动作有助于增加肩胛骨和髋关节稳定肌的力量，并改善上胸椎伸展以及胸椎和肋椎关节的旋转能力，所有这些对于高效和有力的高尔夫挥杆来说都非常重要！

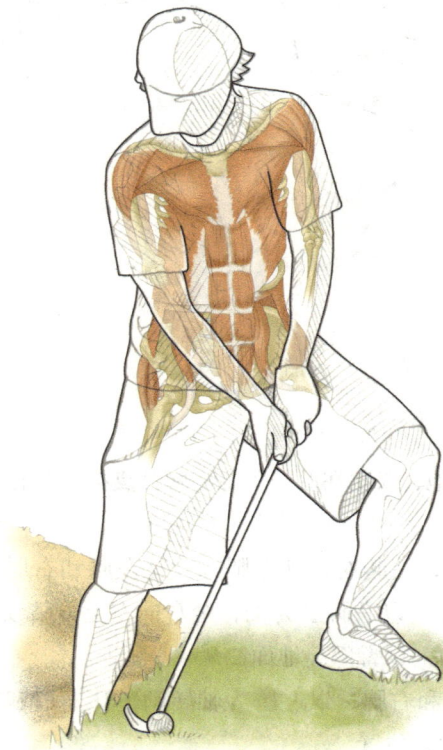

四点支撑—蟹式—四点支撑

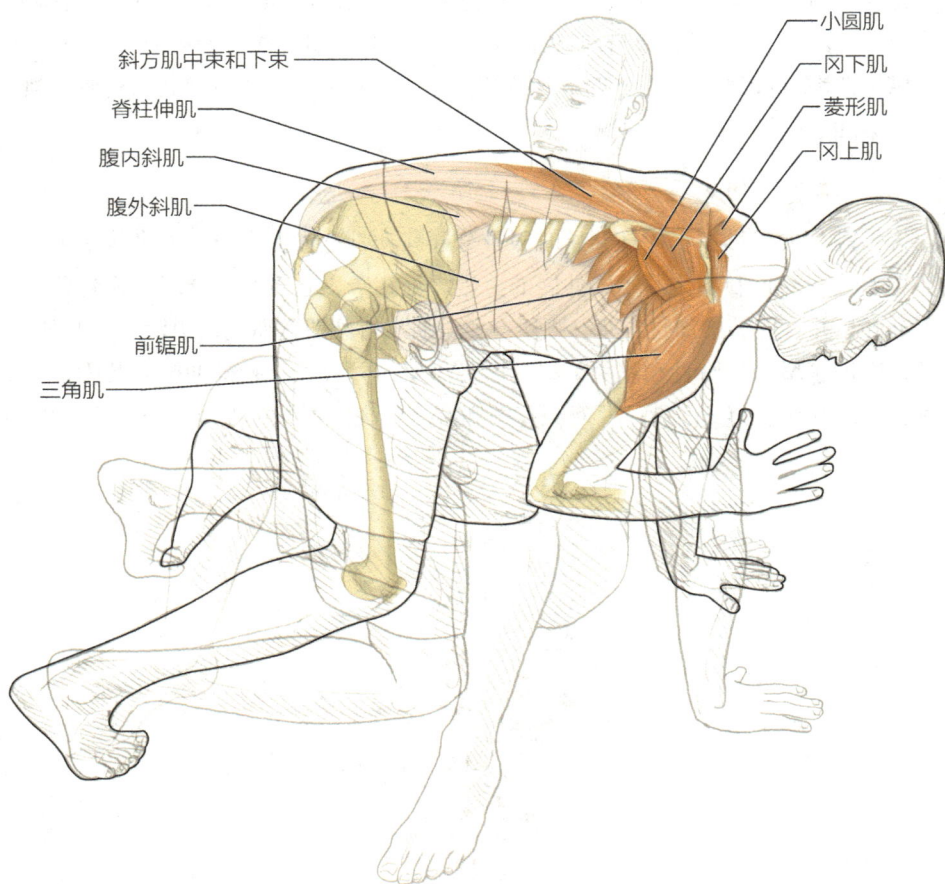

斜方肌中束和下束

脊柱伸肌

腹内斜肌

腹外斜肌

小圆肌

冈下肌

菱形肌

冈上肌

前锯肌

三角肌

执行

1. 开始时四肢着地，双膝在肚脐下方。脚趾支撑，双膝抬起，离地面 2.5～5 厘米。

2. 保持胸部挺直，抬起右臂和左腿，并让左膝和右肘靠拢，同时以右脚趾和左手支撑，保持平衡。以右脚趾为轴，全身向右上方转动，直到胸部朝上，然后双脚和双手放在地面上，臀部离地面 2.5～5 厘米。

3. 抬起你的左臂和右腿，以左脚为轴转动，让左肘和右膝并拢。向右下方旋转身体，直至回到起始位置。

4. 重复动作，但朝相反的方向移动。

54

5. 重复动作2或3组，每组6～8次。

参与的肌肉

主要肌群：肩袖肌群（冈下肌、冈上肌、肩胛下肌、小圆肌）、菱形肌、斜方肌中束和下束、前锯肌、三角肌

辅助肌群：脊柱伸肌、腹内斜肌、腹外斜肌

高尔夫训练要点讲解

在高尔夫挥杆过程中，肩（盂肱关节）、肩胛、肋骨和脊柱需要在接近最大动作范围内移动。例如，在理想情况下，惯用右手的高尔夫球员右肋椎关节向后旋转，而右椎间关节伸展和向后旋转。当盂肱关节向外旋转、屈曲和外展时，右肩胛骨会下压和后缩。在下挥杆和随挥过程中，这种运动是相反的——椎间关节屈曲并向前旋转，肋椎关节向前旋转，而肩胛骨前伸并抬高，盂肱关节内收和向内旋转。该动作有助于发展这些耦合运动，并在挥杆的各个方面实现躯干和上肢的更精确移动。

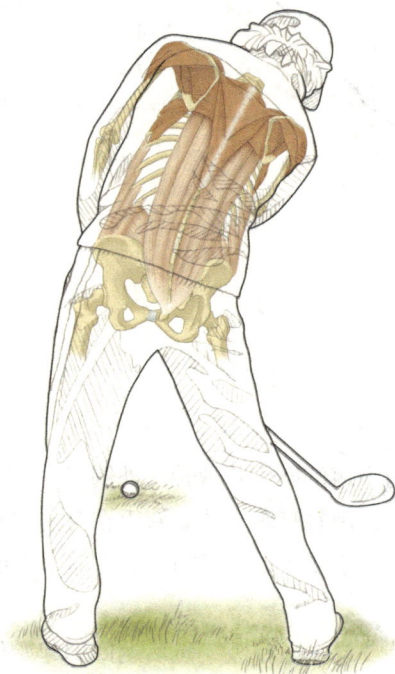

哥萨克式深蹲

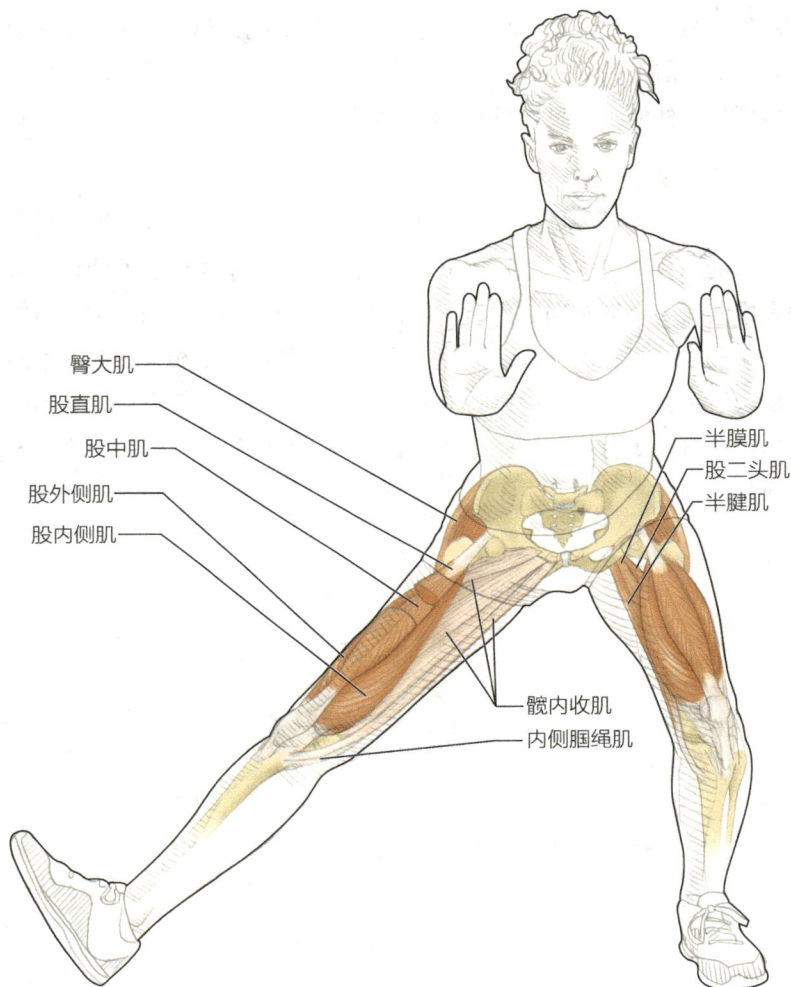

臀大肌

股直肌

股中肌

股外侧肌

股内侧肌

半膜肌

股二头肌

半腱肌

髋内收肌

内侧腘绳肌

执行

1．站立，双脚站距约为两倍肩宽并微转向外侧。

2．右脚尖指向天花板，用右脚跟支撑。双手在身前伸直以保持平衡。

3．向后蹲并将左膝向左推，同时保持右腿伸直。尽可能向下蹲，但要尽可能保持脊柱拉长和伸直。

4．在较低的位置保持 2 或 3 次呼吸。然后返回到起始位置。

5．重复 5 ～ 8 次，换另一侧重复动作。

参与的肌肉

主要肌群： 臀大肌、股四头肌（股直肌、股外侧肌、股内侧肌、股中肌）、腘绳肌（半腱肌、半膜肌、股二头肌）

辅助肌群： 髋内收肌（直腿）、内侧腘绳肌（直腿）

高尔夫训练要点讲解

能够在后挥杆中让轨迹侧髋关节承受负荷，然后利用轨迹侧脚下的地面压力高效地产生能量来驱动下挥杆，这是所有长距离高尔夫发球的关键。哥萨克式深蹲需要有效地让髋部和臀部肌肉承受负荷，并帮助你了解脚与地面的相互作用，支持从地面向上有效地传递能量。哥萨克式深蹲比正常的后挥杆对踝关节背屈、髋屈曲、平衡和身体控制的要求明显高得多。它有助于建立在从后挥杆的顶部过渡为下挥杆的过程中所必需的神经控制。哥萨克式深蹲还在动作的下降部分中实现对直腿上的髋内收肌群的离心要求。在后挥杆的最后阶段，当身体准备过渡到下挥杆时，对髋内收肌有同样的要求，但程度较轻。当髋内收肌能够在离心负荷下变长时，在后挥杆过程中目标侧膝关节（右手高尔夫球员的左膝）不会塌下，并且左右膝之间可以保持更大的空间。

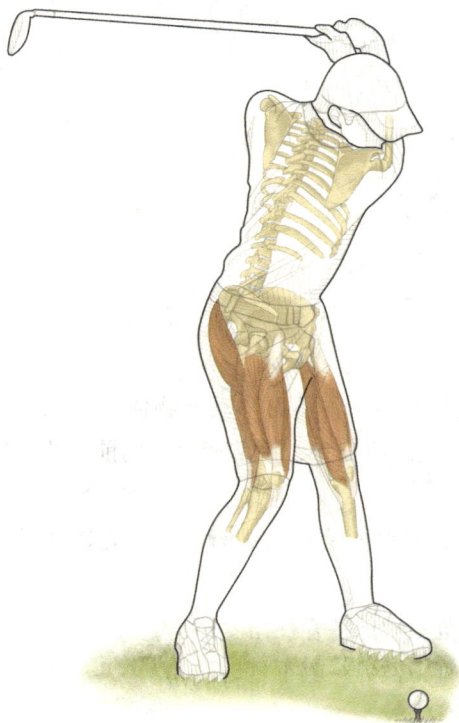

灵活性反向打开练习

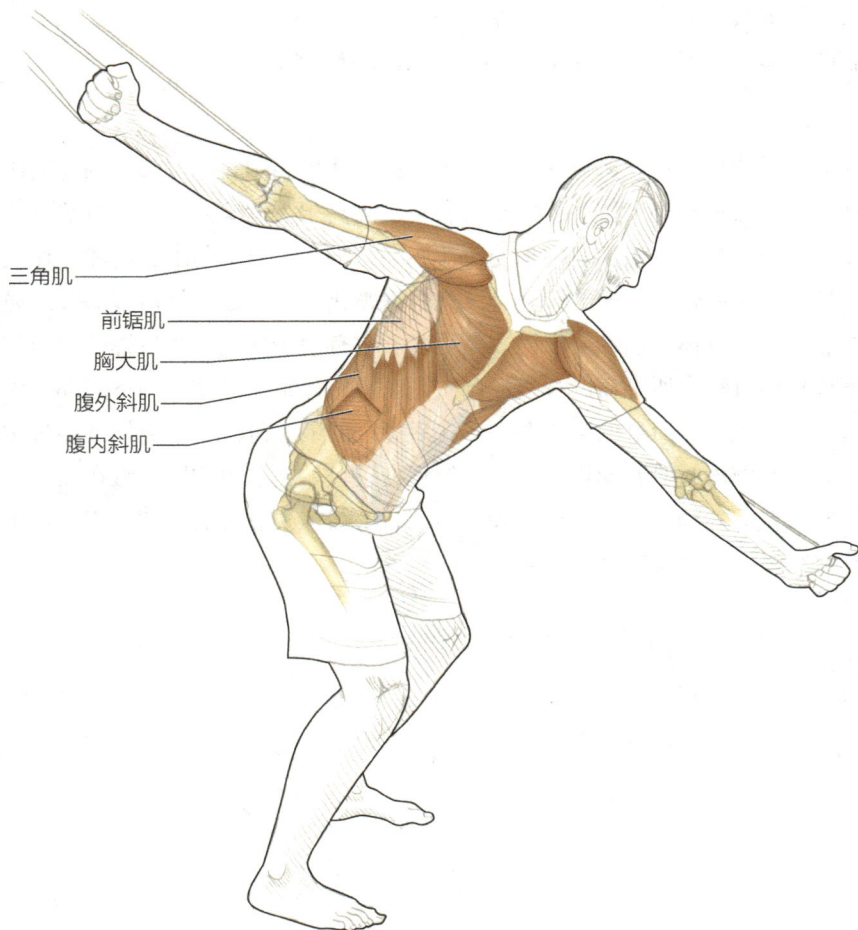

三角肌

前锯肌

胸大肌

腹外斜肌

腹内斜肌

执行

1. 将弹力带固定到头后上方不可移动的物体上。双手各握住一条弹力带，背向固定点并进入高尔夫站位姿势，手掌相对。向前一步，以拉紧弹力带。这是开始位置。

2. 双臂保持伸直，左臂向前推的同时，右臂旋转到后挥杆姿势顶部（对于右手高尔夫球员）。

3. 在旋转到末端范围时保持脊柱角度。

4. 返回到开始位置，换另一侧重复动作。

5. 重复 8 ~ 10 次。

参与的肌肉

主要肌群： 胸大肌、肩袖肌群（冈下肌、冈上肌、肩胛下肌、小圆肌）、三角肌、腹内斜肌、腹外斜肌、斜方肌中束和下束

辅助肌群： 前锯肌、菱形肌

高尔夫训练要点讲解

在下挥杆过程中，腿部产生的爆发力通过核心区传递到手臂。当这种能量到达肩关节时，肩胛骨稳定需要肌肉足够强壮，并且与核心区的肌肉协同工作。灵活性反向打开练习可同时加强核心和肩部稳定肌的力量。使用弹力带是提高肩部与核心稳定性的好方法，有助于刚好在撞击之前将爆发力从地面通过躯干传递到手臂。在图示中，你可以看到目标侧肩胛骨在下挥杆开始时保持其下降位置。在整个挥杆过程中，这个位置可让肩部实现良好的稳定和移动，从而产生最大限度的能量传递。

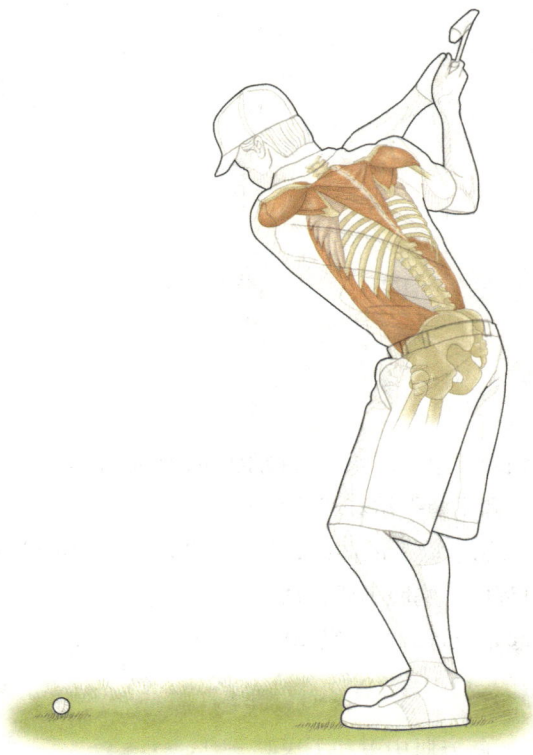

背靠墙天使式

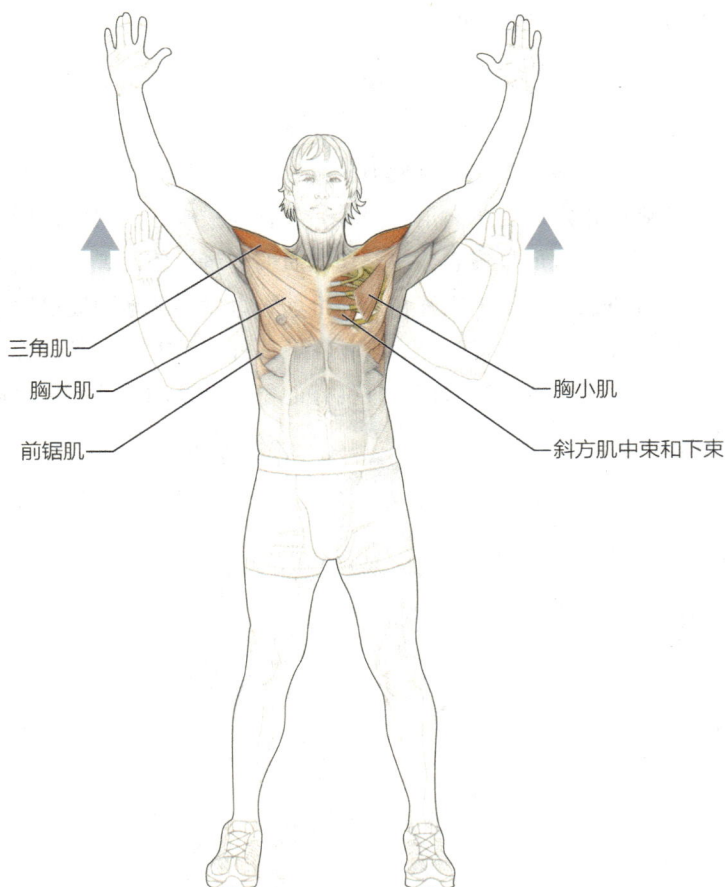

三角肌

胸大肌

前锯肌

胸小肌

斜方肌中束和下束

执行

1. 背部和头部平贴着墙壁，屈膝，双脚距离墙壁 30 厘米。

2. 屈肘，并将肘部和手腕平贴着墙壁。

3. 在保持背部和头靠在墙上的同时，慢慢举起双臂，不要让手肘或手腕离开墙壁。在整个运动过程中，胸腔不要移动。

4. 将双臂返回到起始位置，并重复 10 ~ 20 次。

参与的肌肉

主要肌群： 三角肌、斜方肌中束和下束

辅助肌群： 胸大肌、胸小肌、前锯肌

高尔夫训练要点讲解

    高尔夫挥杆的动作需要身体的某些部位稳定而其他部位移动。在每一次挥杆中都需要双臂在大的动作范围内移动，并要求相对的躯干稳定性。如果上背部有过度前倾的趋势，那么肩部的运动就会受到限制，从而出现挥杆的错误。背靠墙天使式练习可帮助训练肩部的灵活性和力量，同时保持稳定和直立的姿势。它模拟了高尔夫挥杆的要求，在整个挥杆过程中，正确的上身姿势不仅可实现最佳的肩部运动，而且还可以改善整个脊柱的旋转。一旦可以在没有过度紧张的情况下完成该练习，你就会发现在高尔夫挥杆中会更容易获得良好的角度。最终，这会使你更好、更稳定地完成击球动作，并降低损伤的风险。

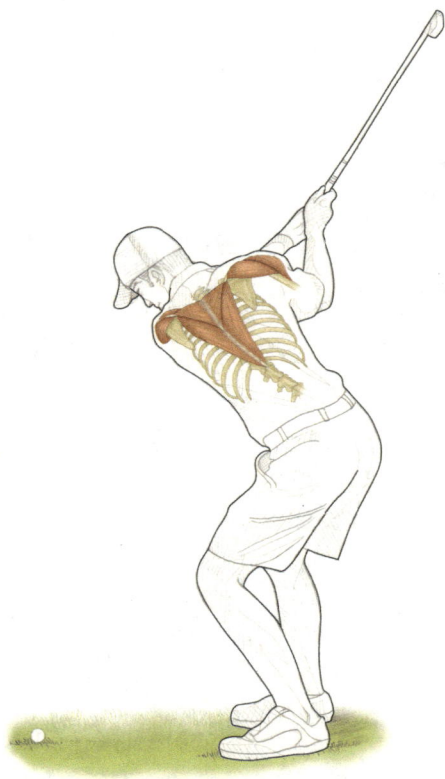

变式

仰卧天使式

    如果你觉得背靠墙天使式难度太大，你可以躺下，稍微屈膝，双脚抵住地面，再进行同样的练习。这样排除了重力因素，稍稍降低了练习的难度。

实现有效能量转移的平衡和本体感受训练

4

每一位伟大的击球手都有能力控制每个身体部位，但也必须考虑其击球的地面类型。平衡和本体感受可能是最不被看重的方面。与大多数其他体育活动相比，高尔夫运动的其中一个区别在于场地的坡度、坚硬度或表面类型的不可预测性。在足球、美式橄榄球、英式橄榄球、棒球、壁球、网球和曲棍球项目中，运动员在整场比赛中，场地表面都是相同的类型和坚硬度，以及相同的坡度（平地）。

在一轮高尔夫的过程中，球员唯一可以确信球位是平的机会，就是将球放在每个洞起点处的发球台上的时候。球离开发球台后，高尔夫球员如何确定下一次击球所需的身体姿势和部署取决于球的反弹方式和与环境的相互作用。高尔夫球员可能在沙坑内的上坡位、下坡位或在山坡上找到球。当在类似于奥古斯塔的球场打球时，整个高尔夫球场上的任何地方都不会有平的球位，包括推杆表面。在这方面唯一能与之相比的可能是山地自行车和越野跑这两项运动。

在大型锦标赛的球场上，18个洞之间的海拔高度和坡度往往都会有明显的变化，在这些赛事中取得成功的球员通常特别强调体能和动作训练，特别是脚的功能。圣安德鲁斯或希尔顿黑德等球场的表面非常平坦，虽然在这些球场上打球时，脚的功能可能并不那么重要，但对于其他球场来说，这一点是非常重要的。当球场有斜坡时，高尔夫球员的踝关节必须有不同程度的背屈和跖屈。有时候，需要一侧踝关节跖屈，而另一侧踝关节背屈。这是很重要的，因为脚踝角度的变化会改变全身的力线和关节位置。

为了理解这些差异，在脚后跟处放一块厚5厘米、宽4厘米的木板并瞄球。然后将同一块木板放在脚趾下并瞄球。你会注意到，膝、髋、下背部和胸椎的角度都改变了。现在将一只脚的脚趾放在木板上，另一只脚的脚后跟放在木板上，瞄球。在这些姿态中，每一种都会对身体及其移动能力带来挑战。

运动员的脚和踝必须能够轻松地进入位置并保持可控，同时向身体的其他部位提供准确的信息，以便在整个挥杆过程中获得并保持适当的姿势。这需要高水平的运动控制，而运动控制并不是偶然形成的。这是训练计划中一个深思熟虑的部分，在任何计划设计中均应予以考虑。我们的训练计划中需要有一部分是培养

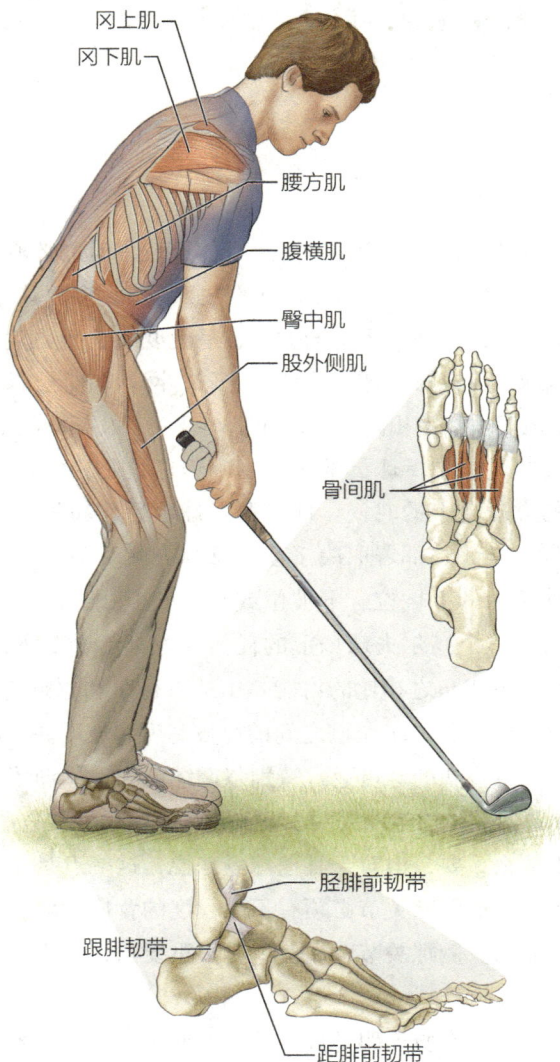

冈上肌
冈下肌
腰方肌
腹横肌
臀中肌
股外侧肌
骨间肌
胫腓前韧带
跟腓韧带
距腓前韧带

图 4.1　在核心和脚部中帮助平衡的关键肌肉

脚和踝的有意识激活和移动，以及要求当我们的注意力在身体的其他区域或被外部影响（例如移动的球、另一名运动员或环境的另一个组成部分）时脚和踝要正常工作的计划模块。

我们必须让脚和踝的结缔组织、肌肉和关节准备好根据需要执行动作，而身体的其他部位必须能够适应脚部的工作（图4.1）。当脚和踝与其他身体部位进行沟通并发挥最佳功能时，会产生一定程度的优雅且高效的动作效率，使活动看起来比实际容易得多。体操运动员、舞者和花样滑冰运动员都表现出易于识别的流畅性和控制力。

身体需要极佳的平衡能力和本体感受能力才能像罗里·麦克罗伊那样以平衡和控制的方式将球击出350码（约320米）并完成挥杆，像美式橄榄球跑卫巴里·桑德斯和阿德里安·彼得森那样以令人难以置信的角度切入并立即让身体置于支撑基础上方，或者像贝利、马拉多纳、梅西或罗纳尔多那样踢足球。

不论性别、运动项目、年龄或经验如何，提高脚步移动的控制能力的练习是我们所有运动员的训练计划基础之一。双脚的机械感受器非常密集，机械感受器是一种遍布全身的感觉器官，提供关于身体相对于身体其他部位和环境的位置的反馈。机械感受器还会始终传递身体所承受的作用力的大小和方向。若我们在使用身体的过程中没有持续挑战这些机械感受器，就会将其功能降到最低，因此，进入身体的感觉信息就不那么准确，这会导致动作不如预期，并且影响运动表现。

我们几乎是一出生就穿上了鞋子和袜子。这相当于戴上手套或在蒙住一只眼睛。惯用手戴着手套的时间即使只是一周，准确移动和控制这只手的能力也会受到很大的阻碍。同样，如果长时间戴上眼罩，控制眼睛的肌肉将受到很大影响，并且视力会下降。

在体能训练中刻意挑战这些感受器可以消除鞋子和袜子对脚和踝所产生的负面影响。本章旨在帮助你改善脚部和踝部的控制能力，然后逐渐让身体的更多部位加入，直到能够在各种角度和力量要求下控制全身。当我们进入更复杂的多关节练习和全身练习时，改善脚部和踝部控制能力将成为不必考虑的问题。通过这种控制，你可以预期在训练项目和体育活动中有更好的表现。

抬起踇趾

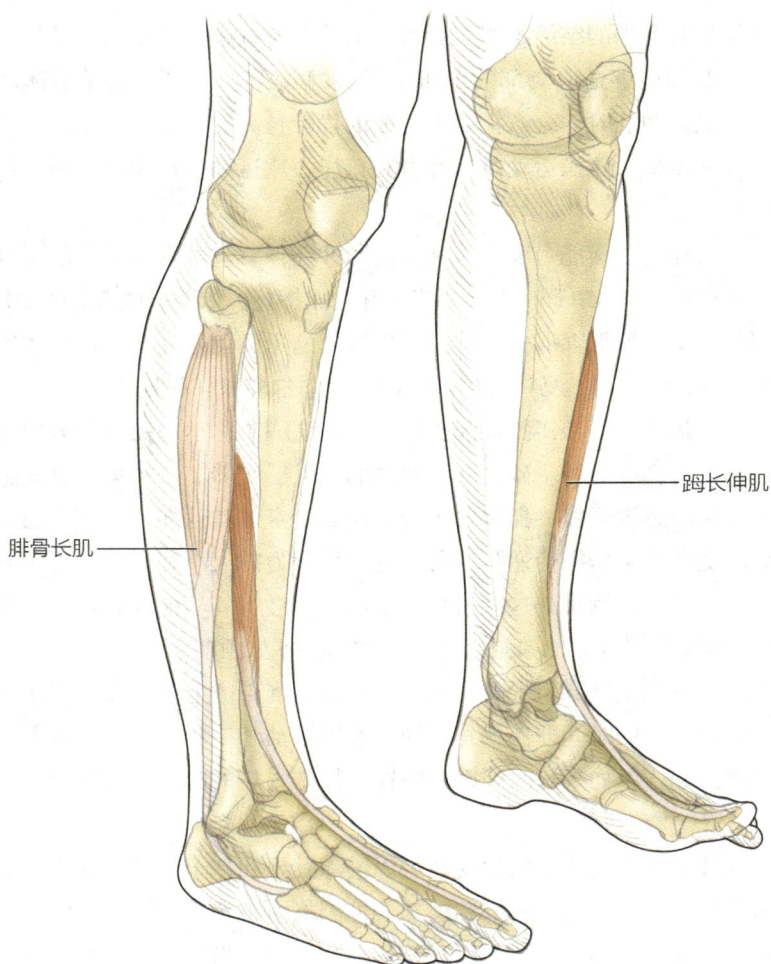

腓骨长肌

踇长伸肌

执行

1. 脱下鞋袜，站立，将大部分重量放在右脚上。

2. 将左脚踇趾抬离地面，但其他脚趾不要抬起。如果你无法只抬起踇趾，不要感到沮丧。对很多人来说，这个练习最初都会很困难，但几个星期后，即使是最顽固的踇趾也会开始抬起来。

3. 返回到开始位置并重复动作。

4. 每只脚重复 20 次。

参与的肌肉

主要肌群： 姆长伸肌

辅助肌群： 腓骨长肌

高尔夫训练要点讲解

无论参加什么运动项目或活动，有足够的姆趾伸展都是最重要的。步行需要高达 40 度的姆趾伸展才可以实现踝跖屈和髋伸展。许多人都很难撑开姆趾，因为他们的姆趾不具备足够的动作范围，或者其神经控制不足以利用可用的动作范围。姆趾伸展不足会迫使运动员使用脚的斜轴而不是横轴，结果可能是更多地通过下背部旋转代偿。下背部旋转是导致该脊柱区域中的椎间盘损伤的因素之一。

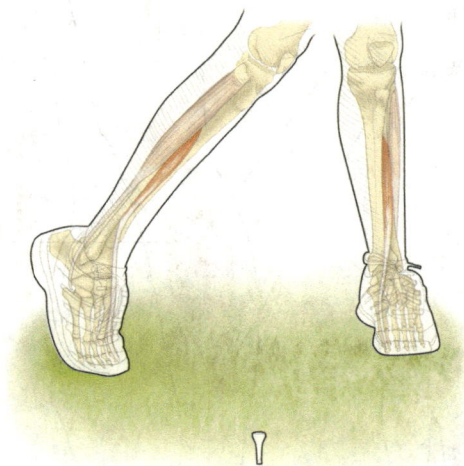

变式

辅助式抬起姆趾

如果你在执行这项练习时遇到困难，开始时采用右脚在前的单腿跪姿。用手将右脚上除了姆趾以外的所有脚趾都按在地面上。在执行抬起姆趾练习时按住其他脚趾，直到能更好地完成这个动作。

内翻外翻

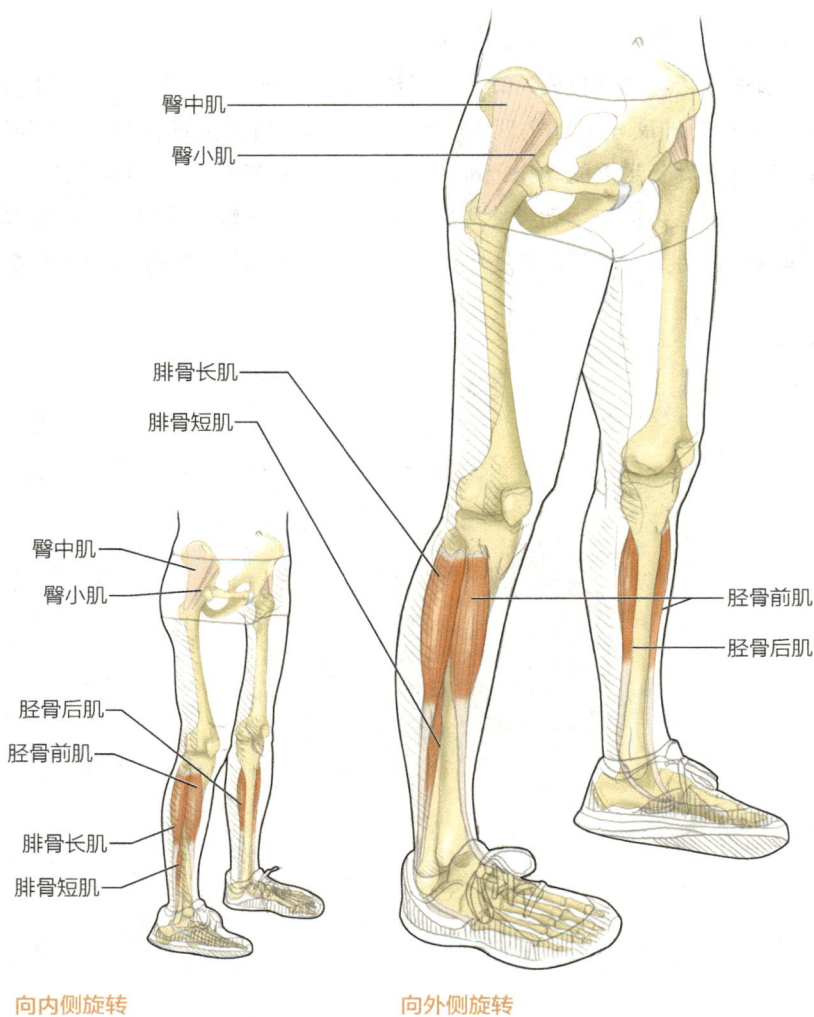

臀中肌
臀小肌

腓骨长肌
腓骨短肌

臀中肌
臀小肌

胫骨后肌
胫骨前肌

腓骨长肌
腓骨短肌

胫骨前肌
胫骨后肌

向内侧旋转　　　　　　向外侧旋转

执行

1. 站立，双脚分开与肩同宽。
2. 双脚向外侧旋转。然后，双脚再向内侧旋转。这是 1 次重复。
3. 重复 20 次。

参与的肌肉

主要肌群： 胫骨后肌、胫骨前肌、腓骨长肌、腓骨短肌
辅助肌群： 臀中肌、臀小肌

高尔夫训练要点讲解

为了使高尔夫挥杆中的髋关节旋转幅度最大化，我们需要足弓有适当的范围和控制能力。在后挥杆中，增加后脚的足弓弧度可以让高尔夫球员的髋关节向内旋转幅度增大，并且在下挥杆中，压平足弓（向下翻转）可以增加髋关节的外旋幅度。在下挥杆和随挥中，前脚建立适当的足弓弧度可以让目标侧髋关节展现出更多的内旋。无论高尔夫球员的髋部运动受制还是足够，足部都需要适当移动，以允许髋部表现出更大的旋转幅度。

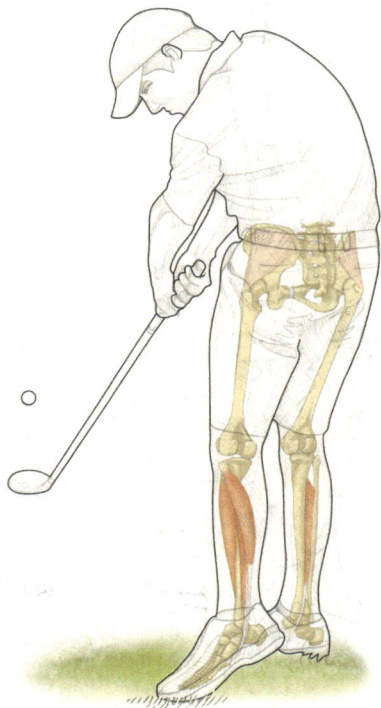

变式

相反的内翻外翻

执行相同的练习，但这次有一只脚向外翻转，而另一只脚向内翻转。在这个练习中，完全不要让髋部移动，将运动集中在脚上。

等长提踵

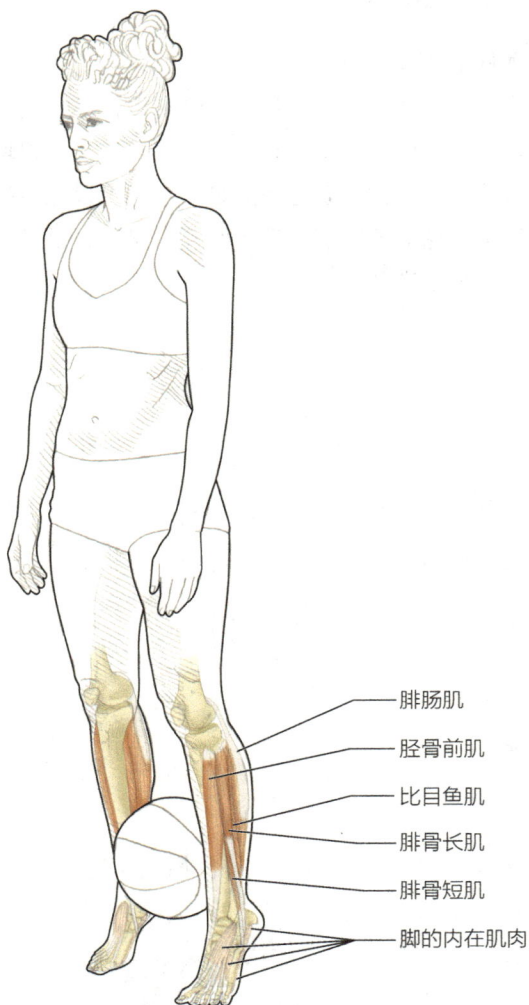

腓肠肌

胫骨前肌

比目鱼肌

腓骨长肌

腓骨短肌

脚的内在肌肉

执行

1. 在双脚脚踝之间夹着一个排球（或类似的球）站立。
2. 用脚踝夹球，同时尽可能将脚跟抬离地面，以脚趾支撑，保持平衡。
3. 保持 5 秒。
4. 返回到开始位置，并重复 8 ~ 10 次。

参与的肌肉

主要肌群： 腓肠肌、比目鱼肌、胫骨后肌、腓骨长肌、腓骨短肌、胫骨前肌

辅助肌群： 脚的内在肌肉

高尔夫训练要点讲解

　　一旦踇趾可以完全伸展，就需要增加结缔组织和肌肉的弹性，以承受在高尔夫球场的不平坦地形中行走，以及在高尔夫挥杆过程中涉及的动态性用力蹬地（特别是在轨迹侧）所需的重复负荷。踇趾伸展可以达到的范围和弹性越大，在上述两种情况中能够利用该动作的可能性就越大。当轨迹侧踇趾有足够的伸展范围时，在移动到完成姿势时让骨盆的轨迹侧朝向目标运动就会容易得多，并更少依赖下背部。

变式

等长提踵转部分挺髋蹲

　　执行相同的练习，但在将脚跟抬离地面后，保持该位置并进行深蹲。保持脚跟抬高，回到站姿，然后降低脚跟。重复整个动作。

单腿滚球

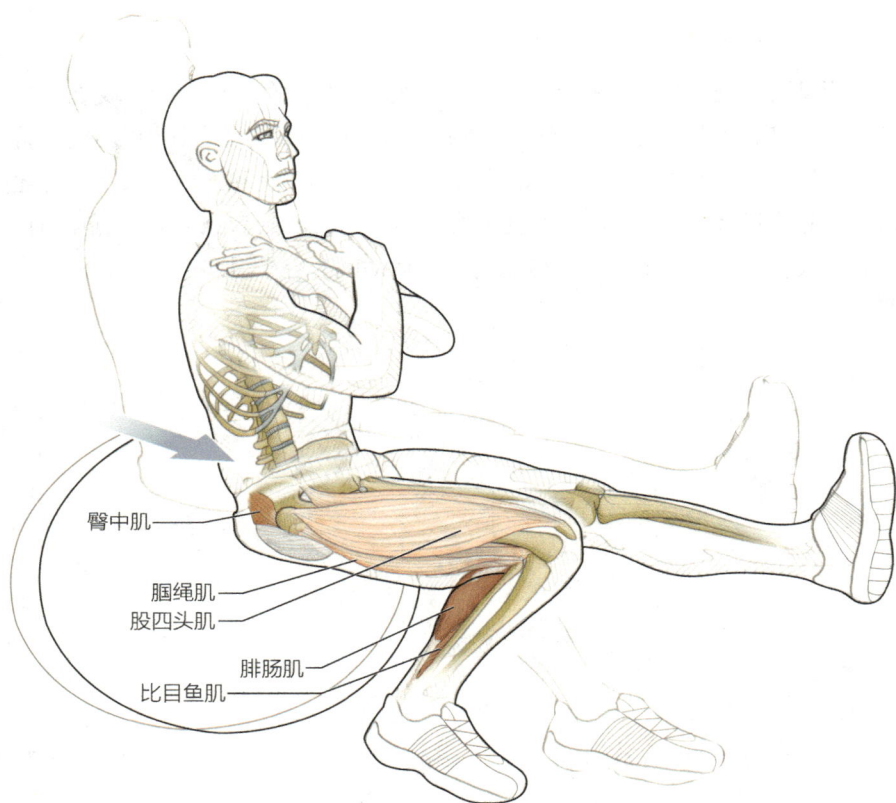

臀中肌

腘绳肌
股四头肌

腓肠肌

比目鱼肌

执行

1. 坐在健身球上，右脚在身前伸出，脚跟着地，右膝尽可能伸直，让右脚、右膝和右髋处于一条直线上。左腿伸直并抬起至尽可能与地面平行。在整个练习过程中躯干应该保持挺直。

2. 通过将右脚跟压向地面并弯曲右膝，将自己和球拉向右脚。

3. 当球向前滚动时，右脚会有更大的部分接触到地面。当球尽可能靠近右脚时，整个右脚都将着地。

4. 右脚蹬地并将球滚回到开始位置。完成所要求的重复次数，并换另一侧重复动作。

参与的肌肉

主要肌群： 比目鱼肌、腓肠肌、臀中肌、腘绳肌（半腱肌、半膜肌、股二头肌）

辅助肌群： 髋内收肌、股四头肌（股直肌、股外侧肌、股内侧肌、股中肌）

高尔夫训练要点讲解

许多高尔夫球员很难将事实和感觉匹配起来。他们对自己的挥杆动作以及身体和球杆位置的感觉应该与挥杆中的实际情况相匹配。单腿滚球是在下半身中实现这种意识的一个很好的起点。这项练习的挑战不仅在于训练腿部肌肉，还在于让身体更好地理解移动时的确切位置。改善这个因素将帮助肌肉控制精细的动作，并且有更快的反应。在高速的高尔夫挥杆过程中，这两点是为了让身体进入正确的位置并保持适当的身体姿势的必备条件。

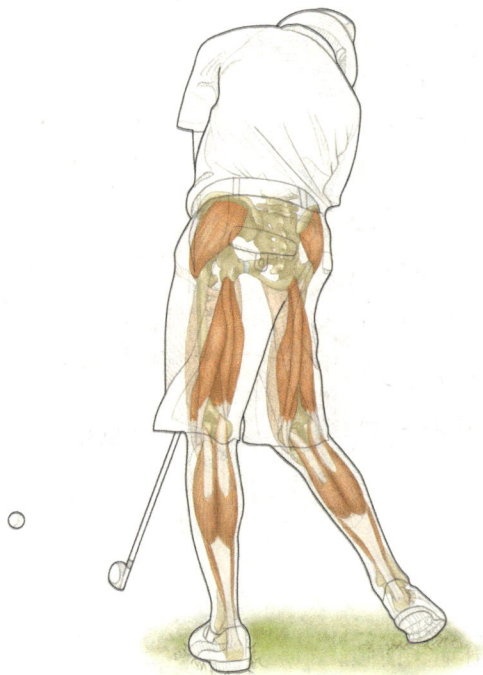

变式

闭眼单腿滚球

闭着眼睛执行同样的练习将会带来更大的挑战。眼睛通常是身体最强大的平衡信息来源。如果不使用视觉，就需要靠双脚和肌肉更努力地保持平衡。

平衡

单腿飞机式

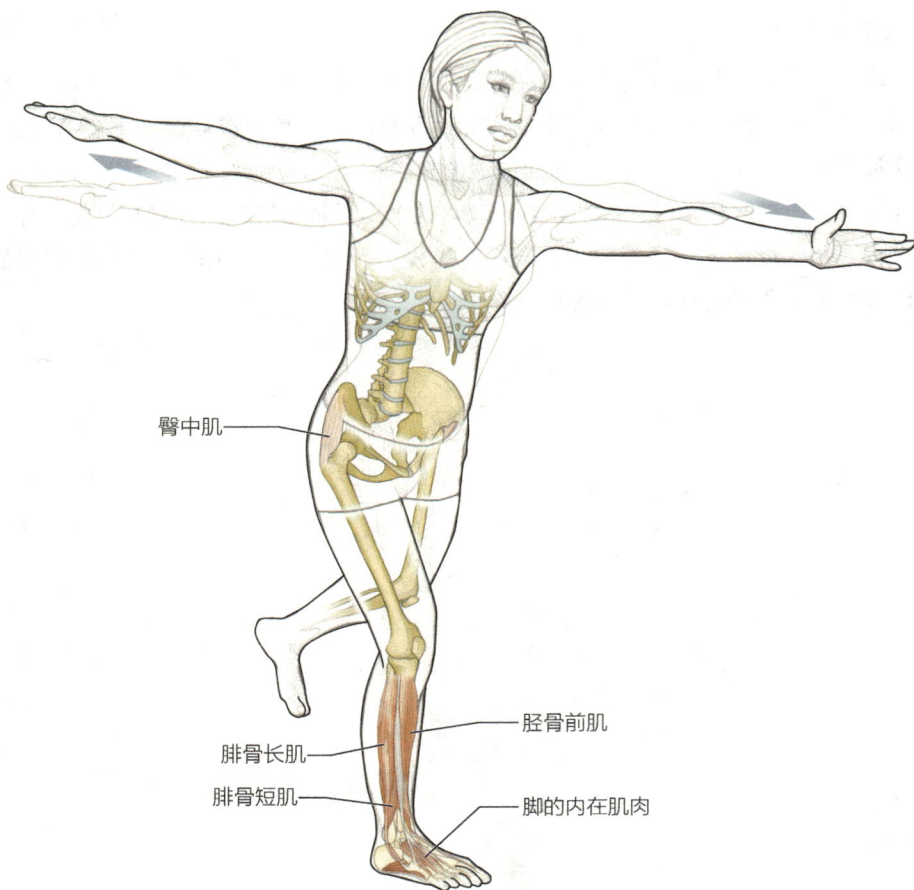

臀中肌

胫骨前肌

腓骨长肌

腓骨短肌

脚的内在肌肉

执行

1. 站立，屈髋，让躯干前倾。

2. 将左腿抬离地面，保持左腿在身后伸直。躯干和后（左）腿应该形成一条直线。

3. 在身体两侧抬起双臂，让它们与躯干形成一个 T 形。

4. 保持右脚、右膝和右髋在一条直线上，躯干首先向左旋转，然后再向右旋转。

5. 确保动作过程中双臂与躯干保持 T 形，且只用躯干转动。

6. 执行所要求的重复次数，然后换另一条腿重复动作。

参与的肌肉

主要肌群：脚的内在肌肉、胫骨前肌、腓骨长肌、腓骨短肌

辅助肌群：胫骨后肌、臀中肌

高尔夫训练要点讲解

　　许多高尔夫球员无法实现稳定、平齐的触球，有两个主要原因：髋部的摇摆和滑动。如果你不能旋转髋部，那么就很容易出现摇摆（在后挥杆过程中朝远离目标的方向移动）或滑动（在下挥杆过程中朝目标方向移动）。平衡不佳会妨碍挥杆中的正确髋关节旋转。这使挥杆过程中球杆很难保持在线路上，因此很难将球杆杆面恢复到适当的撞击位置。它也削弱了撞击前可以转移到球杆上的潜在爆发力。单腿飞机式是同时训练灵活性和平衡的另一个重要练习。这会让你习惯于只绕髋部旋转，同时保持脚稳固地放在地面上。

变式

单腿高尔夫挥杆

　　通过执行单脚挥杆可将此练习直接结合到高尔夫运动中。单脚挥杆也会锻炼到同样的肌肉，但难度会更大。练习过程中以非常缓慢的速度挥杆，并全过程集中精力保持良好的姿势和平衡。

改良版手抓脚趾式

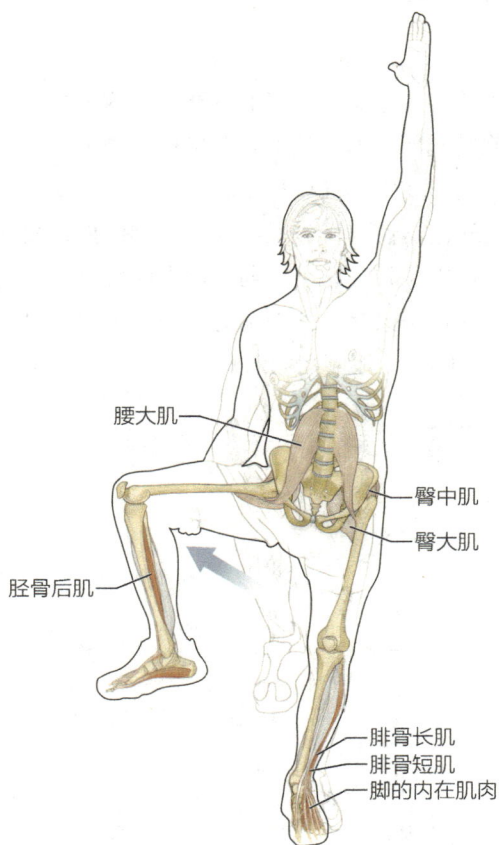

腰大肌

臀中肌

臀大肌

胫骨后肌

腓骨长肌
腓骨短肌
脚的内在肌肉

执行

1. 双腿并拢站立，左手伸向天空。
2. 抬起右膝，将右手放在右大腿外侧的下方。
3. 站直，并将膝盖拉到髋部高度，保持 3 ~ 5 次呼吸。
4. 将右腿移到右侧，并保持 3 ~ 5 次呼吸。
5. 重复 3 ~ 5 次。换另一侧重复动作。

参与的肌肉

主要肌群： 脚的内在肌肉、腓骨长肌、腓骨短肌、胫骨后肌
辅助肌群： 臀中肌、臀大肌、腰大肌

高尔夫训练要点讲解

　　各级高尔夫球员都可以体会到平衡挥杆的优雅和高效。改良式手抓脚趾式是手抓脚趾式的一个简易版本（腿抬起伸直，手抓着脚趾）。它可以发展平衡能力，加强支撑腿的肌肉力量，并拉伸抬起腿的臀部和大腿内侧。这是一个很好的适合初学者的练习，能帮助所有高尔夫球员了解他们以静态形式保持平衡的能力。当这个练习变得容易完成的时候，就可以尝试变式，并继续进行难度更大的练习。

变式

手抓脚趾式

　　传统手抓脚趾式更加困难有两个原因。首先，它要求支撑腿的小腿、腘绳肌、髋和骨盆有良好的柔韧性。其次，它要求支撑腿有更好的稳定性。在本练习中，抓住非支撑腿的脚趾，并在将腿移动到一边时尝试伸直膝盖。当这个练习变得容易时，可以闭上眼睛尝试任一版本动作。

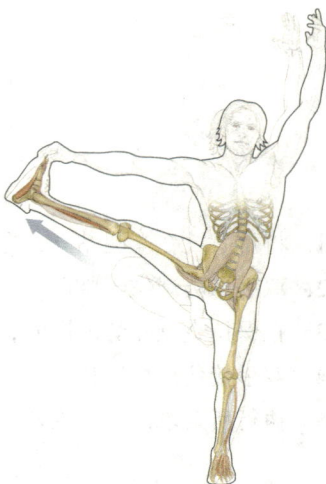

单腿接球

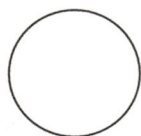

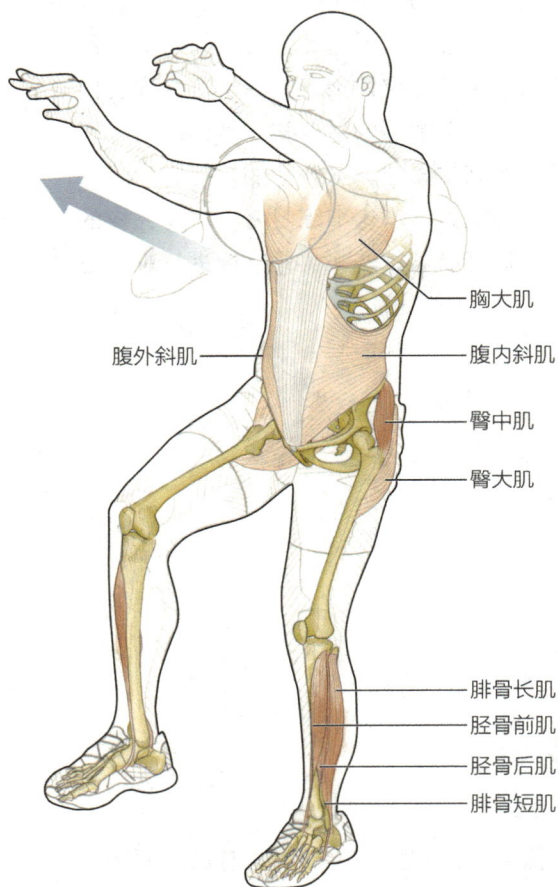

胸大肌

腹外斜肌

腹内斜肌

臀中肌

臀大肌

腓骨长肌

胫骨前肌

胫骨后肌

腓骨短肌

执行

1. 将重心放在左腿站立，左脚的脚趾指向前方。右膝弯曲，右脚离地。

2. 双手拿药球位于胸前。

3. 在保持直立姿势的同时，向胸前传球，将球抛给搭档。

4. 双手接住搭档回传的球。

5. 执行所要求的重复次数，换另一侧重复动作。

参与的肌肉

主要肌群： 胫骨前肌、胫骨后肌、腓骨长肌、腓骨短肌、臀中肌

辅助肌群： 腹外斜肌、腹内斜肌、臀大肌、胸大肌

高尔夫训练要点讲解

在简单的部分挥杆过程中保持平衡可能比较容易。但是，当你需要完整挥杆并且应用非常高的速度来实现击球时，它会困难得多。这项练习将帮助学习如何在上半身产生力量时有效地平衡。随着此练习变得更容易，可以通过几种方式增加挑战。如果你有一名搭档，请让对方站得离你更远，并以更高的速度投掷药球。搭档也可以每次都将球投掷到你的不同位置，而不是总是将它投向你的胸部（例如，在你的上方或两侧，这样你每次接球都必须伸手）。这将真正教会你的身体如何有效地平衡。当练习的难度增加时，你将能够更好地完成需要爆发力和平衡能力的高尔夫击球。

变式

单腿对墙接球

如果你是一个人做练习，就要使用弹性好的药球，并将它扔向墙壁。你离墙越远，就越要用力地投球才可以让球弹回来。

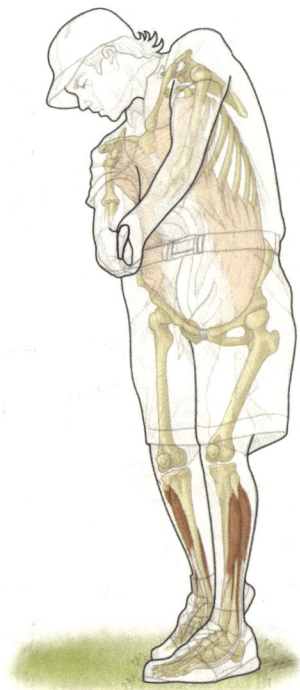

鹳式转身

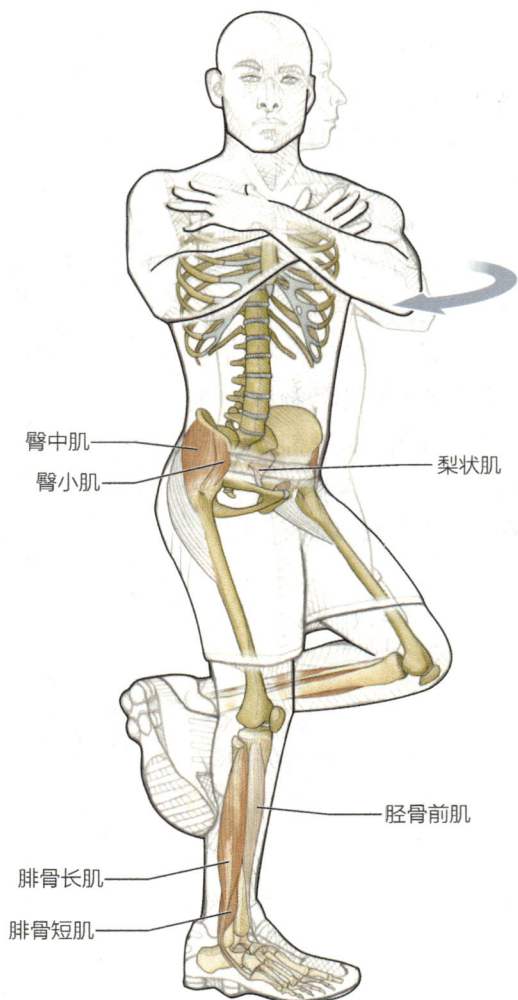

臀中肌

臀小肌

梨状肌

胫骨前肌

腓骨长肌

腓骨短肌

执行

1. 右腿支撑站立，右膝稍微弯曲。左脚抬离地面，并将其放在右膝后面。

2. 屈髋，使躯干进入高尔夫瞄球位置，双臂在胸前交叉。

3. 尝试保持上半身与骨盆呈一条直线并将骨盆向两侧旋转。

4. 换另一侧重复动作。

参与的肌肉

主要肌群： 腓骨长肌、腓骨短肌、臀中肌、臀小肌

辅助肌群： 胫骨前肌、胫骨后肌、梨状肌

高尔夫训练要点讲解

能够分别控制下半身和上半身对高尔夫运动来说非常重要。但是，当你开始更自如地移动骨盆且控制得更好时，就需要更好的平衡。鹳式转身将继续培养骨盆移动、分离和躯干旋转的能力，并同时对平衡能力提出挑战。你将能够通过适当的分离完成完整的后挥杆，同时仍然保持下肢稳固的基础。让下挥杆不偏离线路且具备最大潜在爆发力，这是至关重要的。

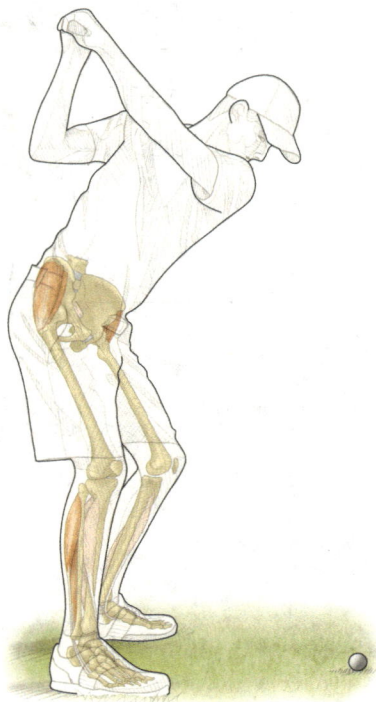

变式

药球鹳式转身

做这个练习时在身前拿着一个药球，这样会使同样的肌群更加用力，同时也会使三角肌、腹外斜肌和腹内斜肌受到更大挑战。这个变式迫使你同时加强腿部和躯干稳定肌的力量，以及骨盆和髋部旋转肌的力量。

鹳式转弓式

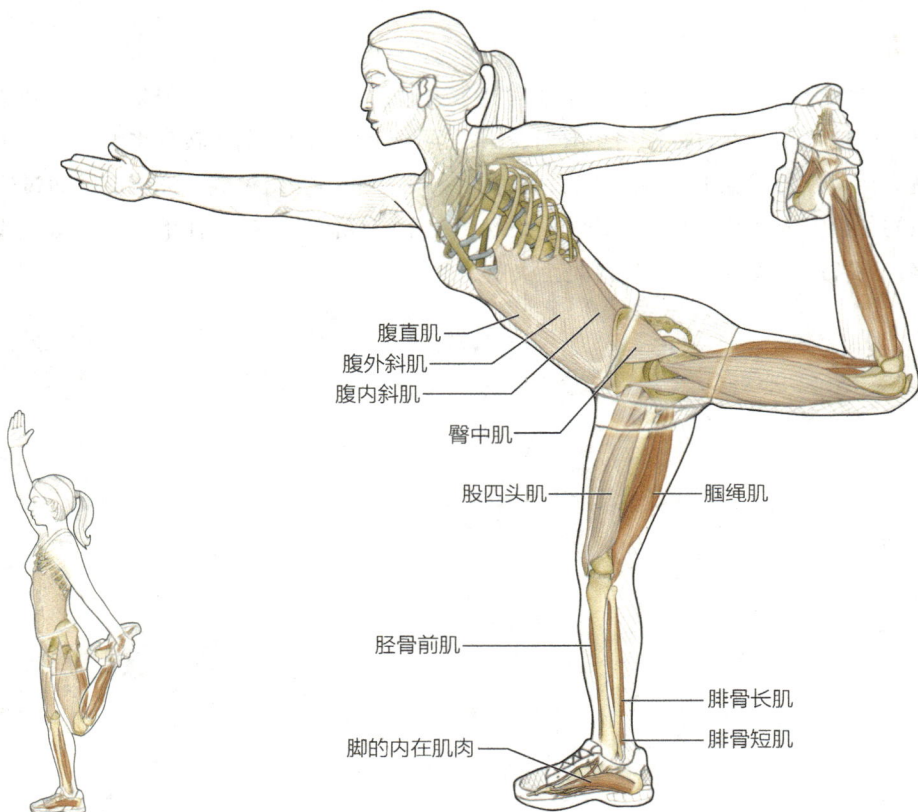

腹直肌
腹外斜肌
腹内斜肌
臀中肌
股四头肌
腘绳肌
胫骨前肌
腓骨长肌
腓骨短肌
脚的内在肌肉

鹳式

弓式

执行

1. 双腿并拢站立。

2. 左膝弯曲，用左手握住左脚踝。

3. 右臂举起，朝向天花板。这是鹳式。

4. 尝试在骨盆处向前俯身同时保持骨盆中立，直到右臂和躯干几乎平行于地面。这是弓式。

5. 在每个位置保持 3 ~ 5 次呼吸。

6. 重复 3 ~ 5 次，然后换另一侧重复动作。

参与的肌肉

主要肌群： 腓骨长肌、腓骨短肌、脚的内在肌肉、胫骨前肌、腘绳肌（半腱肌、半膜肌、股二头肌）

辅助肌群： 股四头肌（股直肌、股外侧肌、股内侧肌、股中肌）、臀中肌、腹直肌、腹外斜肌、腹内斜肌

高尔夫训练要点讲解

当我们面对高尔夫这项运动带来的挑战时经常感到沮丧，但当我们成功地补救了自己的杆数时，这种沮丧感也随之烟消云散。本来非常确定自己的球停在了球道上，实际上却发现落入了球道沙坑，这让下一杆击球变得困难，这对任何高尔夫球员来说都是一个令人沮丧的时刻。球位于脚下约 0.5 米处，需要你具有良好的平衡性和稳定性。鹳式转弓式练习可以发展平衡性、柔韧性和稳定性，并且可以使这些难度较高的击球变得更容易一些。

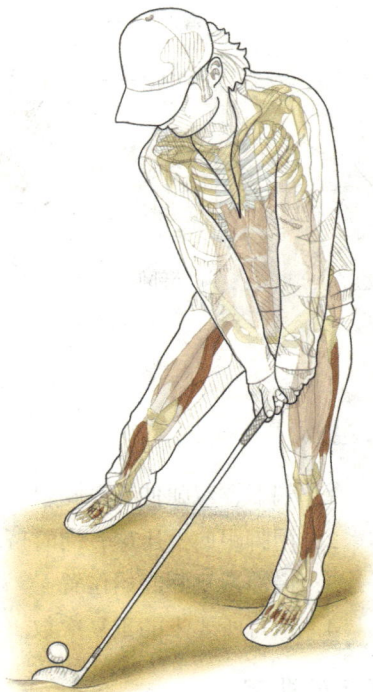

变式

闭眼鹳式转弓式

为了让这个练习更具挑战性，在从鹳式过渡到弓式时闭上双眼（要确保附近没有任何尖锐的物体会碰到自己！）。闭上双眼，就要求双脚的肌肉和韧带提供身体所需的信息，以获得更好的平衡性和稳定性。

健身球直腿抬髋

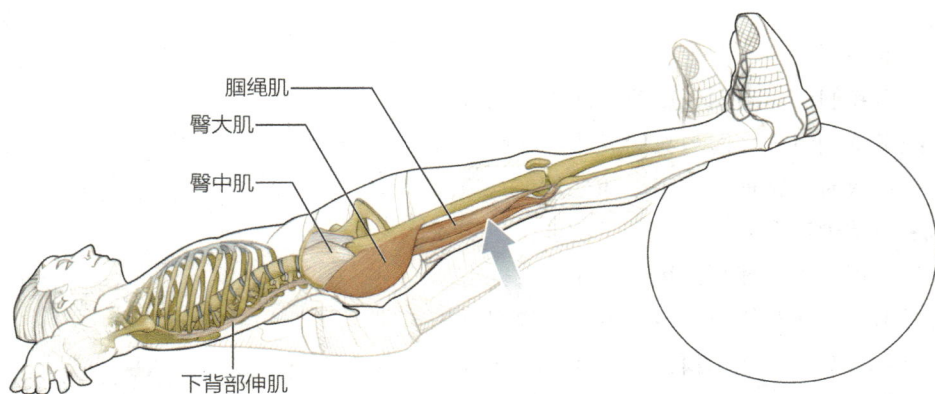

腘绳肌

臀大肌

臀中肌

下背部伸肌

执行

1. 躺下，双腿伸直，脚跟放在健身球上。
2. 用脚跟向下压球，同时挤压臀肌并抬起髋部。
3. 慢慢恢复到起始位置。
4. 执行所要求的重复次数。

参与的肌肉

主要肌群： 腘绳肌（半腱肌、半膜肌、股二头肌）、臀大肌
辅助肌群： 臀中肌、下背部伸肌

高尔夫训练要点讲解

现今，人们开始意识到在撞击时让身体重心放在目标侧腿的重要性，高尔夫球员可以很快地用力蹬地并让骨盆突然发力向上，产生巨大的爆发力并通过身体传递给高尔夫球。利用腘绳肌和臀部的大肌肉来伸展骨盆的能力对这种技巧非常重要。在腿部、骨盆和脊柱中具有良好的平衡性和协调性，与伸展骨盆的能力同样重要。直腿伸展的变式是一个很好的初学者练习，它可以发展更好的骨盆伸展能力，以及在腿部、脊柱和骨盆中的协调性和控制能力。

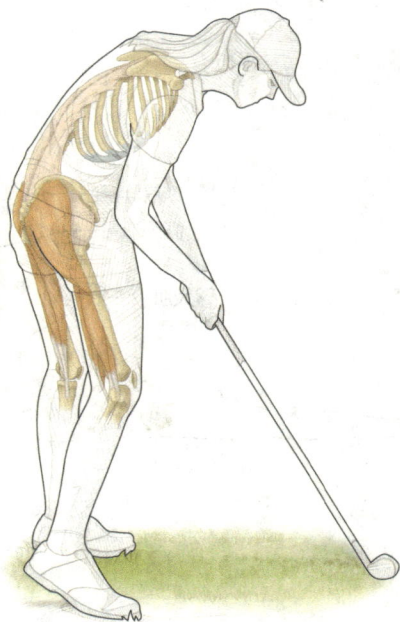

变式

在楼梯、台阶或椅子上的直腿伸展

如果没有健身球或者对该练习不熟悉，将难以在健身球上进行练习，因为它会滚开，请将脚跟放在楼梯、台阶或椅子上尝试同样的动作。这可以让你在练习过程中加强主要肌肉的力量，同时更容易保持平衡。

在健身球上的不稳定腿部伸展

为了让这个练习更具挑战性，可以尝试在胸部上方举起双臂，让手臂伸向天花板。这迫使身体激活骨盆和脊柱的稳定肌来保持稳定。这是增强此练习功能的好方法。

健身球腘绳肌弯曲

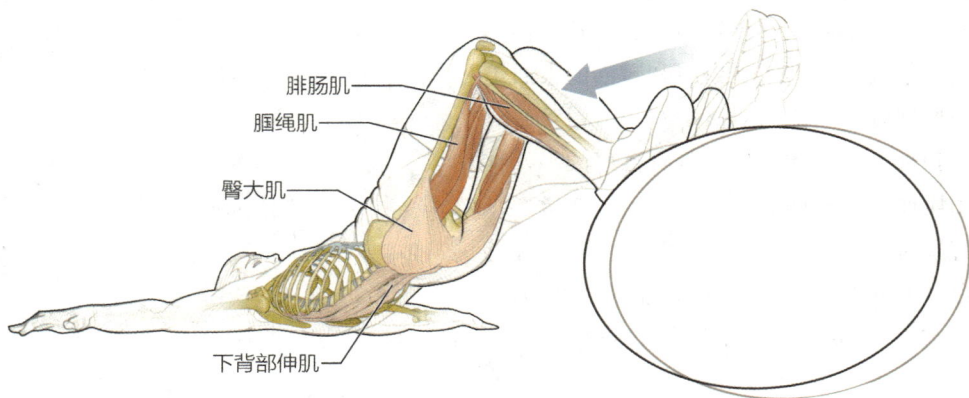

腓肠肌

腘绳肌

臀大肌

下背部伸肌

执行

1. 躺下，双腿伸直，脚跟放在健身球上。
2. 用脚跟向下压球，并抬起髋部。
3. 当你屈膝将球滚向臀部时，保持这个抬髋姿势。
4. 双腿回到伸直姿势并重复。

参与的肌肉

主要肌群： 腘绳肌（半腱肌、半膜肌、股二头肌）、腓肠肌

辅助肌群： 臀大肌、下背部伸肌

高尔夫训练要点讲解

　　顶级职业高尔夫球员与普通业余球员之间的明显差异之一就是在整个高尔夫挥杆中双腿的协调和移动能力。许多业余爱好者在后挥杆过程中让目标侧腿的膝盖向内塌陷，使目标侧腿在其下挥杆中很难发力。当这种情况发生时，高尔夫球

员会在撞击时犹豫。这将导致低效的能量转移以及低质量的球路控制。换句话说，腿部动作不佳会导致爆发力和准确度均有所下降。健身球腘绳肌弯曲是很好的练习，有助于学习如何协调地使用双腿，同时发展后链（小腿、腘绳肌、臀肌和下背部伸肌）力量。当这个练习变得容易时，你可以尝试其变式，以提高难度，并增加这些肌肉的力量。这些都是很好的练习，可以在培养正确的腿部动作的同时增加髋部伸肌的力量。

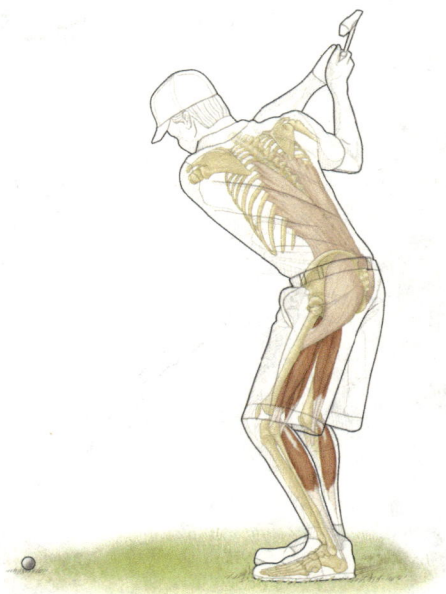

变式

使用健身球的不稳定腘绳肌弯曲

为了让这个练习更具挑战性，可以尝试在胸部上方举起双臂，让手臂伸向天花板。这会迫使身体激活骨盆和脊柱的稳定肌来维持稳定。这是增强此练习的功能方面并增加其难度的好方法。

单腿健身球腘绳肌弯曲

当这个练习对你来说变得很简单时，试着将一条腿放在健身球上，而另一条腿略微抬起，悬在球的上方，再执行同样的动作。这个姿势会大大增加放在球上的腿的负荷，并且迫使骨盆和脊柱稳定肌更用力，以保持骨盆稳定，并且不会让骨盆向无支撑侧倾斜。

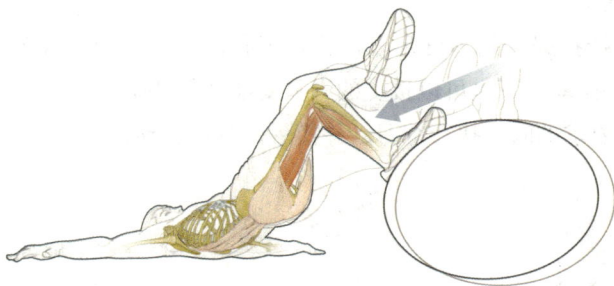

单腿战绳拔河

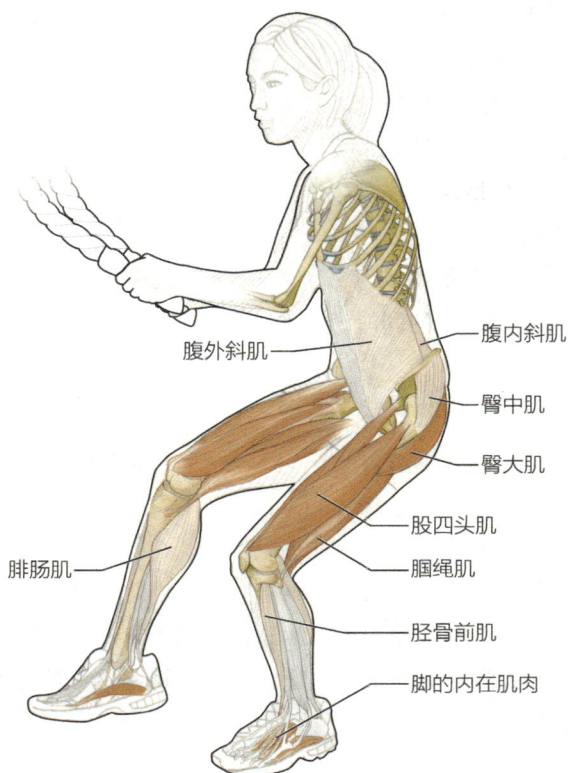

腹外斜肌

腹内斜肌

臀中肌

臀大肌

股四头肌

腘绳肌

腓肠肌

胫骨前肌

脚的内在肌肉

执行

1．单腿站立，每只手抓住战绳的一侧。

2．让搭档抓住绳子的另一端并拉绳子，试图让你无法单腿站稳。搭档可以单腿或双腿站立。

3．确保搭档拉绳子的力度足以对你形成挑战，但不至于让你不能正确地执行练习。偶尔被拉动一下是可以接受的，只要能够保持平衡。

4．按照所要求的时间执行练习，并换另一侧重复动作。

参与的肌肉

主要肌群：脚的内在肌肉、股四头肌（股直肌、股外侧肌、股内侧肌、股中肌）、腘绳肌（半腱肌、半膜肌、股二头肌）、臀大肌

辅助肌群：腹内斜肌、腹外斜肌、胫骨前肌、臀中肌、腓肠肌

高尔夫训练要点讲解

高尔夫球员从双腿发出巨大的爆发力，并具备稳定性和平衡，在撞击时将此爆发力通过身体传递给球，同时在随挥中保持完美的平衡，整个过程给观众一种从容感。罗里·麦克罗伊就能表现出这样出色的技巧。腿部拥有出色的平衡能力和力量可以让你在撞击时将球推到目标侧，并进入良好平衡的随挥。拔河练习是一种能同时改善平衡并增强腿部力量的有趣训练。

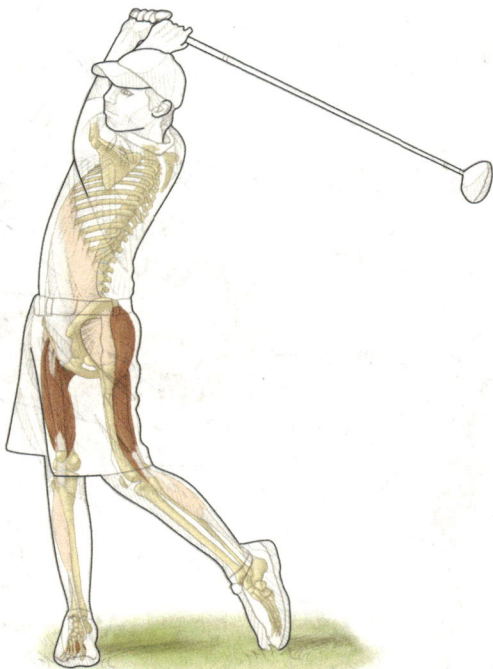

变式

闭眼拔河

为了增加平衡的难度，并且真正锻炼脚和踝上的小肌肉和韧带，可以尝试闭上眼睛来执行该练习。但是确保搭档不要太用力拉战绳！闭上眼睛，并且必须保持多个随机方向上的稳定，这对脚的感受器产生很大的挑战。这使它们可以发展得更快，帮助球员在球场上获得更好的成绩。

单腿伸手深蹲

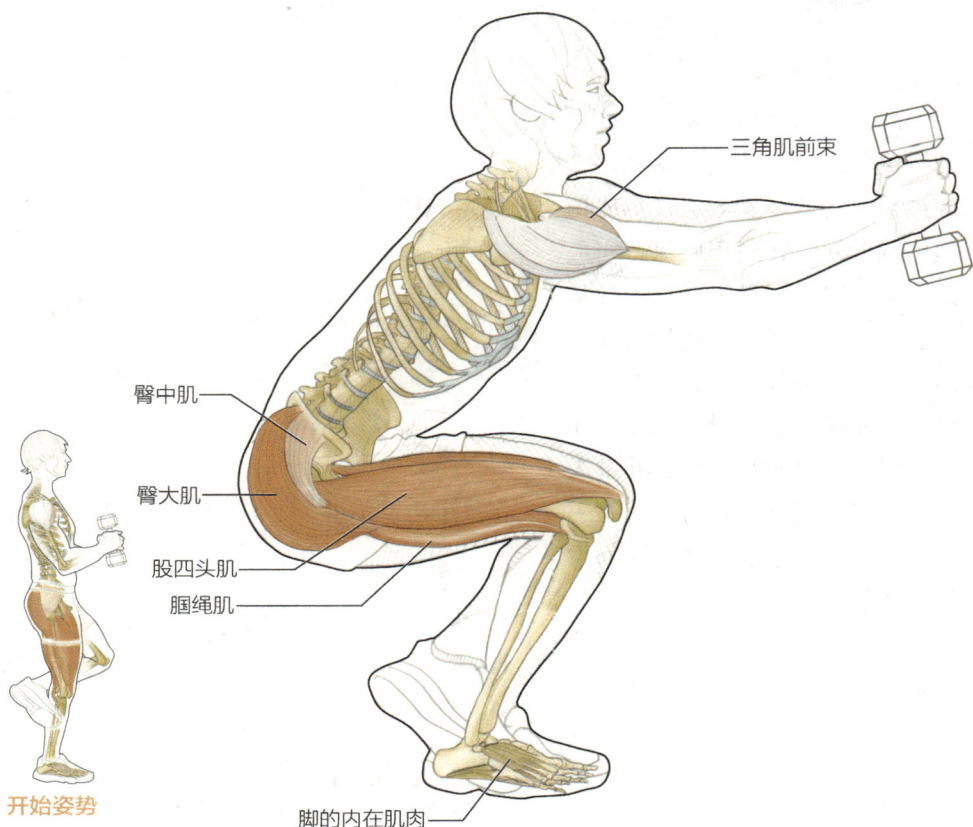

三角肌前束

臀中肌

臀大肌

股四头肌

腘绳肌

开始姿势

脚的内在肌肉

执行

1. 单腿站立，左踝交叉在右小腿后方。

2. 深蹲，弯曲双膝，臀部向身后推。

3. 在屈膝时，将双臂抬起至肩部高度，并在身体前方伸出，以保持平衡。重心应该分布在整个右脚，但脚跟上承受的重量应该稍大。在整个练习过程中，蹬趾的根部都应该保持在地面上。

4. 向前推髋部，慢慢站立起来。

5. 执行所需的重复次数，并换另一侧重复动作。

参与的肌肉

主要肌群： 臀大肌、股四头肌（股直肌、股外侧肌、股内侧肌、股中肌）、腘绳肌（半腱肌、半膜肌、股二头肌）

辅助肌群： 脚的内在肌肉、臀中肌、髋内收肌、三角肌前束

高尔夫训练要点讲解

在高尔夫球场上的许多情况下，只有球员具备了很好的力量和平衡能力才可以完成高质量的高尔夫击球。在这张图片中，你会注意到高尔夫球员试图从长草区击出在其脚下的球。这是一个很好的高尔夫击球例子，它需要极佳的身体控制和力量才可以一致地完成。当高尔夫球员不具备这样的力量和控制能力时，在撞击区域内通常身体会有太大的移动，而此时好的击球效果往往是靠运气，而不是良好的技巧。单腿伸手深蹲练习可增强腿和核心的力量，锻炼需要的稳定性和平衡能力。这个练习并不能保证你每次都能做出这些高难度的高尔夫击球，但它会增加成功的机会。

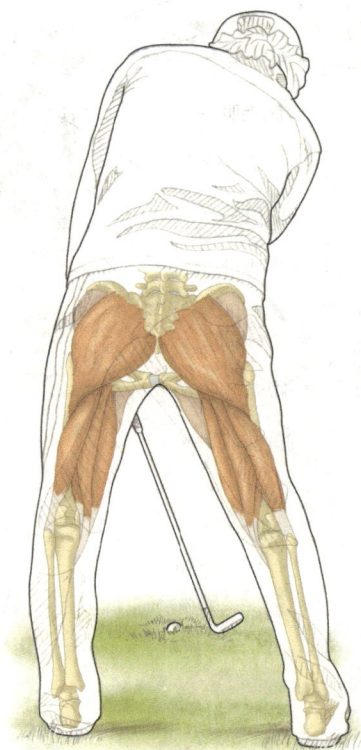

变式

支撑式单腿深蹲

为了稍微降低这个练习的要求，你可以尝试用双手抓住栏杆或门把手。这样当你向后推髋进入到深蹲位置，以及从深蹲位置起身回站立位置时，可以把更多的注意力放在正确的姿势，而不是平衡上。当你感觉更轻松时，尝试减少放在栏杆上的重量，直到可以完全没有支撑地完成该动作。

不对称开球旋转

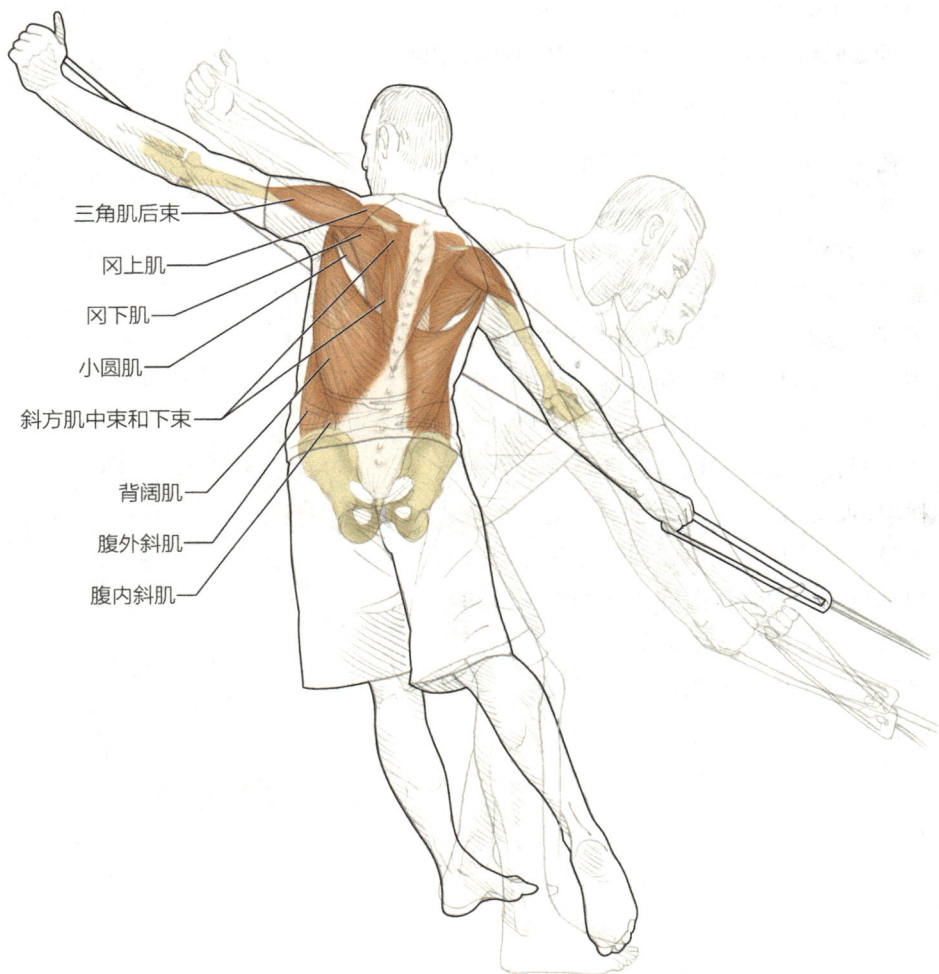

三角肌后束
冈上肌
冈下肌
小圆肌
斜方肌中束和下束
背阔肌
腹外斜肌
腹内斜肌

执行

1. 将弹力带固定到靠近地面的不可移动物体上，双手各握住一个手柄。进入高尔夫瞄球姿势，面对固定点，掌心相对。这是开始位置。

2. 保持右肘伸直，并旋转至后挥杆的顶部位置，同时保持左臂静止，眼睛盯着固定点。

3. 用双腿发起下挥杆动作，同时将伸直的左臂拉入追击球的随挥位置。让头部随身体向着目标旋转。

4. 在下挥杆运动中，让右臂和弹力带放松并自由移动。

5. 返回到开始位置并重复练习。

6. 换另一侧重复动作。

参与的肌肉

主要肌群：背阔肌、肩袖肌群（冈下肌、冈上肌、肩胛下肌、小圆肌）、三角肌后束、腹内斜肌、腹外斜肌、斜方肌中束和下束

辅助肌群：前锯肌、菱形肌

高尔夫训练要点讲解

在下挥杆过程中，腿部产生爆发力，并通过核心传递到双臂。当腿部产生的能量到达肩关节时，稳定肩胛骨的肌肉必须足够强壮并能与核心的肌肉协调配合。不对称开球旋转有助于同时加强核心和肩部稳定肌的力量。使用弹力带是提高肩部和核心稳定性的好方法，有助于在撞击之前将爆发力从地面通过躯干传递到手臂。在图示中，你可以看到目标侧肩胛骨在下挥杆开始时保持其下沉位置。这个位置可以让肩部在整个挥杆过程中适当地保持稳定和移动，从而实现最大的能量传递。

5

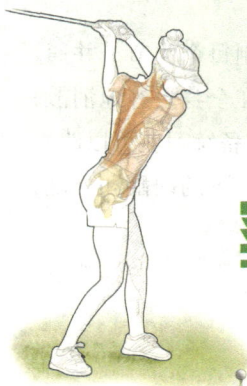

实现无伤病挥杆的旋转对抗和减速训练

　　高尔夫挥杆动作极具挑战性。开始挥杆之时，高尔夫球员处于静止状态，脚和骨盆垂直于目标。在有力地向目标加速之前，高尔夫球员将球杆朝远离目标的方向移动至后挥杆的最高位置，然后，高尔夫球员必须使身体和球杆减速至零，并且在结束时，双脚仍然相对垂直于目标，同时大部分身体朝向目标，甚至超过它的位置旋转。

　　这是一个极为不经济且困难的身体运动。你能想象告诉一个棒球投手、铅球运动员或标枪运动员，动作开始时必须垂直于目标，并且双脚在整个运动中保持在同一位置吗？对这些运动员来说，不仅投掷的速度会显著降低，其损伤可能性也会大大增加。

　　职业生涯时间较长且伤病极少的精英击球手可以有效地让高尔夫球杆减速。通常，球员、高尔夫教练和训练员都侧重于发展杆头速度，而几乎不关心球员如何让球杆减速。在最高级别的高尔夫赛事中，有许多球员创造出极高的球杆速度和球速，但往往会造成影响其职业生涯的伤病。

　　即使是像简森·戴伊这样的球员在挥杆过程中能以高速移动，但是球杆减速的效率依然还有提高的空间。不能让球杆减速容易导致损伤，特别是下背部、肩部和颈部的损伤。里基·福勒一直在与他的教练特洛伊·范·比森博士一起努力改善他的减速能力。结果表明，里基能够在全过程中更好地保持平衡，他的损伤率显著减少。达斯汀·约翰逊可以创造极高的杆头速度，也能够利用他的身体在很短的时间内有效地减慢球杆的速度，部分原因是他与其训练员乔伊·戴维塞维的合作。加里·伍德兰德和凯文·查普尔使用 DEPTH 系统研究所制订的 DEAP 策略来提高他们在极短距离内减慢这些极高速度的潜力，非常高效！

　　许多因为无法让球杆减速而受伤的各年龄段、各水平级别的球员来到我们的训练和治疗中心寻求帮助。实施"回归赛场"策略的关键之一是解决身体的减速能力。这要求高尔夫球员在通过必要的动作范围的过程中控制每个关节，并通过改善组织的弹性和功能来提高抗力和减速的能力，让作用力在全身更好地消散，最大限度地减少对任何一个组织的压力。一些简单、有用的准备练习就可以改善，例如在热身、灵活性、平衡和身体意识等章节中介绍的旋肩、脚的内翻和外翻，以及分段的猫式和骆驼式。

一旦高尔夫球员可以控制每个关节，旋转抗阻和减速就是下一个关注要点。我们可以开始关注 3 个主要策略。

1．等长抗阻（旋转抗阻）。

2．在身体的一个区域等长抗阻，同时在身体的其他区域执行动态的运动（动态旋转抗阻）。

3．离心地减慢作用力。

本章遵循特定的顺序，以确保你在进入下一个练习前先获得良好的高尔夫身体素质基础。

本章首先介绍几个练习的例子，它们需要用等长的方式控制身体对抗重力的拉动。可以认为这些练习是旋转抗阻练习。在执行任何需要保持等长收缩的练习时，在整个练习过程中都要将相关的关节保持在相同的角度，不应该弯曲、拉直或旋转。在保持等长收缩的情况下，你就是在对抗运动。这些练习不关注产生多少运动（通常动作集中于一个特定的关节或肢体），而是要求你对抗运动，例如平板支撑（或跪姿平板支撑）交替伸臂。右臂的运动以及由此引起的对上身和躯干右侧的支撑减少会更加需要左侧的肩、躯干、骨盆和双腿抵抗重力。

下一阶段包括的练习要求防止身体某个区域的运动，同时身体的另一部分在不同的平面上移动，例如，抗旋转后弓步。身体的一个区域等长控制，同时在身体的另一部分执行动态多关节运动，我们将这种组合称为动态旋转抗阻。在本练习中，弹力带将运动员拉向左侧或右侧（取决于弹力带连接到身体的哪一侧），并且运动员执行后弓步时必须尝试在整个练习过程中将双手放在身体的前方（使用等长收缩）。这是一个难度更大的练习，并且非常强调肩、躯干、骨盆、髋、腿和脚的肌肉和关节，以及减速所需的所有肌肉和关节的控制能力。

本章的最后阶段重点强调让运动放慢或减速的练习，例如跳深。在跳深过程中，重力将身体向下拉，运动员则试图尽快减慢下落。运动员需要许多肌肉和关节离心收缩（在拉长时减慢速度）。与涉及对抗阻力的等长收缩的练习相比，这是一项要求更高的任务，所以在运动员首先展现出以等长方式对抗作用力的能力后，才可以开始这项练习。

身体有很好的直觉。大多数运动员会发现，随着减速能力的提高，可以产生的速度也将大幅上升。我们的身体越快可以减慢速度，身体允许产生的速度就越大。看看下面的例子。

　　想象一下，你正在驾驶一辆汽车驶向一堵砖墙。你只有6米的距离来放慢车速。如果这是一辆旧车，制动系统效率低下，那么在6米的点之前你可能无法减速很多。这个例子代表了灵活性范围有限的身体(第3章)以及较差的旋转对抗和减速潜力。

　　现在，我们在车里安装新的制动系统，将制动距离从6米增加到30米，并用棉花糖来做成墙壁。我猜，大多数人会让自己在减速之前以更高的速度驾驶。为什么？因为你有更长的距离来减慢自己的速度，并且减速机制更有效。减慢高尔夫挥杆的速度是相似的：动作范围越大，关节在末端范围越有力。

　　只有在身体已经建立了第4章讨论的灵活性先决条件（关节和身体控制）后执行旋转对抗和减速训练才能实现这种训练效果。反其道而行之则会极大地限制潜在的高尔夫身体素质的提高，并增加损伤的可能性。

半侧平板支撑髋关节系列

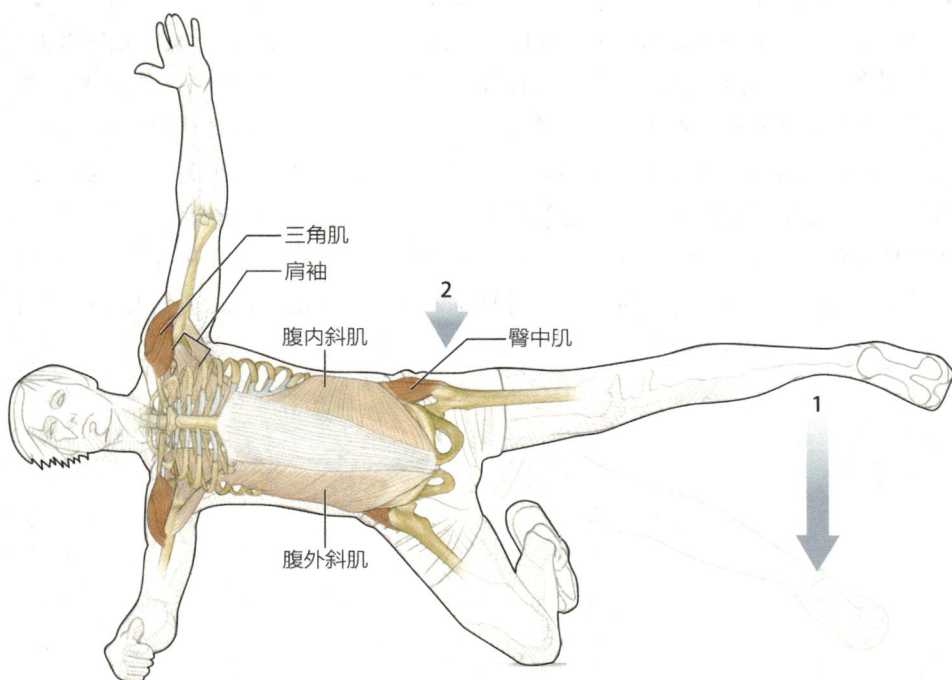

三角肌
肩袖
腹内斜肌
臀中肌
2
1
腹外斜肌

执行

1. 身体侧躺，以右前臂和右膝支撑。右膝屈曲至 90 度并抬起髋部。抬起左腿，使其平行于地面。头部、髋部和上侧腿的脚应该形成一条直线。

2. 保持这个位置 10 秒。

3. 慢慢将左腿放低到地面，同时保持髋部离开地面。然后再抬起左侧的腿，使其平行于地面。重复 8 ~ 10 次。

4. 将左腿抬到空中，使其平行于地面并保持在那里。将右侧（下面的）髋关节朝地面降低 2.5 厘米；肩不要移动。再次抬起右侧髋关节并重复，直至完成所要求的重复次数。

5. 换另一侧重复动作。

参与的肌肉

主要肌群： 臀中肌、三角肌

辅助肌群： 肩袖肌群（冈下肌、冈上肌、肩胛下肌、小圆肌）、腹内斜肌、腹外斜肌、腰方肌、斜方肌

高尔夫训练要点讲解

业余高尔夫球员所面临的主要问题之一是无法在下挥杆过程中将力量转移到其目标侧。他们同样缺乏足够的髋关节旋转，以及在撞击时稳定骨盆，使其不会滑向目标的能力。这种移动需要髋和骨盆的稳定肌有巨大的力量。半侧平板支撑髋关节系列是一项很好的练习，可以发展整个骨盆区域的力量。当这些动作变得更加轻松时，你在球场上挥杆的过程中就一定会具有更好的稳定性。

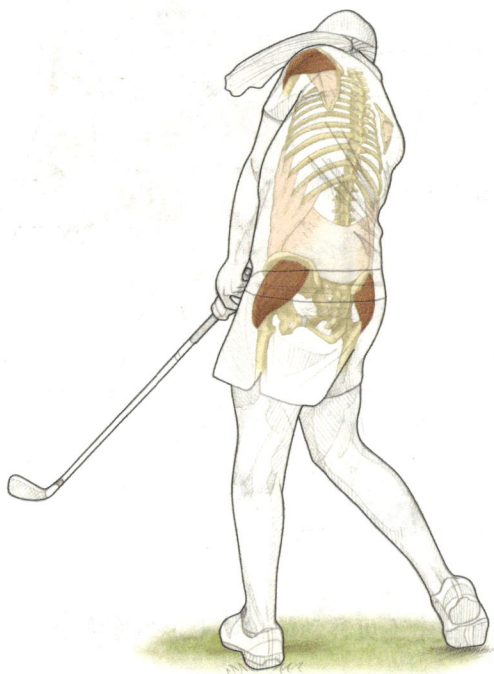

跪姿弹力绳推拉

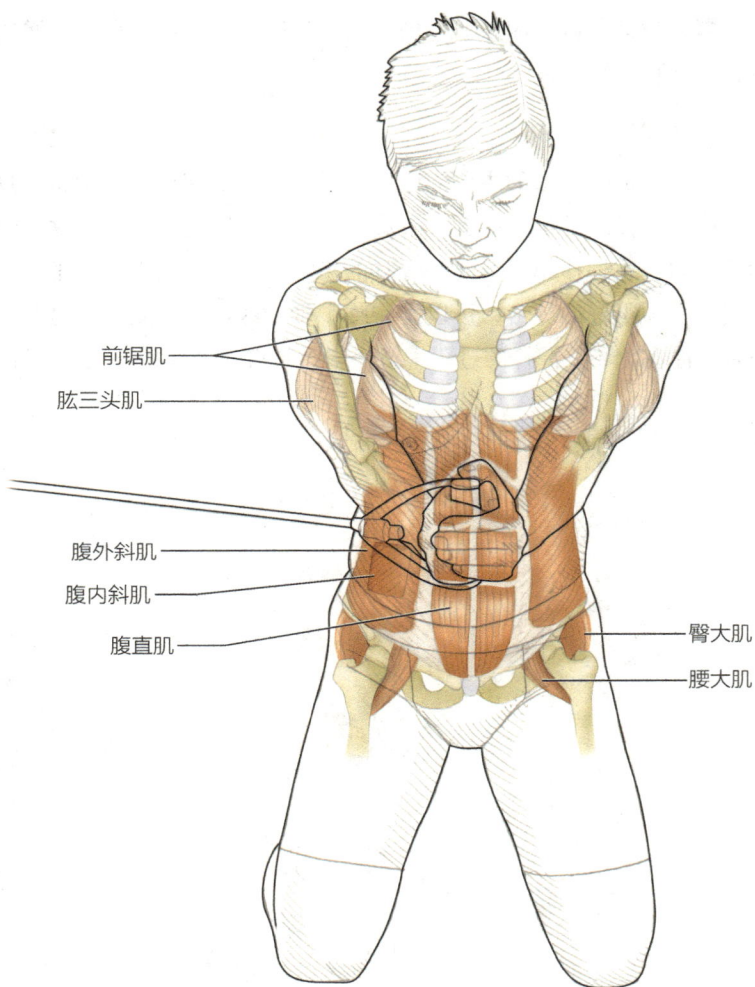

前锯肌

肱三头肌

腹外斜肌

腹内斜肌

腹直肌

臀大肌

腰大肌

执行

1. 将弹力绳系在一个不可移动的物体上，当你跪下时，让它处于你的胸部高度。

2. 双臂保持伸直双手握住弹力绳的把手，并向远离固定点的方向移动，直到弹力绳产生一定的张力。当你适应这个练习并且完成得更好时，可以增加阻力水平。

3. 跪下，固定物体在你的右侧，屈髋，就好像在瞄高尔夫球。在整个练习中保持该脊柱位置。

4．双手握住弹力绳的把手，向胸部正前方推出。由于屈髋，双手会略微指向地面。

5．屈肘，将双手带回胸部。

6．让双臂回到步骤 4 中的直臂位置。重复 8 ~ 15 次，具体次数取决于阻力和你的能力。

7．换另一侧重复动作。

参与的肌肉

主要肌群：腰大肌、腹直肌、竖脊肌（髂肋肌、最长肌、棘肌）、臀大肌、腹外斜肌、腹内斜肌

辅助肌群：前锯肌、肱三头肌

高尔夫训练要点讲解

如果在撞击后减慢身体速度的力量不足，那么挥杆中的旋转力将使身体拉离原来的位置，导致挥杆平面变差，并增加对关节的压力。这项练习将帮助你发展骨盆和躯干中大肌肉的神经控制和力量，以保护脊柱并在撞击后减慢球杆和身体的速度。当你执行这个练习的表现有所提升时，增加弹力绳的阻力，这样你就可以开始模仿用一号木大力击球时出现的巨大旋转力。

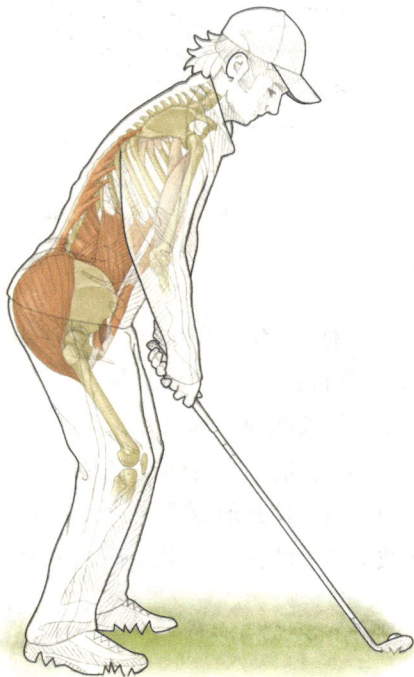

跪姿战绳：击败波浪

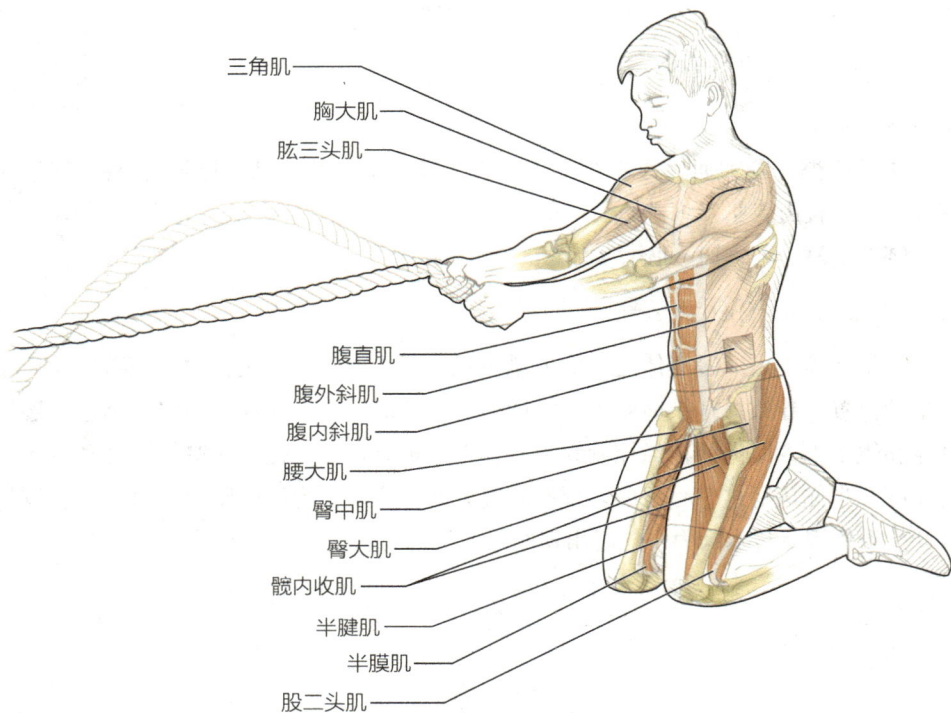

三角肌 ————

胸大肌 ————

肱三头肌 ————

腹直肌 ————

腹外斜肌 ————

腹内斜肌 ————

腰大肌 ————

臀中肌 ————

臀大肌 ————

髋内收肌 ————

半腱肌 ————

半膜肌 ————

股二头肌 ————

执行

1．双膝跪下，头部、脊柱、髋部和大腿呈一条直线，并在整个练习过程中尽可能保持挺直。（髋部不要屈曲！）

2．面对搭档，用双手握住战绳的一端。

3．在整个练习过程中，保持肘部在身体正前方伸直。

4．让搭档迅速地甩动战绳，使其形成垂直、水平或斜的波浪。

5．尝试对抗由这些波浪产生的任何移动，坚持 30 秒。重复 3 次。

参与的肌肉

主要肌群： 髋内收肌、臀大肌、腹直肌、腰大肌、腘绳肌（半腱肌、半膜肌、股二头肌）

辅助肌群： 臀中肌、三角肌、腹内斜肌、腹外斜肌、胸大肌、肱三头肌

高尔夫训练要点讲解

当你在奥古斯塔球场或世界上任何一个丘陵球场上打高尔夫时，你会发现除了发球台之外，在其他地方很难找到平的球位。所以，当脊柱处于不同的倾斜和位置时，身体不仅需要产生力量，而且还必须对抗从任何角度作用于其上的力量。通过"击败波浪"，你将塑造一个能够在下赛季承受各种不可预知姿态和高负荷的身体！

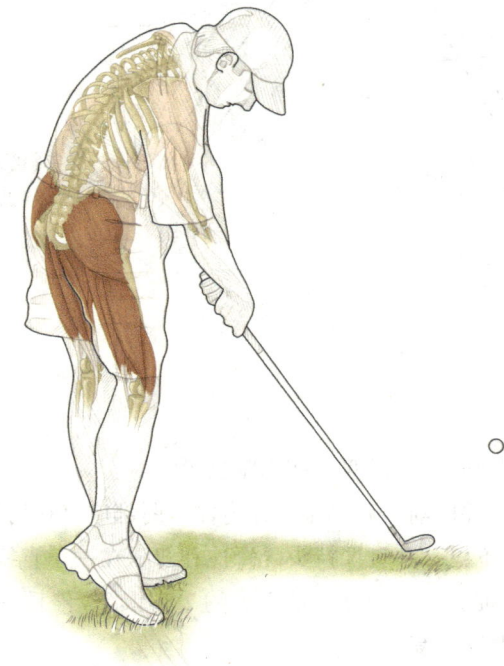

在平板支撑中交替伸臂

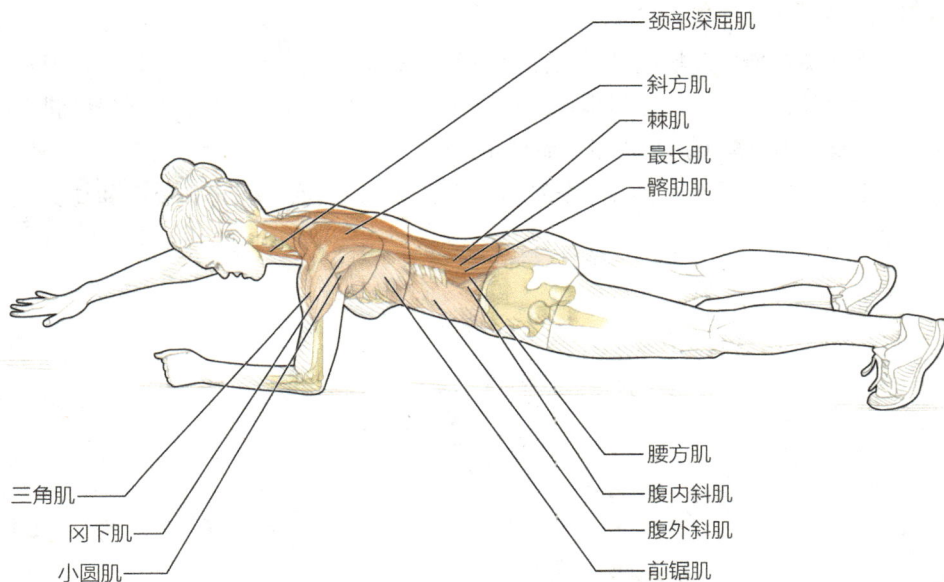

颈部深屈肌

斜方肌

棘肌

最长肌

髂肋肌

腰方肌

腹内斜肌

腹外斜肌

前锯肌

三角肌

冈下肌

小圆肌

执行

1. 从俯卧撑姿势开始，以双手和脚趾支撑。

2. 屈肘 90 度，并以前臂和脚趾支撑身体。肘部应该在肩部下方。

3. 轻轻向内收下巴，并且保持头、脊柱和双腿在一条直线上。

4. 右臂向前方伸直。手应该离地面大约 2.5 厘米。停顿一下。收回右臂，使前臂回到地面并用左臂重复。

5. 每侧重复 5 ~ 12 次。

参与的肌肉

主要肌群： 竖脊肌（髂肋肌、最长肌、棘肌）、腰方肌、腹直肌、颈部深屈肌、斜方肌

辅助肌群： 腹外斜肌、腹内斜肌、前锯肌、三角肌、肩袖肌群（冈下肌、冈上肌、肩胛下肌、小圆肌）

高尔夫训练要点讲解

无论是背着球包还是推着车在高尔夫球场上走，骨盆和核心都需要有强大的支撑系统，因为它们要对抗重力的拉力。平板支撑伸臂练习迫使手臂、肩、躯干、骨盆和髋部合作保持中立对齐，并在身体内储存力量和弹性。

变式

在跪姿平板支撑中交替伸臂

如果在执行这项练习时很难保持骨盆和脊柱的中立，或者如果你出现背部或肩部的疼痛，你可以将该练习修改为将膝盖放在地面上，从而减轻对身体的压力。这将缩短膝盖和脊柱之间的距离，降低难度。这个改版是专注于身体力线对齐的好方法，适合于所有伤后重新训练的人。

平板支撑拉战绳

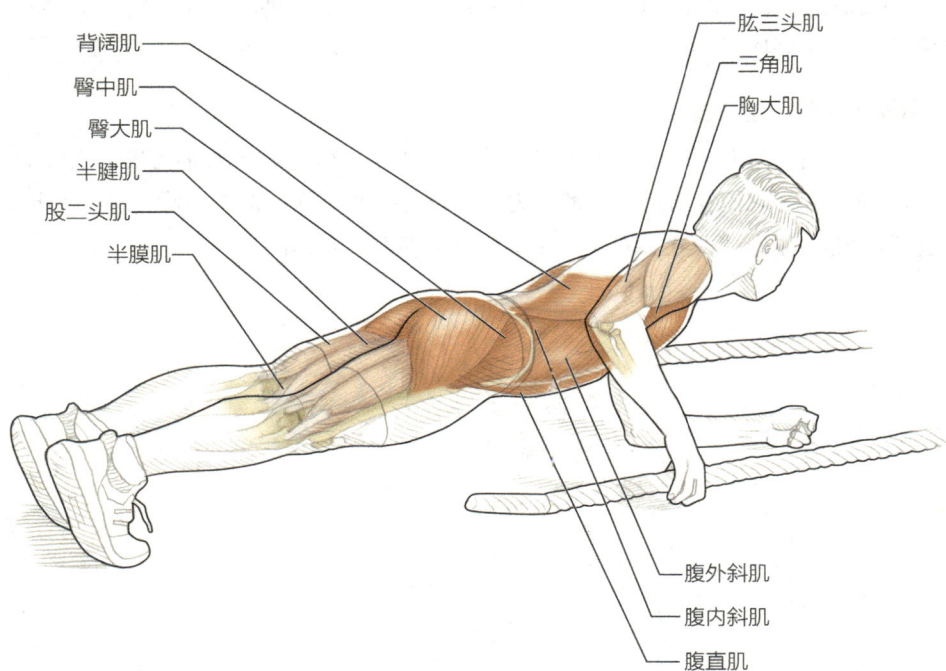

背阔肌
臀中肌
臀大肌
半腱肌
股二头肌
半膜肌

肱三头肌
三角肌
胸大肌

腹外斜肌
腹内斜肌
腹直肌

执行

1．将战绳绕在不可移动且光滑的物体（例如深蹲架的立柱）上。固定绳子时，立柱的右侧只留几米长的绳子（短边），而绳子的其余部分则在立柱的左侧（长边）。在绳子的两侧之间靠近右侧的位置，进入平板支撑姿势，以前臂和脚趾支撑。

2．右臂完全伸直并伸过头顶，抓住绳子的短边。在整个练习过程中保持脊柱拉长，并尽量避免骨盆下塌、旋转或倾斜。

3．握住绳子，右手从过头位置沿着身体拉绳，直到右手靠近右髋。

4．松开绳子，再次将右手伸过头顶。重复动作。继续，直到把整条战绳都拉到右侧，只留下几米长的绳子在左侧。

5．身体略向左移动，并用左手重复动作。

参与的肌肉

主要肌群：臀大肌、臀中肌、腹内斜肌、腹外斜肌、腹直肌、腰大肌、背阔肌、胸大肌、腹横肌、腰方肌

辅助肌群：肱三头肌、三角肌、腘绳肌（半腱肌、半膜肌、股二头肌）

高尔夫训练要点讲解

在下挥杆开始时，目标侧手臂将身体和球杆拉向目标，而背阔肌则是此动作的主要参与者之一。然后，当轨迹侧手臂移动且身体到达结束位置时，身体另一侧的同一块大肌肉拉长，同时试图减慢身体的速度。背阔肌附着在骨盆，并延续至对侧的臀大肌。它有助于肩部、下背部和骨盆的稳定性，而以平板支撑姿势拉战绳可以让这块肌肉得到大活动范围的锻炼，同时还可以让脊柱和骨盆承受像高尔夫挥杆中体验到的那种重负荷对其造成的压力。在此练习中提高效率将极大地提高在挥杆的各个阶段中控制身体的能力，以及保持骨盆、脊柱和手臂的关系的能力。

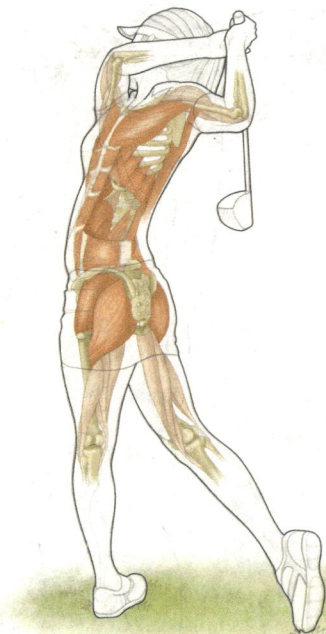

变式

跪姿平板支撑拉战绳

这个练习与平板支撑拉战绳类似，不同点在于这个动作中膝盖着地支撑，而不是脚趾。这使练习更容易。同样，动作过程中要保持脊柱伸长，骨盆保持水平和稳定。

退一步向内旋肩

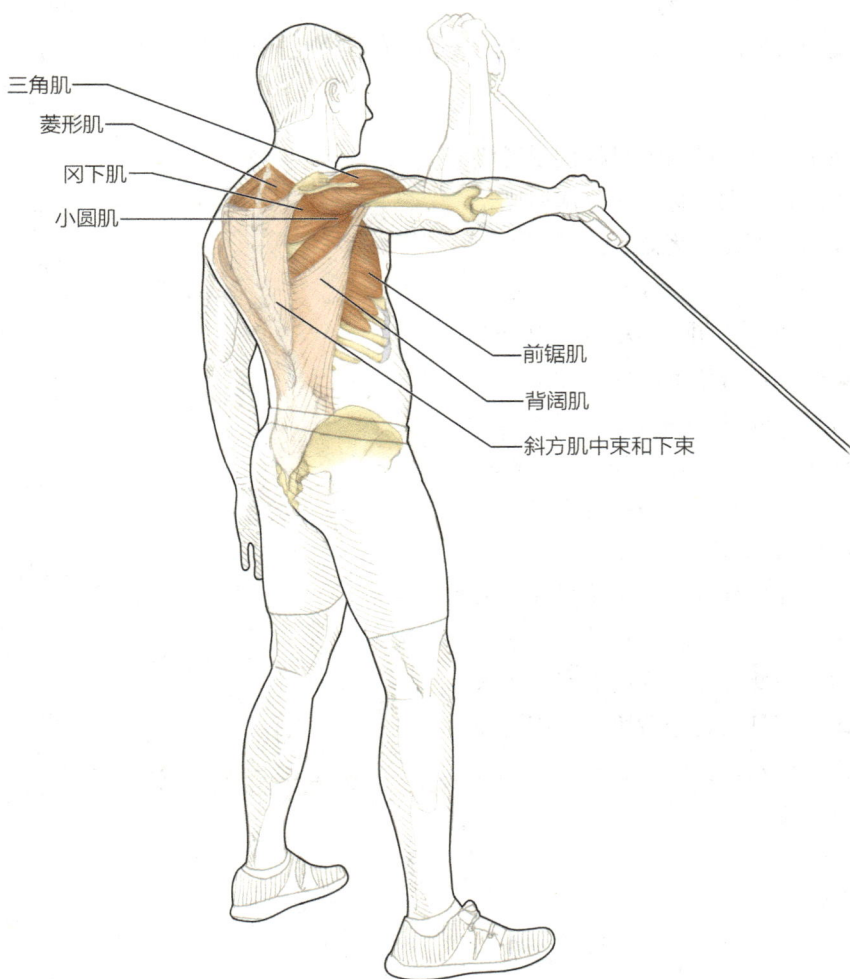

三角肌
菱形肌
冈下肌
小圆肌

前锯肌
背阔肌
斜方肌中束和下束

执行

1. 将弹力绳固定在身前的不可移动物体上，位于地面和腰部高度之间。以良好的姿势直立，右手握住紧绷的弹力绳的把手。

2. 肩胛骨下沉并后缩。向外旋转肩关节，右臂屈曲使肩和肘均呈90度。肘部应该大约与肩同高，并且前臂垂直于地面（前臂可能相对于垂直线向前或向后倾斜，具体取决于肩外旋的活动度）。

3. 在不改变手臂位置的情况下后退一步，以增加弹力绳内的张力。

4. 保持这个位置 8 秒，然后慢慢让肩关节向内旋转，直到前臂平行于地面。

5. 返回到开始位置并执行 8 次重复。换另一侧重复动作。

参与的肌肉

主要肌群： 冈下肌、小圆肌、菱形肌、三角肌、前锯肌

辅助肌群： 背阔肌、斜方肌中束和下束

高尔夫训练要点讲解

　　肩关节的灵活性对于良好的高尔夫挥杆来说显然非常重要，但是在整个挥杆过程中正确旋转肩关节的能力也同样重要。进入后挥杆时，控制肩胛骨的肌肉必须能够稳定它，使肩关节可以正确和完全地旋转。然而，随着挥杆的继续，你必须也能够在挥杆的过程中适当地稳定肩关节，并最终在肩关节进入向内旋转时控制动作。这样可以让你的下挥杆过程保持在轨迹上，并且可以在随挥过程中正确地让球杆减速，以避免受伤。

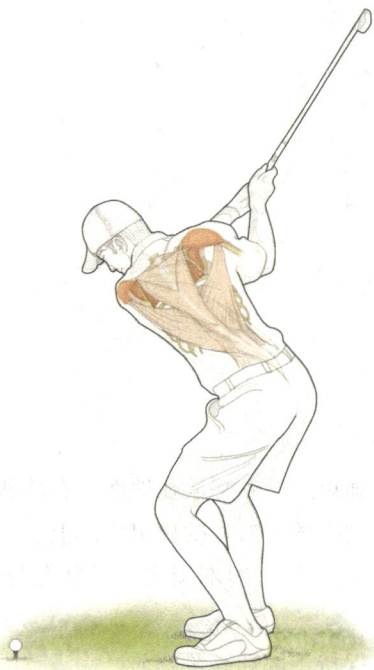

单腿水平劈砍

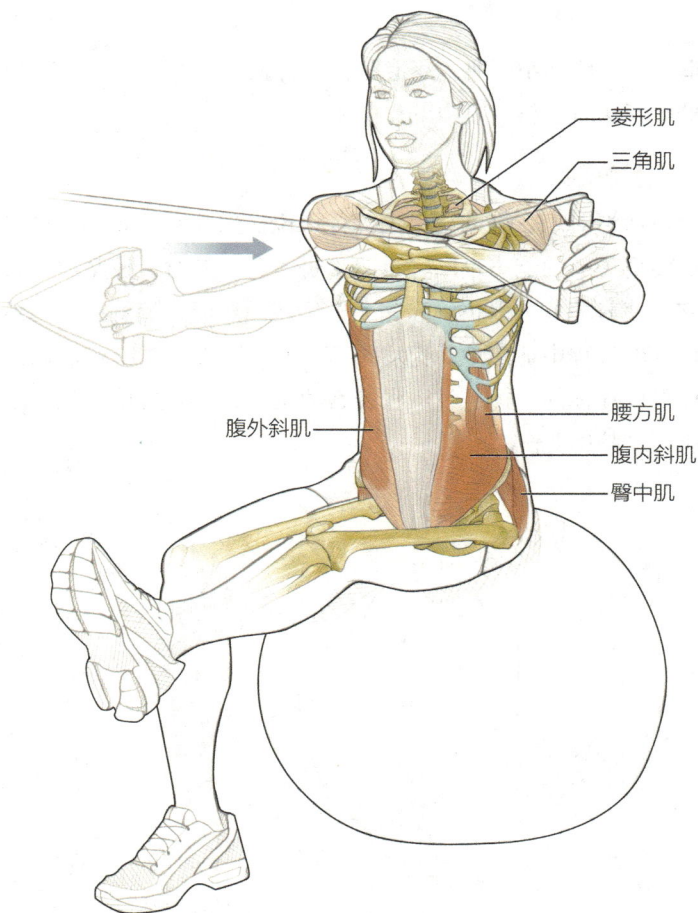

菱形肌

三角肌

腰方肌

腹内斜肌

臀中肌

腹外斜肌

执行

1. 坐在健身球上，左腿离地，右腿放在地面，右膝和右髋呈 90 度。

2. 将弹力带一端固定到身体正右方的稳定物体上。

3. 用双手握住弹力绳的手柄，肘部锁定，双臂在身前伸出。弹力绳应与手臂呈 90 度。

4. 躯干向左侧旋转，保持头部和膝盖朝前。

5. 执行所要求的重复次数。换另一侧重复动作。

110

参与的肌肉

主要肌群： 臀中肌、腹外斜肌、腹内斜肌、腰方肌、脚的内在肌肉

辅助肌群： 三角肌、菱形肌、胫骨后肌、腓骨长肌

高尔夫训练要点讲解

高尔夫挥杆对身体提出了许多挑战，因为它涉及的动作范围很大，而且要求很强的旋转能力。许多人在用双脚平衡时都不会遇到困难，但加上高速的高尔夫挥杆之后，身体的许多部位会表现出不稳定性。该练习强调加强髋部的稳定性，同时加入一个带有阻力的旋转成分。在高尔夫球场上的每一次挥杆都需要你在身体绕髋部旋转时稳定髋部。如果缺少此关键能力，就会形成许多挥杆失误，并且永远不会产生稳定的击球。在练习过程中，脚、膝和髋全都在一条线上，而不是左右移动。这将有助于防止高尔夫挥杆中的摇摆和滑动，并为你提供稳固的挥杆基础。

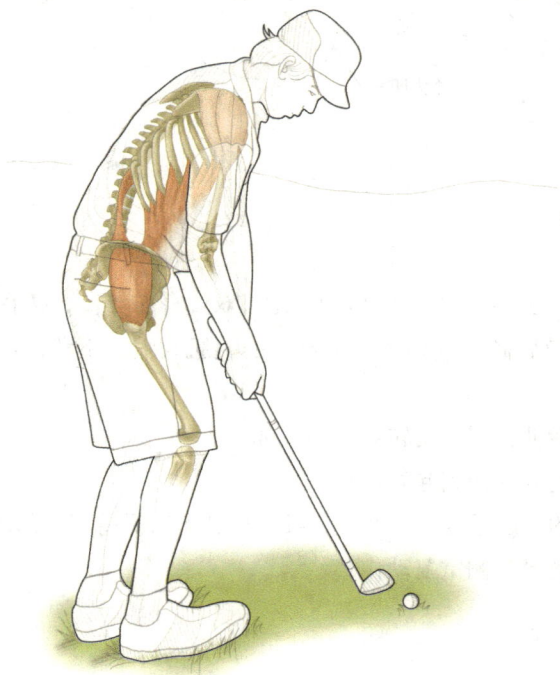

变式

绳索单腿水平劈砍

这个练习也可以用一个可调节的绳索器械和一个滑轮手柄来完成。将绳索放在肩部高度，使其与开始位置的身体呈 90 度。执行相同的动作。

V 字坐姿加旋转和单臂伸展

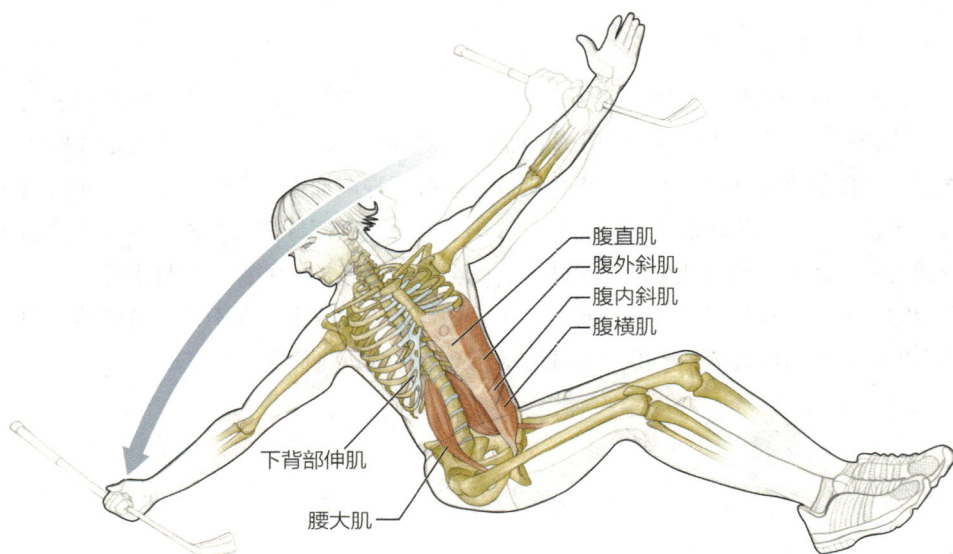

腹直肌
腹外斜肌
腹内斜肌
腹横肌

下背部伸肌

腰大肌

执行

1．坐下，屈膝，双腿并拢，脚跟着地。双臂身前伸直，双手抓住高尔夫球杆。

2．躯干稍微后倾，直到感觉到自己的腹肌收缩。下背部应该有一个正常的中立拱形。

3．右臂向后伸，同时旋转躯干和头部。

4．向左旋转并返回到起始位置。

5．以较慢的速度重复 5 ~ 8 次，或执行到无法保持下背部的中立脊柱位置。

6．休息并换另一侧重复动作。

参与的肌肉

主要肌群： 腰大肌、腹横肌、腹内斜肌、腹外斜肌

辅助肌群： 下背部伸肌、腹直肌

高尔夫训练要点讲解

　　在下挥杆开始时，伸直的目标侧手臂保持较大的半径，这要求对脊柱有极好的控制，并且骨盆、腹部和肩部区域具备极佳的柔韧性。任何这些区域的受限都会导致肩部和手部之间的半径缩短（肘部弯曲）。这将导致动作不佳和爆发力下降。半径的缩短也会产生全身的其他代偿，以便在撞击时让球杆面正对着球。

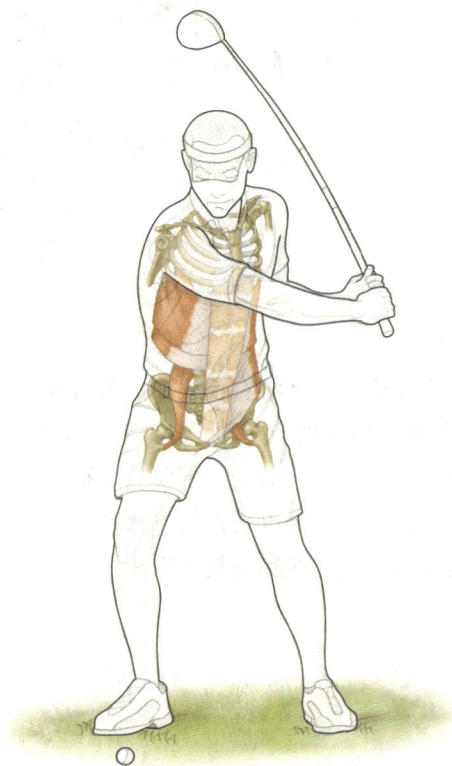

旋转侧平板支撑

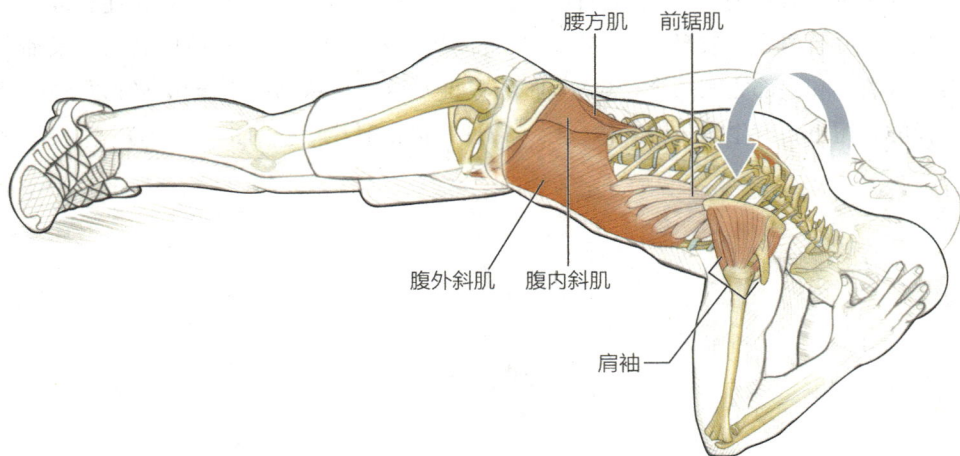

腰方肌　前锯肌

腹外斜肌　腹内斜肌

肩袖

执行

1. 进入左前臂侧平板支撑位置，并将右手放在头部后方。
2. 慢慢地让躯干、髋部和右肘向地面转动，将躯干和髋部作为一个整体移动。
3. 用腹斜肌和左肩部肌肉发力产生运动。不要只是移动手肘。
4. 慢慢地回到起始位置，返回时要以可控的方式使用相同的肌肉。
5. 执行所要求的重复次数。换另一侧重复动作。

参与的肌肉

主要肌群：腹外斜肌、腹内斜肌、腰方肌、肩袖肌肉（冈下肌、冈上肌、肩胛下肌、小圆肌）

辅助肌群：前锯肌

114

高尔夫训练要点讲解

在长距离的洞中，你必须用长杆来击出有力的第二杆才能接近果岭。这要求动作的精度更高，产生爆发力的能力也更强。旋转侧平板支撑不仅可以训练有助于骨盆和躯干稳定性的肌肉，还可以增强肩部力量。这将提高球杆减速的能力，从而提高杆头速度。随着球杆长度和挥杆速度的增加，需要更大的力量来保持正确的技术。在执行这项练习时，集中精力使用腹斜肌和肩部肌肉来完成动作。

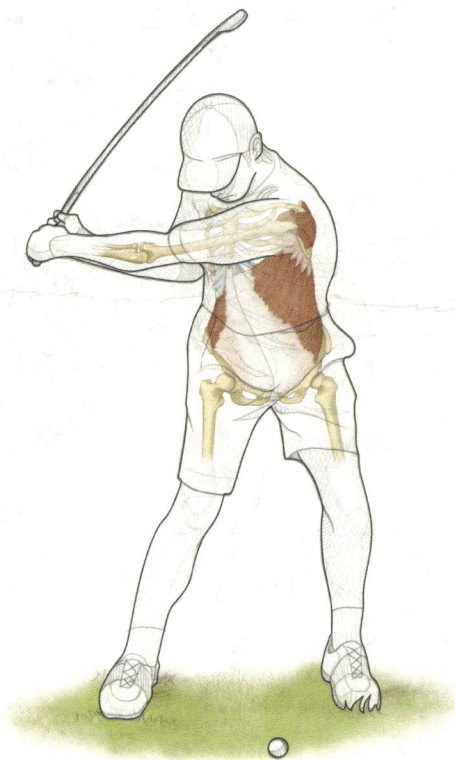

115

抗旋转后弓步

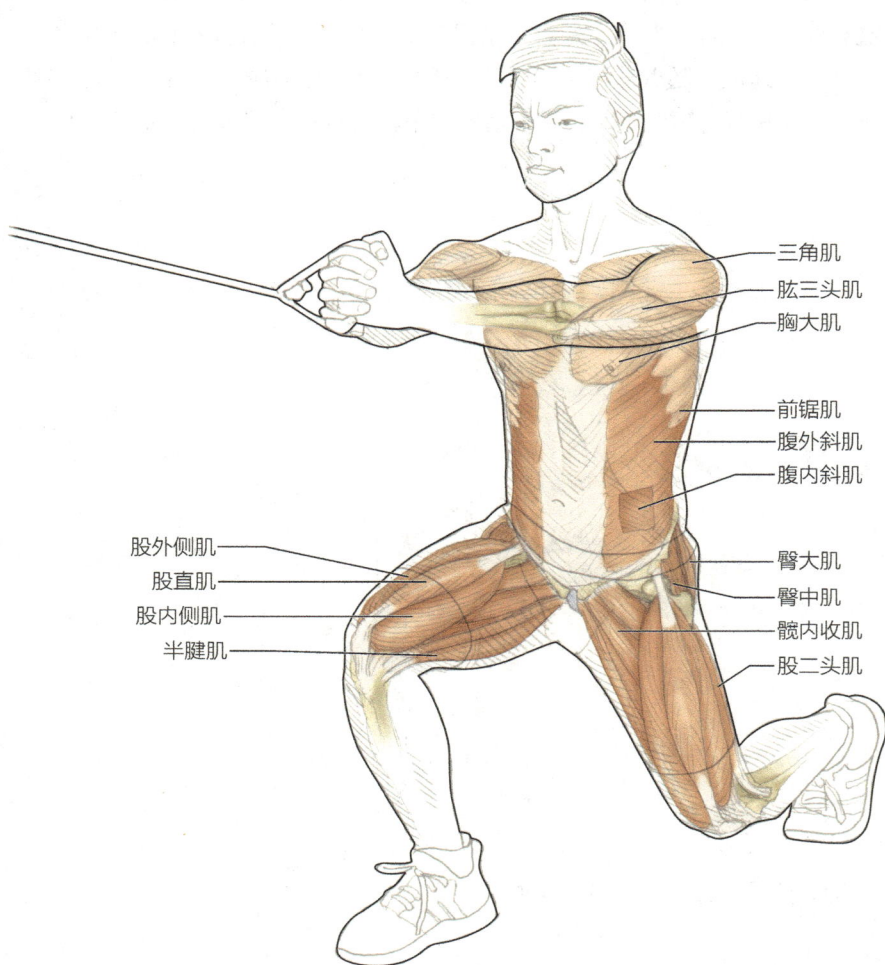

三角肌

肱三头肌

胸大肌

前锯肌

腹外斜肌

腹内斜肌

臀大肌

臀中肌

髋内收肌

股二头肌

股外侧肌

股直肌

股内侧肌

半腱肌

执行

1. 将弹力带或弹力绳固定到腰部高度不可移动的物体上。

2. 站立，弹力绳位于自己的右侧。双手握住手柄。

3. 向左侧跨步，远离弹力绳固定点，使弹力绳产生轻微的张力。

4. 两臂伸直将手柄从身体推开，手柄与身体中线对齐。尝试在整个练习过程中保持手柄处于中线位置。

5. 左腿退后一步，进入后弓步，然后回到站立姿势。

6. 换另一侧重复动作。

7. 每条腿重复 5 ~ 10 次。

参与的肌肉

主要肌群： 臀中肌、髋内收肌、股四头肌（股直肌、股外侧肌、股内侧肌、股中肌）、腘绳肌（半腱肌、半膜肌、股二头肌）、臀大肌、腹外斜肌、腹内斜肌

辅助肌群： 三角肌、前锯肌、胸大肌、肱三头肌

高尔夫训练要点讲解

在横截面、矢状面和额状面中对抗躯干旋转，并使用腿、髋、核心和肩部的大肌肉，这正是在撞击球之后减慢身体速度所需要的。精英球员的臀肌、股四头肌和腘绳肌都很强壮。腿对于产生速度和放慢速度都非常关键。

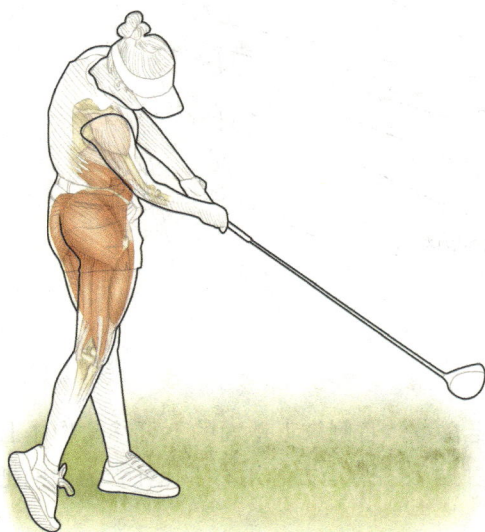

抗旋转罗马尼亚硬拉

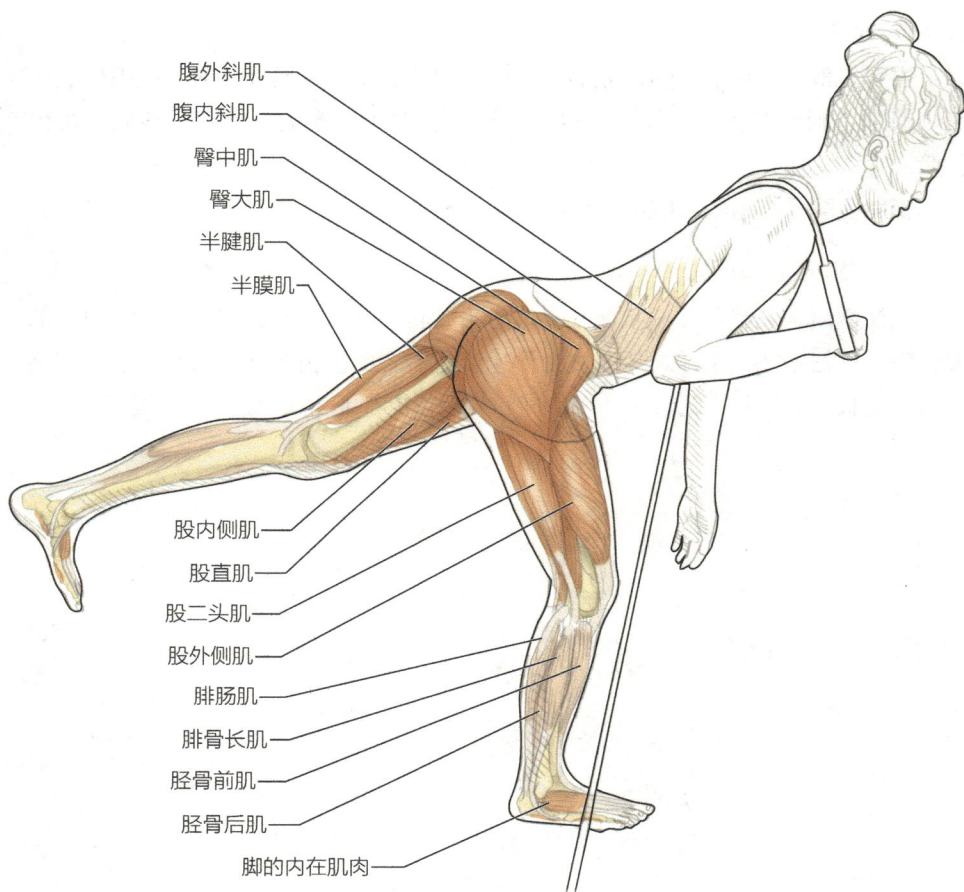

腹外斜肌
腹内斜肌
臀中肌
臀大肌
半腱肌
半膜肌

股内侧肌
股直肌
股二头肌
股外侧肌
腓肠肌
腓骨长肌
胫骨前肌
胫骨后肌
脚的内在肌肉

执行

1. 将弹力绳固定在身体右侧靠近地面的不可移动物体上。将弹力绳从左侧绕过左肩下方、背部上方及右肩前方。用右手抓住弹力绳的把手。保持右肘弯曲并贴着身体右侧。

2. 用右腿站立，膝关节略微弯曲。左脚抬起，离地面约 15 厘米。

3. 保持整个脊柱挺直，弯腰向前俯身，同时将左腿放在身后。在整个练习过程中，头部、脊柱和抬起的腿的位置关系都应该保持不变。

4. 返回到起始位置。在整个过程中避免身体有任何旋转。

5. 重复 8 ~ 10 次，然后换另一侧重复动作。

参与的肌肉

主要肌群：脚的内在肌肉、臀大肌、臀中肌、腘绳肌（半腱肌、半膜肌、股二头肌）、股四头肌（股直肌、股外侧肌、股内侧肌、股中肌）

辅助肌群：胫骨后肌、胫骨前肌、腓骨长肌、腹外斜肌、腹内斜肌、腓肠肌

高尔夫训练要点讲解

　　许多高尔夫球员无法在负荷和作用力增加时控制自己的脊柱。其中一个主要原因是，我们主要生活在一个矢状面世界中，我们的身体往往不会经历横截面和额状面的移动，更不要说在这些平面中的高作用力。抗旋转罗马尼亚硬拉在所有平面中对身体提出挑战，并有助于发展脊柱、骨盆、肩部和足部的稳定肌的弹性。当你学习并掌握该练习时，你将能在挥杆时控制脊柱的位置，尽管过程中的速度和作用力都很大。

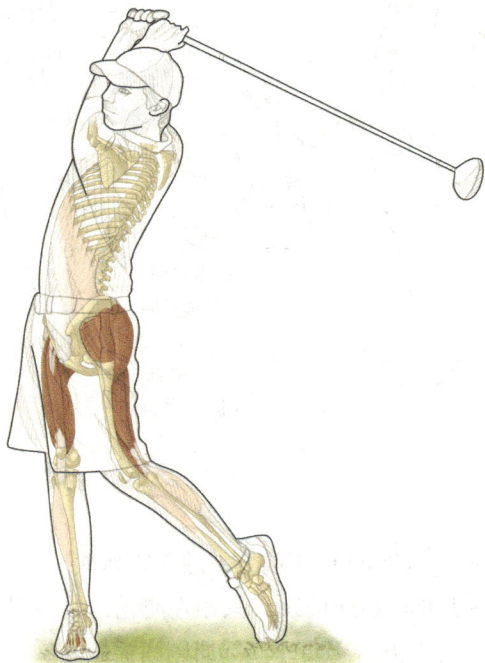

前后减速跳

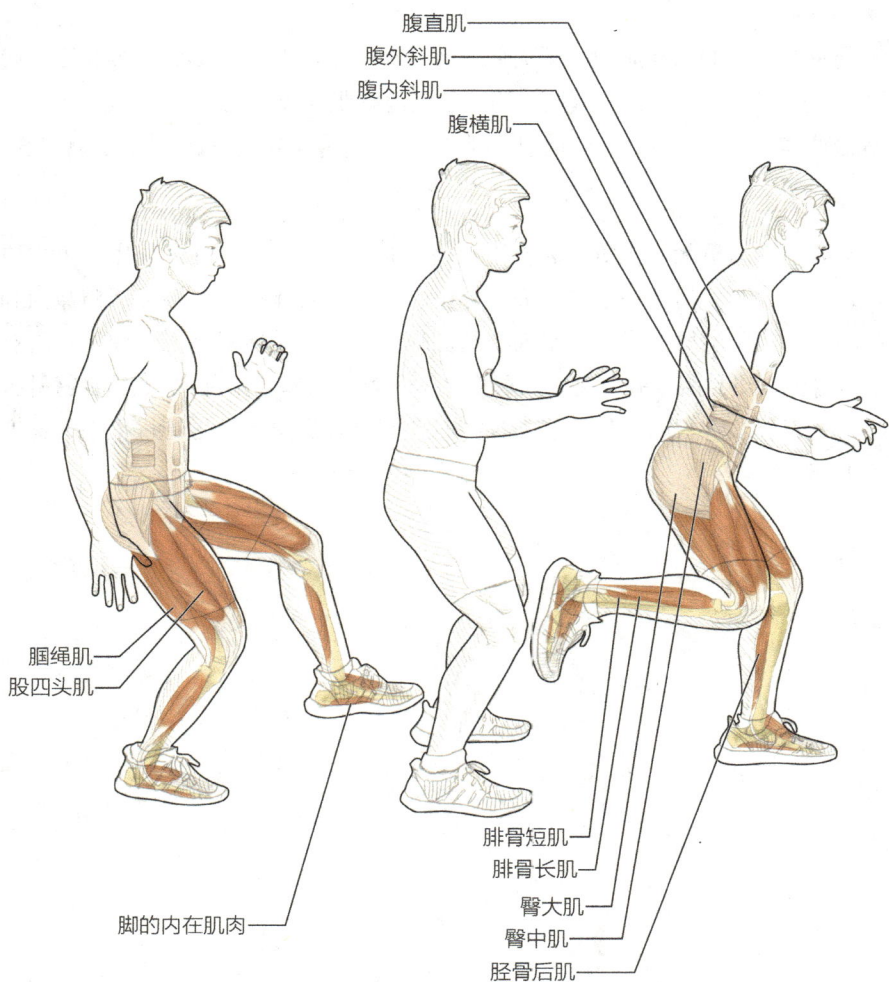

腹直肌
腹外斜肌
腹内斜肌
腹横肌

腘绳肌
股四头肌

脚的内在肌肉

腓骨短肌
腓骨长肌
臀大肌
臀中肌
胫骨后肌

执行

1. 以运动姿势站立，双脚朝向正前方，膝盖略弯曲，脊柱挺直。

2. 左脚向前迈一步或轻轻向前跳。只用左脚落地，左膝弯曲，以帮助缓冲力量。确保膝盖在脚的正上方，不要让髋部向侧面摇摆。

3. 稳定后，右脚向后退一步或轻轻向后跳。只用右脚落地，就像用左脚执行前跳练习时那样。

4. 执行 8~10 次重复。换另一侧重复动作。

参与的肌肉

主要肌群: 股四头肌（股直肌、股外侧肌、股内侧肌、股中肌）、腘绳肌（半腱肌、半膜肌、股二头肌）、腓骨长肌、腓骨短肌、脚的内在肌肉、胫骨后肌

辅助肌群: 腹横肌、腹内斜肌、腹外斜肌、臀大肌、臀中肌、腹直肌

高尔夫训练要点讲解

学习如何通过脚、骨盆和核心缓冲来自不同方向的作用力，无论使用何种球杆，遇到何种球位，你都可以在加速进入撞击阶段时更容易调整和控制身体，并快速地减慢球杆的速度。减速跳有利于增加对身体的背部、正面和侧面的肌肉的挑战性，以帮助发展平衡和弹性。

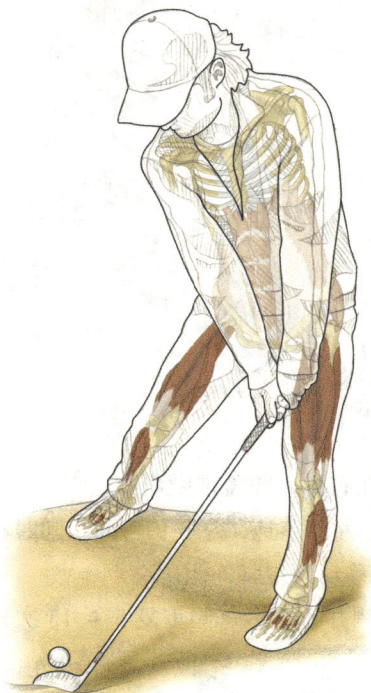

侧向跨步到侧向弹跳

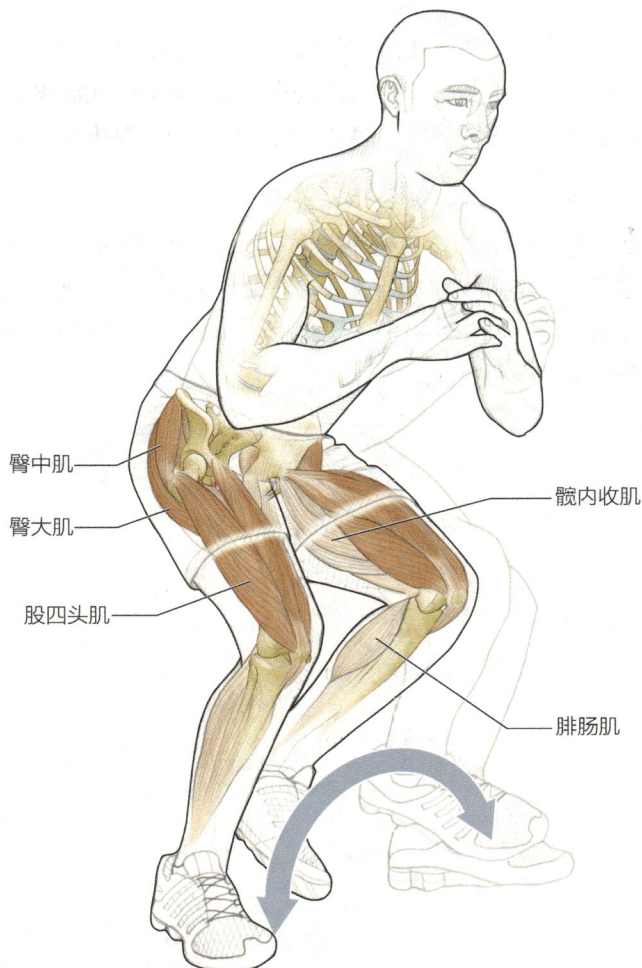

臀中肌

臀大肌

股四头肌

髋内收肌

腓肠肌

执行

1. 站立时将重心放在右脚，膝盖稍微弯曲。

2. 向左迈出一大步。左脚落地，左膝稍弯曲。同时右膝弯曲，右脚离地约 30 厘米。不要让髋部或躯干移动到左脚外侧。

3. 跳跃或迈步回右侧并重复。每侧重复 5 ~ 15 次，具体取决于你的进展和你的跳跃距离。

4. 随着时间的推移，你将可以在落地时没有晃动或摇摆来完成这个练习。这可能需要几天、几周或几个月，具体取决于你的初始能力。一旦你能够做到这一点，就可以进阶到侧向的单脚跳，并最终进阶到侧向的双脚跳或弹跳。

参与的肌肉

主要肌群： 臀中肌、臀大肌、股四头肌（股直肌、股外侧肌、股内侧肌、股中肌）
辅助肌群： 腓肠肌、髋内收肌

高尔夫训练要点讲解

在高尔夫挥杆中产生爆发力的根源在于你从地面产生速度并将其传递到球杆头的能力。有效的传递让你可以将在后挥杆和下挥杆中产生的所有爆发力都用于击球。当你进入挥杆的过渡阶段时，随着体重分布转移到目标侧腿上，爆发力就会逐渐产生。下半身发起有力驱动，稳定髋部后，同样的能量就会沿动力链向上传递，直到它最终到达杆头。这个练习将帮助你从下半身产生更大的爆发力，并且更有效地稳定它，这样，在挥杆时产生的所有能量都会在撞击时传递给球。这最终会使你产生更强有力的挥杆和更远的击球距离。侧向跨步和侧向弹跳练习的美妙之处在于，不仅教会你加速，还教会你减速！

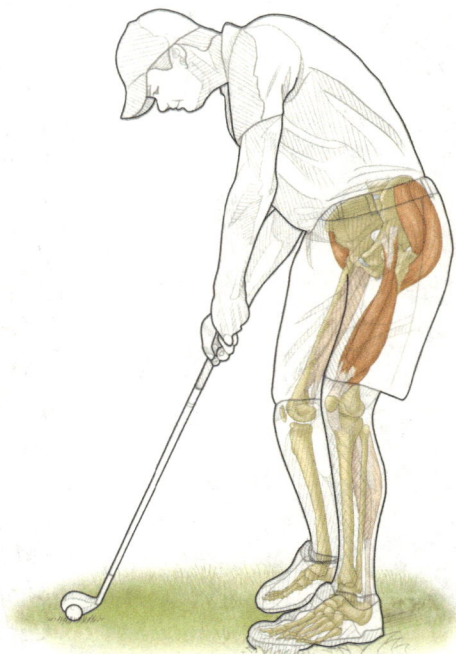

变式

药球侧向弹跳

使用药球会增加阻力，并产生更大的平衡挑战，这是由于手臂不能用于帮助保持稳定。在胸前拿着药球，肘部弯曲。

侧向弹跳加转身

增加转身这个简单的动作将对平衡和稳定性提出极大的挑战，并帮助你练习高尔夫球转身。一落地就在胸前交叉双臂，并旋转躯干，首先转向站立腿，然后转向另一侧。

跳深

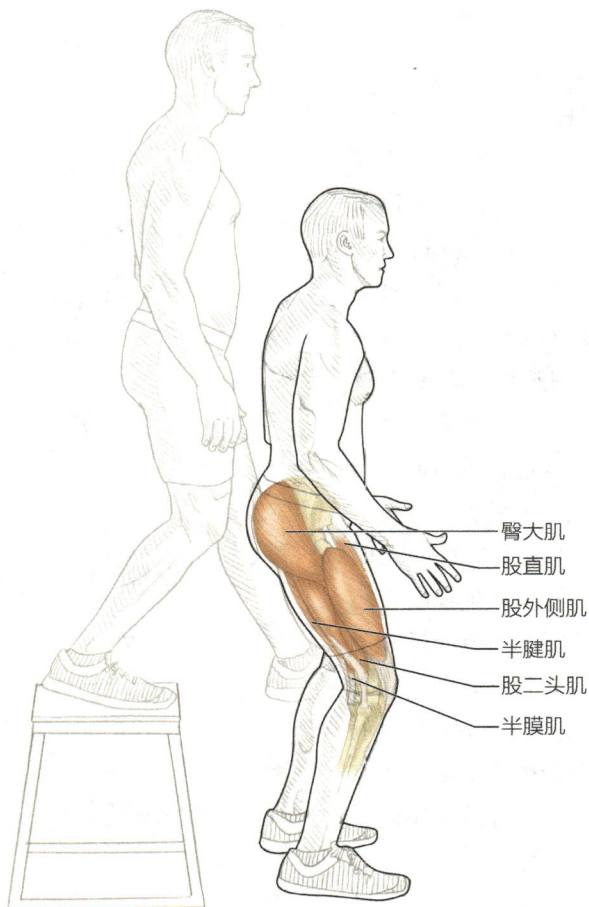

臀大肌
股直肌
股外侧肌
半腱肌
股二头肌
半膜肌

执行

1. 站在长凳或跳箱上面。

2. 迈步走下长凳或箱子，双脚落地，双脚分开大约与髋同宽，同时屈髋屈膝，下降进入深蹲姿势。

3. 尝试使用尽可能小幅度的下蹲来减慢身体的下降，并确保在落地过程中使用全脚掌落地，这样就不会将所有体重都放在脚趾上。

4. 重新站在长凳上，并完成所要求的重复次数（重复 5 ~ 10 次）。

5. 当你经过数周或数月的训练后，能够更好地减慢身体的速度时，就可以逐渐增加跳箱的高度，以增加负荷和难度。

参与的肌肉

主要肌群： 股四头肌（股直肌、股外侧肌、股内侧肌、股中肌）、臀大肌、腘绳肌（半腱肌、半膜肌、股二头肌）

辅助肌群： 髋内收肌

高尔夫训练要点讲解

任何好的高尔夫挥杆都有一个要素：在撞击中具有足够腿部力量将体重转移到目标侧腿上，并在撞击全程中让臀部伸展。这一动作会对地面施加巨大的作用力，这反过来又将其作用于高尔夫球员。这是在高尔夫挥杆中产生爆发力的第一步。同时，你必须能够在整个挥杆过程中抵抗各种作用力，以保持正确的姿势。跳深将有助于发展腿部和髋部的力量，同时要求这些区域的肌肉离心地工作，以减慢身体的速度。通过向外旋转双脚，可以更容易地将髋部移动到较低的位置，并且通常会对膝关节产生较小的压力。

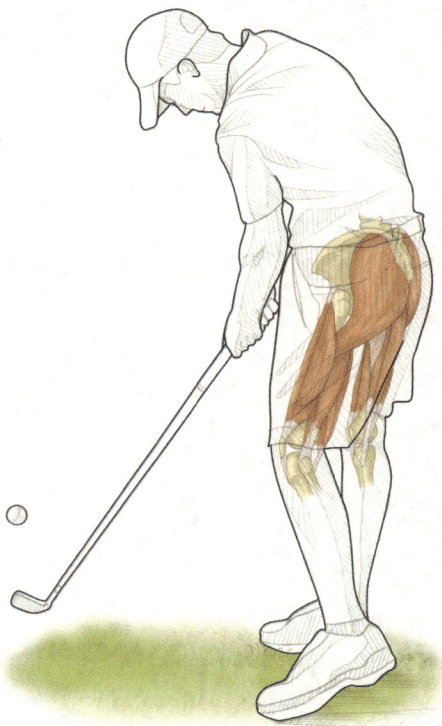

变式

负重背心跳深蹲

当你没有更高的长凳或箱子时，有一个简单的方法可以为跳深练习加大难度，就是穿负重背心。负重背心将附加的质量保持在靠近你身体中心的位置，并允许你的手臂根据需要移动，以减慢身体的速度。

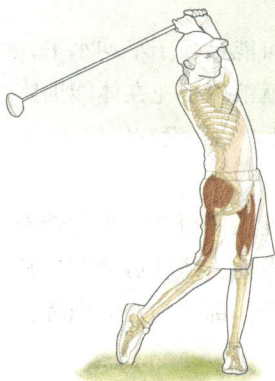

6

增加击球距离的力量训练

一名球员必须具备多大的力量才可以发挥出其最佳水平呢？这是很难确定的。美国职业高尔夫协会巡回赛的一些击球距离最长的击球手在重量训练室中并不会令人有非常深刻的印象，但贾斯汀·托马斯和里基·福勒等小个子球员仍然能够创造出令人难以置信的球杆速度，并将球击出很长的距离。是什么使这成为可能？达斯汀·约翰逊和布巴·沃森等另一些球员则能够利用自己修长的四肢，使用物理学和几何学来创造较高的杆头速度。达斯汀·约翰逊视健身房为家，而布巴却没有。相比之下，罗里·麦克罗伊、简森·戴伊、乔丹·斯皮思和凯文·查普尔强调了体能训练在其训练计划中的角色——它能帮助减少高尔夫挥杆对其身体的压力，并获得在必要时能够将球击出长草区的竞争优势。

在美国职业高尔夫协会巡回赛上工作了十多年，我们看到了力量训练对球员表现的积极影响。然而，一些球员将大量精力投入到以力量训练为主的计划中，并且在健身房表现上有极大的进步，但在高尔夫球场上的进步却极小。在一些极端案例中，在执行以力量为中心的训练计划后，球员击球距离缩短并出现了更频繁的伤病。为什么在使用力量训练来提高球场上的能力和表现时，有些球员会获得卓越的成果，而另一些球员却会失败？

在大多数情况下，答案非常简单。在注重基于力量的训练计划之后取得了极大成功的运动员，在进行力量训练之前或同时培养了必要的灵活性、身体意识和神经控制，以正确执行力量练习，并实现高尔夫挥杆中的最佳动作范围。无法成功转化力量训练成果的球员则不是这样。在前美国职业高尔夫协会巡回赛球员中，有很多球员试图在体能训练中提高自己的水平，但并不知晓在专注于提高力量之前要建立灵活性和身体控制的扎实基础的必要性。这些球员中的许多人都出现了伤病和成绩退步，或者仅能维持其表现水平。

　　高尔夫球员使用器械或自由重量进行训练时，其力量可能会高于平均水平，但如果他们无法将这些力量转移到高尔夫球场，那么他们就浪费了花在体能训练上的大量时间。传统的健美运动对于为高尔夫打造强壮的身体几乎没有任何作用。它过分关注各块肌肉，而不是运动。

　　大脑储存动作的能力比用于储存对每块肌肉的理解的能力好得多。当大脑中的特定区域被激活或收到信号时，运动程序（动作）就会发生。体育运动和日常活动需要身体的多个区域同时或协调工作，因此传统的以身体部位为主的训练在运动能力训练计划中几乎没有作用。

　　此外，大多数传统力量和爆发力训练计划都涉及手臂和腿部以相同的关节角度朝相同的方向一起移动。上半身的例子包括卧推、引体向上、下拉、肱三头肌下拉和双杠臂屈伸。每个练习都需要稳定或挺直的胸椎来支撑动作。问题是极少数运动场景需要挺直的胸椎，并且双臂或双腿朝相同的方向移动。投球、高尔夫挥杆或曲棍球击球、跑步和出拳等都涉及运动员的胸椎活动（屈曲、伸展、旋转），它有助于在一只胳膊拉、一只胳膊推的同时有效地辅助上肢进入各自的位置。传统的训练并不鼓励相关联的关节进行这种类型的运动。事实上，传统训练使用了相反的模式，结果长时间热衷于体能训练的个体往往表现出步态僵硬、躯干几乎没有移动的状态，并且手臂摆动与盂肱关节（肩）运动分离。

　　我们并不是说肌肉力量无关紧要，但是如果每块肌肉之间不能互相沟通和协作，那么这种力量在高尔夫挥杆中将毫无用处。因此，在你的训练流程中，不仅要包含提高单块肌肉力量的训练，还要包含提升肌肉协作的训练，这是十分重要的。这就是我们所说的提高功能性力量，而不仅仅是纯力量（图 6.1）。

　　在美国职业高尔夫协会巡回赛中，有越来越多年龄更小、运动能力更强、更加训练有素的运动员加入进来，高尔夫球员的身体必须尽可能良好地移动，才能不被淘汰。40 岁的亨利克・斯滕森在第 145 届公开赛与 46 岁的菲尔・迈克尔森展开了传奇对决，这两名球员在参加这项重要比赛之前都已经重视身体多年。这两名运动员的表现可以充分说明我们在美国职业高尔夫协会巡回赛工作十多年的观察结果：良好的灵活性和身体意识是运动员训练计划的重要组成部分。

　　为了真正地提升高尔夫运动水平，你需要在高尔夫挥杆所涉及的全幅度动作内具备力量。在动作任何部分中任意关节的弱点都会造成高尔夫挥杆连贯性的断裂。使用长凳或传统器械在一个平面中举重会极大地限制你可以培养的功能性力量，并消除在练习时身体创造并维持稳定的需要。这种在运动中稳定身体的能力在高尔夫中是必需的，因此在练习中必须重视这种能力的提高。当你将它作为力量训练的重点时，在体能训练中获得的力量就会开始更多地转化到高尔夫球场上。

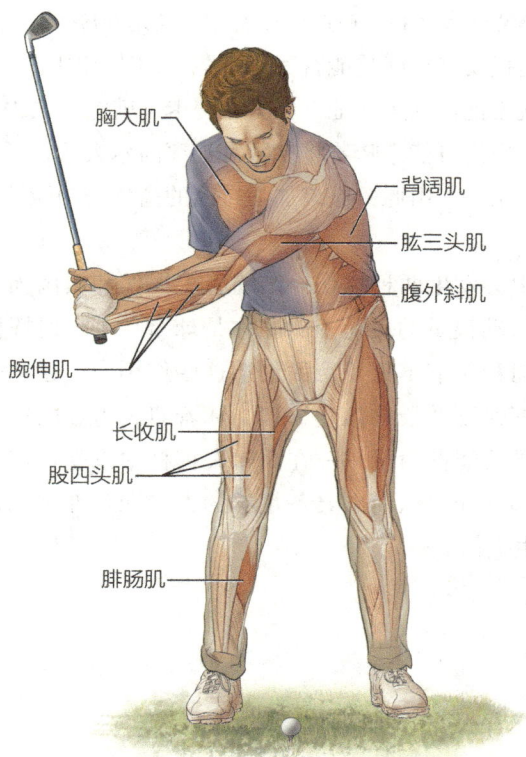

图 6.1　功能性力量需要肌肉在整个挥杆过程中相互协调

本章包括的练习将会以前几章中介绍的动作和概念为基础进行扩展，并将它们组合成更多功能性动作。只有在可以熟练且保持良好姿势完成灵活性、平衡和本体感受以及旋转抗阻和减速练习时，才能执行本章中的练习。如果你已经具备了身体控制的先决条件，并且能够轻松地执行力量和爆发力练习，那么在将本章的练习融入你的训练计划后，你一定会有非常大的收获。

许多人认为高尔夫球员不需要很强壮，因为他们不需要跑步、跳跃或撞倒别人。之所以有这种想法，可能是因为力量这个词通常会让人想起在健身房里那些拥有健硕的肌肉、卧推负重能达到 300 磅（约 136 千克）的人。虽然这是力量的一种表现形式，但还有很多其他形式。我们已经解释过，高尔夫球员需要功能性力量才能发挥出最高水平。力量很重要的另外一个关键原因是，可以预防受伤。

一般人不会将高尔夫与损伤联系在一起。然而，正如所有职业高尔夫球员和狂热的业余球员所知道的那样，损伤在这项运动中普遍存在，事实上几乎是不可避免的。巡回赛级别的伤病统计数字令人咋舌。大约一半的巡回赛职业高尔夫球员每年都会因伤而缺席许多比赛。在这些比赛中，高达 30％的人实际上带伤上阵。球员在某一年的任何损伤都可能是能否保留参赛卡的决定因素。对于巡回赛职业球员来说，参赛卡就是他们的工作证。失去参赛卡，就等于失去工作。对于非职业高尔夫球员来说，损伤可能意味着将有数月远离高尔夫的日子，或者更糟糕的是，决定完全放弃高尔夫。由此，应该加强自己的高尔夫功能性力量，让自己尽可能避免损伤。

在高尔夫运动中会发生两种损伤：结缔组织损伤和肌肉损伤。虽然在高尔夫中不需要携带或移动很重的负荷（除非你是球童！），但挥杆的速度会产生很大的作用力。肌肉和关节不仅要帮助创造这些作用力，还必须能够产生相反的作用力来减缓球杆速度并最终停止挥杆。随着肌肉力量的增加——无论是每块肌肉的力量，还是功能性力量——在高尔夫挥杆中承受作用力的能力也会增强。如果你的肌肉和结缔组织尚未具备足够的力量和弹性来创造和减缓这些作用力，就肯定会发生损伤。

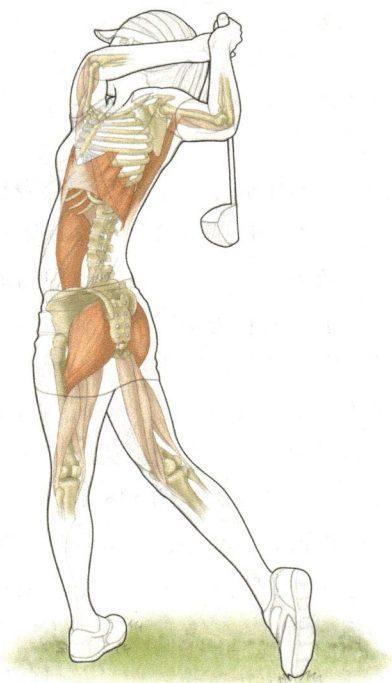

　　将本章的练习适当地融入训练计划中，你在高尔夫挥杆时的信心和身体素质将会快速提高。此外，你还可以避免因伤而离开高尔夫球场。当你感觉自己执行这些练习越来越熟练、越来越轻松时，你在球场上也可以越来越轻松地控制身体。

　　最初使用可以重复 8 ~ 12 次的负荷来执行以下练习。对于需要弹力绳、绳索器械或自由力量的练习，从低阻力开始，完成 3 组，每组重复 12 次。当你可以完成每组重复 12 次的 3 组练习时，增加阻力或重量，并减少重复次数，但一定要始终保持正确的姿势。对于只需要自重的练习，从 2 ~ 3 组、每组重复 6 ~ 8 次开始。当你可以轻松完成每组 8 次重复的 3 组练习时，每组重复次数增加到 10 次。有些练习可能需要不同的重复次数范围。在这些情况下，练习说明中会包含重复次数。

前蹲

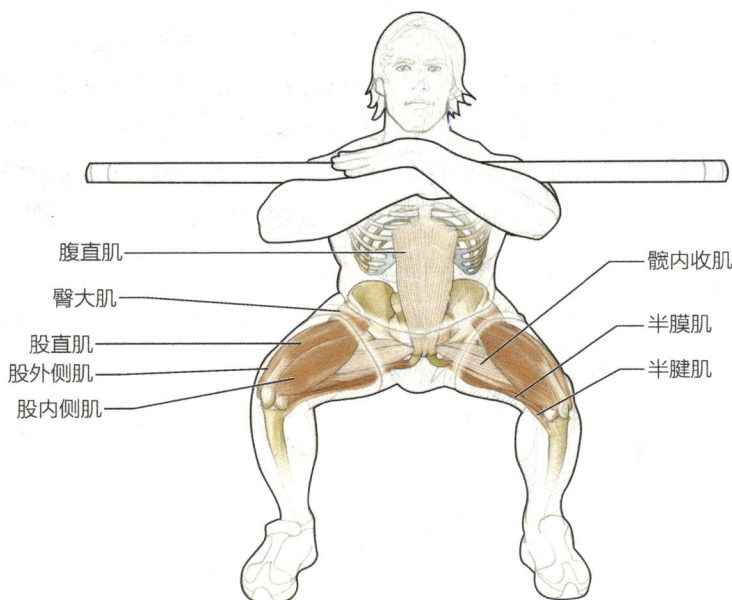

腹直肌

臀大肌

股直肌
股外侧肌
股内侧肌

髋内收肌
半膜肌
半腱肌

执行

1. 站立，双腿分开与肩同宽，双脚微微向外转。杠铃放置于胸前，双臂交叉支撑杠铃。如果可以的话，肘部与肩同高。

2. 双膝应朝向正前方，并且位于脚踝上方。

3. 通过向后推臀部并同时向外侧推动膝关节，降低身体到深蹲位置。脚跟和踇趾应留在地上，脚下有明显的足弓。

4. 蹬地并返回起始位置，重复练习。

参与的肌肉

主要肌群： 臀大肌、腘绳肌（半腱肌、半膜肌、股二头肌）、股四头肌（股直肌、股外侧肌、股内侧肌、股中肌）

辅助肌群： 腹直肌、髋内收肌

高尔夫训练要点讲解

正如我们在本书中提到的那样，爆发力需要通过腿部蹬地来产生。前蹲是一个非常棒的练习，它可以锻炼腿部和臀部肌肉。我们看到世界上最好的高尔夫球员会在即将击球时利用骨盆的移动帮助将自己固定在地面上，并可以让爆发力通过身体正确地传递到球杆中。使用此练习有助于在运动时骨盆处产生更大的力量。练习时，从很小的负重开始，随着力量的增强，逐渐增加负重。在图示中，可以看到高尔夫球员通过骨盆形成有力的伸展，并且真正利用腿部和臀部的大肌肉，使爆发力得到有效传递。

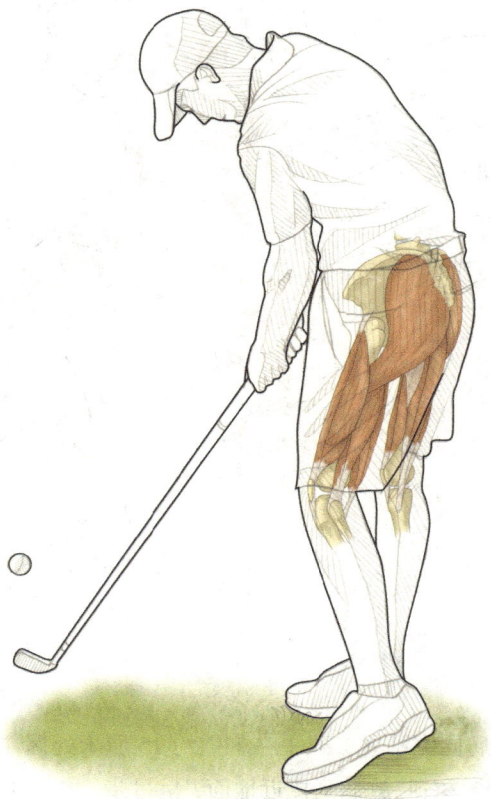

高脚杯弓步行走

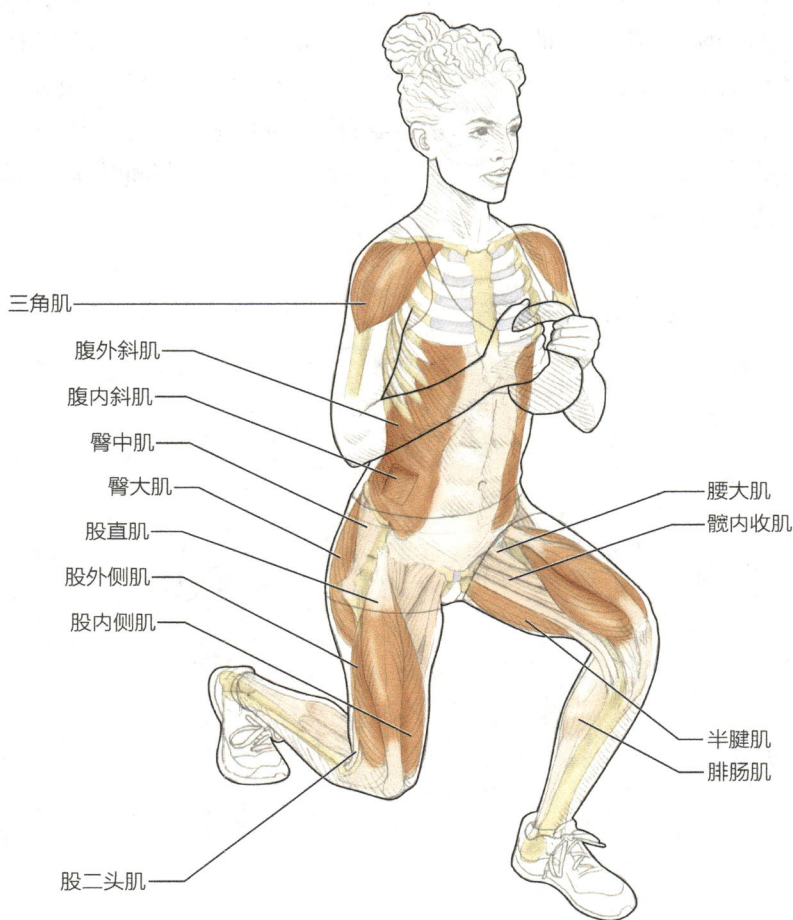

三角肌————————————

腹外斜肌————————

腹内斜肌————————

臀中肌——————————

臀大肌——————————

股直肌——————————

股外侧肌————————

股内侧肌————————

股二头肌————————

腰大肌

髋内收肌

半腱肌

腓肠肌

执行

1. 双脚分开与肩同宽站立，双手在胸前约 15 厘米处握住哑铃或壶铃。

2. 左脚向前一步，右膝放低到接近地面，呈弓步。左膝不要向身体内侧偏移，并且与脚保持对齐。

3. 右脚蹬地并将左膝拉成伸展姿势，前进一步。

4. 双腿交替重复动作。

参与的肌肉

主要肌群： 股四头肌（股直肌、股外侧肌、股内侧肌、股中肌）、臀大肌、腘绳肌（半腱肌、半膜肌、股二头肌）、三角肌、腹内斜肌、腹外斜肌

辅助肌群： 臀中肌、腰大肌、腓肠肌、髋内收肌

高尔夫训练要点讲解

高脚杯弓步行走是增强臀部和腿部力量的好方法，同时还能训练下半身的正确运动模式。在高尔夫挥杆过程中保持髋、膝和踝的正确对齐对于高效地将爆发力从地面一直传递到上半身至关重要。在挥杆中的多个位置，髋、膝和踝都需要保持稳定，而身体的其他部位则要产生力量。弓步行走练习可帮助你增强下半身的稳定性和力量，同时保持直立的躯干，这有利于在高尔夫挥杆时力量得到更有效的传递且击球更稳定。

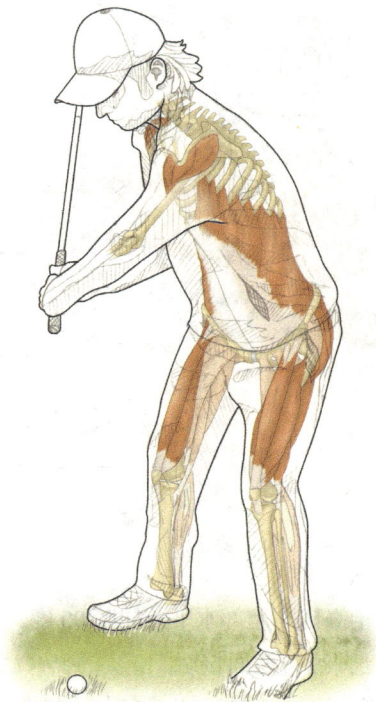

抬膝反向弓步

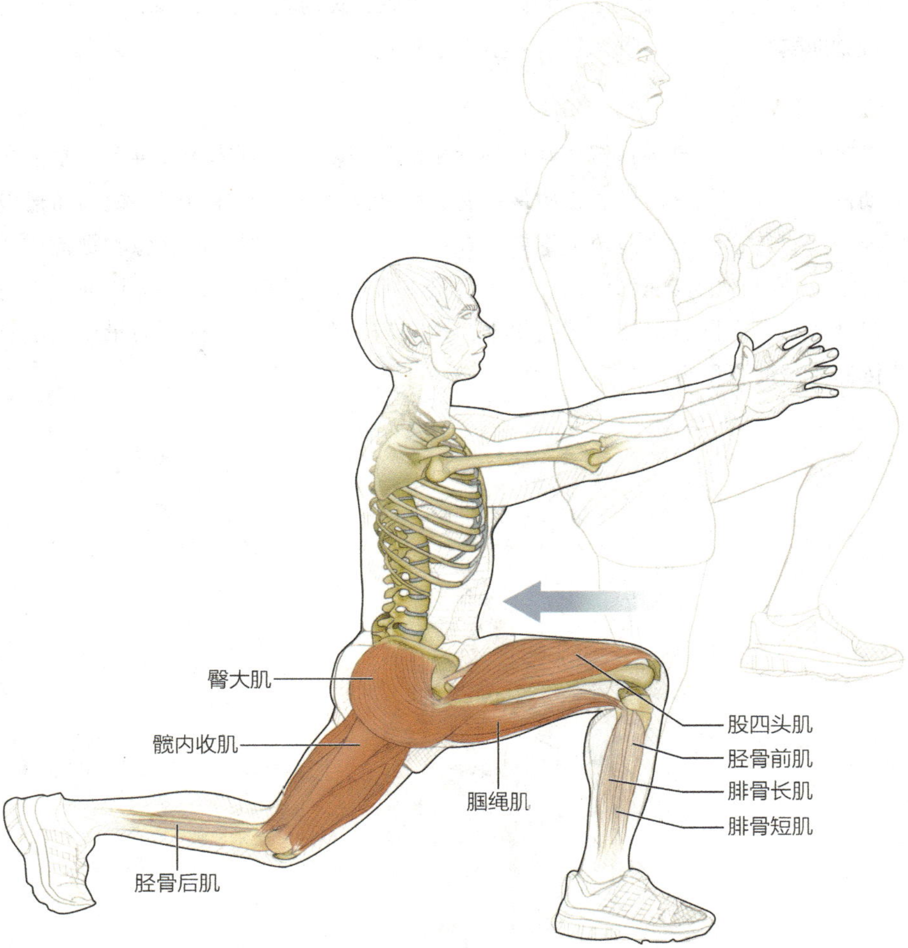

臀大肌

髋内收肌

腘绳肌

胫骨后肌

股四头肌

胫骨前肌

腓骨长肌

腓骨短肌

执行

1. 以右腿支撑站立，左膝抬高到与髋部水平并屈膝 90 度，左大腿平行于地面。

2. 左腿伸向正后方，并且脚趾与地面接触。

3. 左膝朝正下方下降到离地面约 5 厘米处，右大腿与地面平行，躯干挺直。

4. 右脚跟蹬地并返回到起始位置。

5. 执行要求的重复次数，并换另一侧重复动作。

参与的肌肉

主要肌群： 臀大肌、股四头肌（股直肌、股外侧肌、股内侧肌、股中肌）、
髋内收肌、腘绳肌（半腱肌、半膜肌、股二头肌）

辅助肌群： 胫骨前肌、胫骨后肌、腓骨长肌、腓骨短肌

高尔夫训练要点讲解

这是一项很好的练习，不仅可以提高你的平衡能力，还可以增强腿部力量。
保持正确的姿势是至关重要的，这样才可以正确锻炼肌肉并获得最有效的结果。
在整个动作过程中，将大部分体重保持在前脚跟上，这样可以尽可能地激活臀肌。
另外，退后的脚应该只是轻轻触碰地面，这能迫使你将体重保持在前脚跟上，并
最大限度地发展你的平衡能力。抬膝反向弓步有助于你具备足够的力量、平衡和
肌肉控制去完成需要更多一点爆发力的击球。

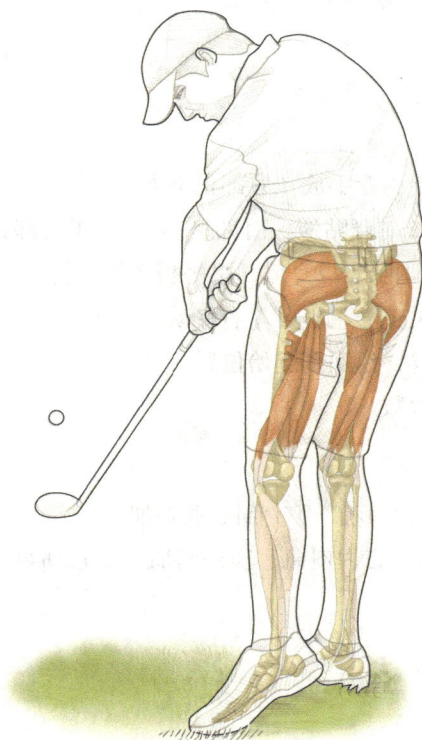

俯卧撑转平板支撑

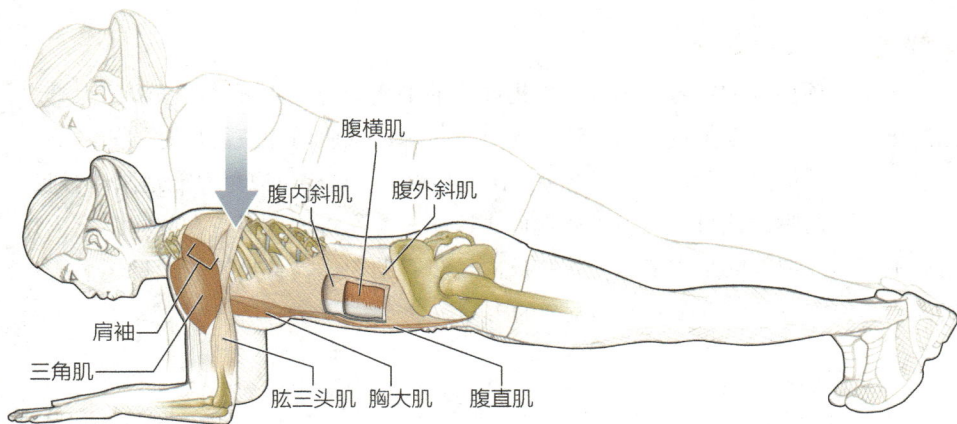

腹横肌

腹内斜肌　腹外斜肌

肩袖

三角肌

肱三头肌　胸大肌　腹直肌

执行

1. 从俯卧撑姿势开始，双手放在肩部正下方。

2. 先放下一只手臂，前臂贴地，肘部呈 90 度位于肩部正下方，然后再同样放下另一只手臂。前臂和脚趾支撑身体，呈平板支撑姿势。

3. 在转换过程中髋关节尽量不要左右移动。

4. 每次撑起一只手臂，返回到起始位置。

5. 执行要求的重复次数。

参与的肌肉

主要肌群：三角肌、胸大肌、腹直肌、腹横肌

辅助肌群：肱三头肌、腹内斜肌、腹外斜肌、肩袖肌群（冈下肌、冈上肌、肩胛下肌、小圆肌）

高尔夫训练要点讲解

　　在击出漂亮的发球后，走下球道才发现球已经飞过了球道，并且现在躺在厚厚的长草区里——每个高尔夫球员都曾经感受过这种失望。用铁头短杆肯定可以打上果岭，加上一点点旋转肯定会让球保持相对接近旗帜。亨利克·斯滕森、加里·伍德兰德和安秉勋可以轻松执行这些轻击球。为什么？除了拥有出色的技术外，他们可以将功能性力量很好地从脚传递到腿、核心区、肩部和手臂。他们能够在不损失太多杆头速度或球杆稳定性的情况下将球击出长草区，并且在球离开草地时仍然产生一些旋转。俯卧撑转平板支撑是一项困难的练习，正确练习它，有助于从骨盆产生力量，并通过核心区、肩部和手臂使力量得到有效传递。

变式

跪姿俯卧撑转平板支撑

　　如果你没有足够的力量来用脚趾支撑做这个动作，可以尝试把它改为膝盖在地面上支撑。对于刚学习这个动作的高尔夫球员来说，这是一个很好的变式。

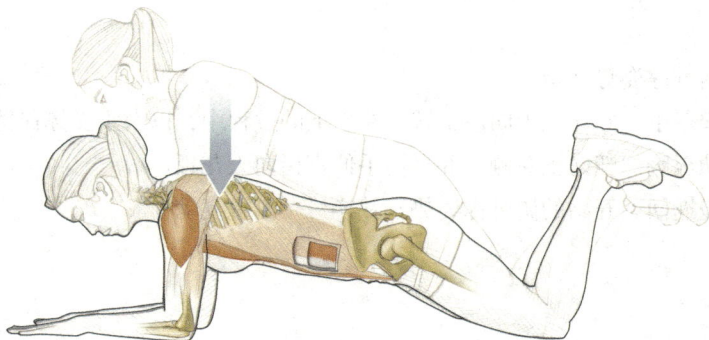

T 俯卧撑

俯卧撑姿势

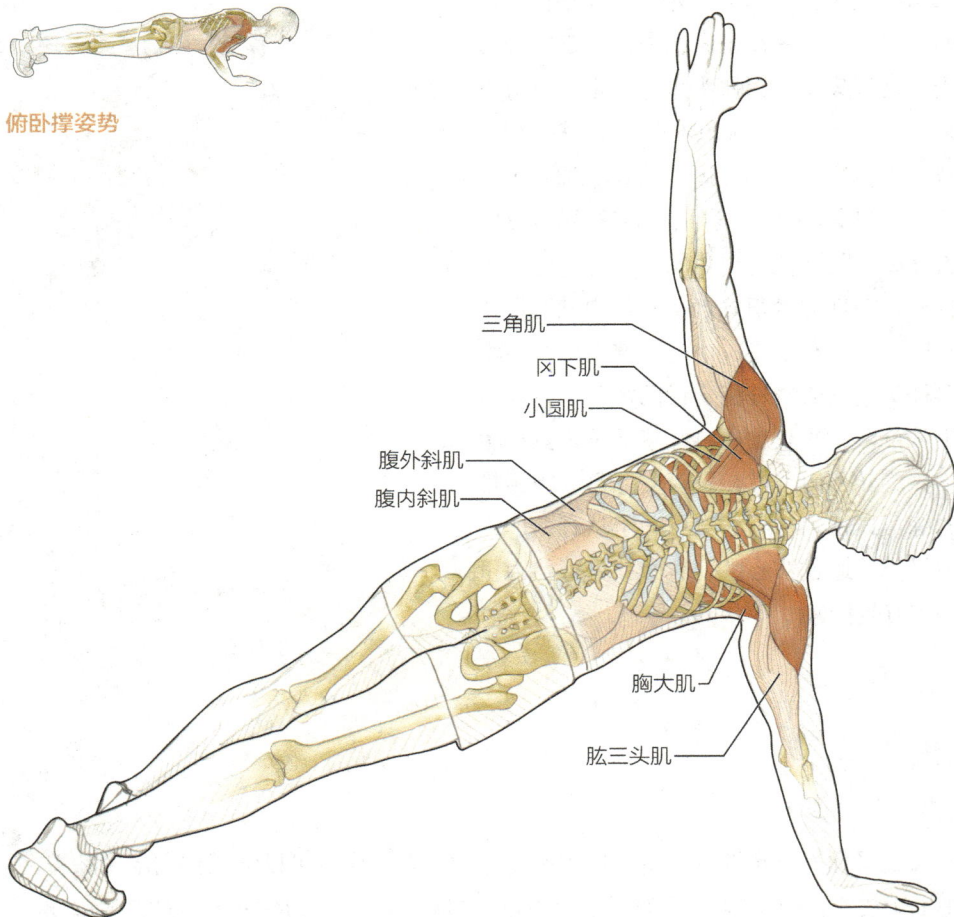

三角肌
冈下肌
小圆肌
腹外斜肌
腹内斜肌
胸大肌
肱三头肌

执行

1. 从俯卧撑姿势开始。
2. 抬起左手，并让躯干向左旋转，在向上的过程中，以右手支撑保持平衡。
3. 转动至胸部朝向正左侧，并且左手伸直指向天花板。
4. 慢慢返回到开始的俯卧撑姿势，并换另一侧重复动作。

参与的肌肉

> **主要肌群：**冈下肌、小圆肌、三角肌、胸大肌
> **辅助肌群：**肱三头肌、腹外斜肌、腹内斜肌

高尔夫训练要点讲解

想要在向下挥杆的过程中不提早松开球杆，必须保持良好的手臂和肩部角度。随着球杆长度的增加，这个动作对力量和稳定性的要求更加突出。因此，当你需要使用球道木杆进行第二次击球时，这种肩部稳定性对于避免不良挥杆技术至关重要。T 俯卧撑不仅可以增强肩部稳定肌的力量，还可以帮助你更好地控制这些肌肉。要正确执行此练习，你必须从支撑侧肩关节完成大部分动作。让身体绕肩部转动对这些肌肉提出很高的要求。这个练习将帮助你更好地控制挥杆。

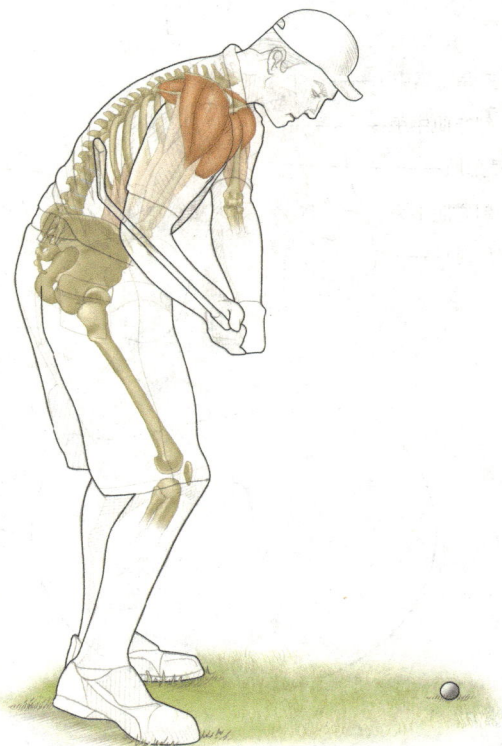

变式

哑铃 T 俯卧撑

可以使用 2.5 ~ 5 千克的哑铃辅助执行相同的练习。这将会锻炼相同的肌肉，但对稳定肌提出更大的挑战。只有在准备好时才能进阶到此变式，因为这项练习也会对腕部稳定肌提出挑战。

坐姿弹力绳划船

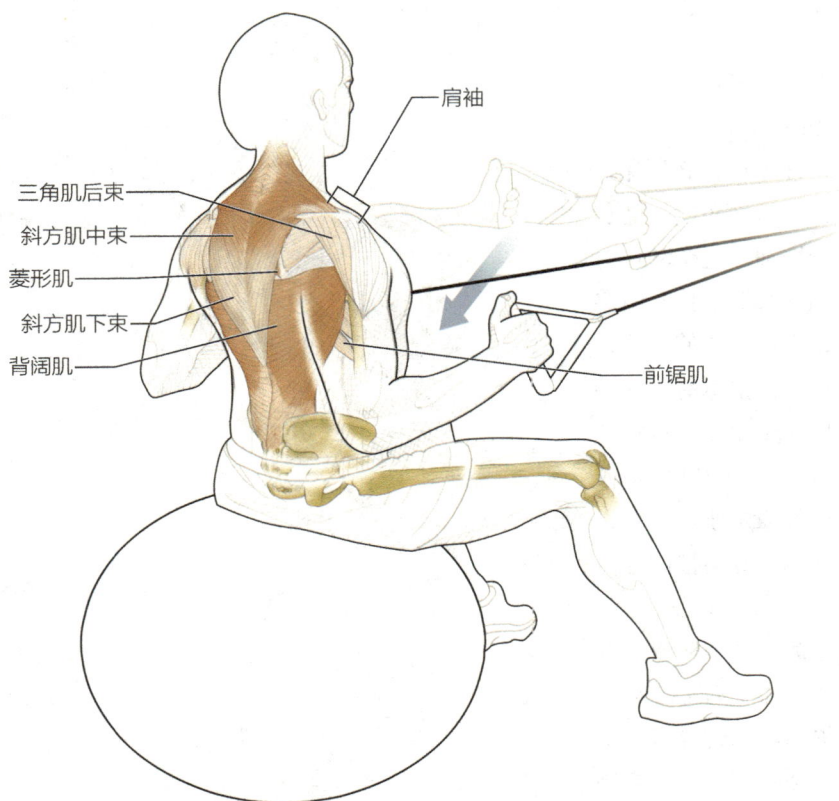

肩袖

三角肌后束
斜方肌中束
菱形肌
斜方肌下束
背阔肌

前锯肌

执行

1. 将弹力绳缠绕在固定物体上，使物体两侧的弹力绳长度相等。双手各握住一个手柄。坐在健身球上，背部挺直，屈膝，脚跟放在地面上。

2. 肘部伸直，让肩胛骨彼此分开。这是起始位置。

3. 保持身体平稳，肘部弯曲，肩胛骨向后和向下（远离耳朵）收紧。

4. 返回到起始位置。

5. 执行要求的重复次数。

参与的肌肉

主要肌群： 菱形肌、斜方肌中束、背阔肌

辅助肌群： 前锯肌、斜方肌下束、三角肌后束、肩袖肌群（冈下肌、冈上肌、肩胛下肌、小圆肌）

高尔夫训练要点讲解

　　如前文所述，对肩胛骨进行适当控制是非常重要的。当高尔夫球员能够将肩胛骨拉向脊柱并远离耳朵时，就可以让肩关节进入有利的位置，完成肩关节的向外旋转。大多数高尔夫球员很难让目标侧肩胛骨（右手高尔夫球员的左肩胛骨）收缩和下压（向后和向下）。如果肩胛骨不能移动到该位置，那么肩关节向外旋转的能力会受到严重限制。此外，目标侧肩胛骨进入并保持在抬高和前伸位置（向上和向前）会使球员在高尔夫挥杆的下挥杆、撞击以及随挥部分中很难让躯干继续向目标旋转。因此，高尔夫球员在结束击球时会过早进入伸展，结果是造成无力的推球或者差劲的钩球。如果能够将肩胛骨收缩和下压（向后和向下）到合适的位置，高尔夫球员可以极大地提高旋转躯干的能力，并且减少偏离击球路线和撞击时犹豫的可能性。

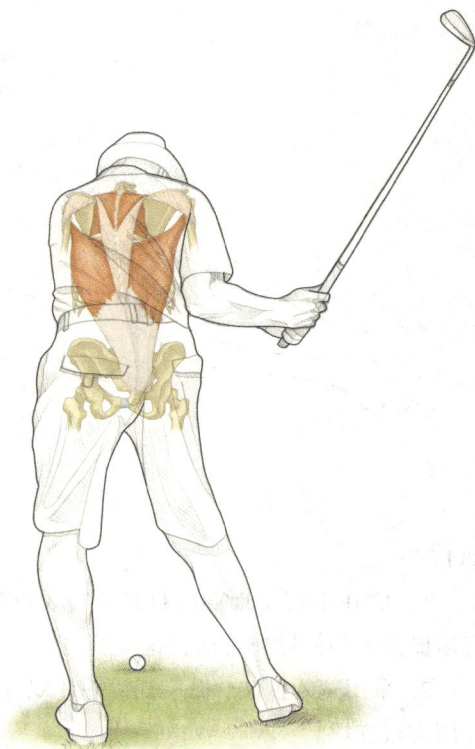

变式

坐姿绳索划船

　　在健身房，你可以在专为坐姿划船设计的绳索器械上进行此练习。与使用弹力绳相比，使用绳索器械的优点是张力在整个动作范围内是恒定的（弹力绳拉伸时会增加阻力）。但是要注意使用良好的姿势。我们常常看到人们一使用这种器械就会增加重量，这样做肯定会造成不良姿势和损伤！如果无法在整个练习过程中保持肩胛骨在正确的位置，那么表明使用的重量过大。

反向划船

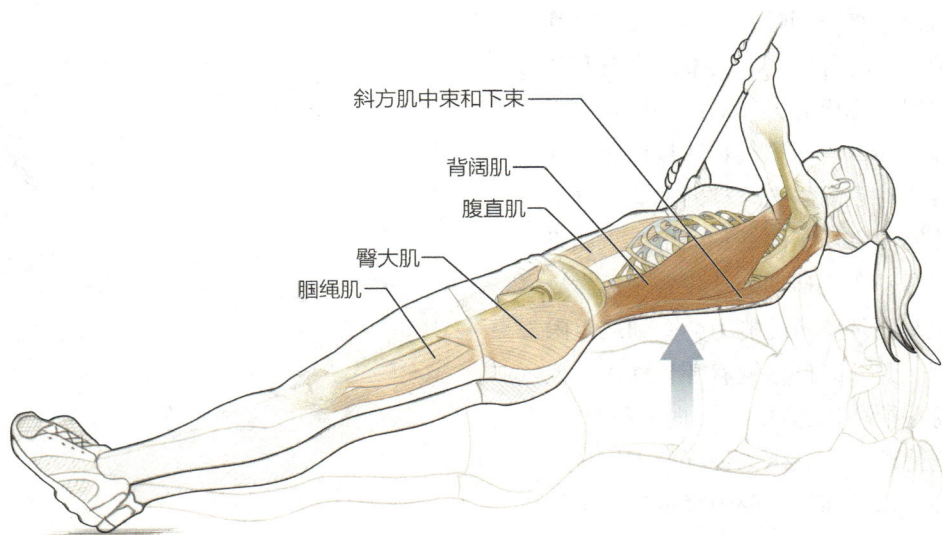

斜方肌中束和下束

背阔肌

腹直肌

臀大肌

腘绳肌

执行

1. 躺在平行于地面的杠铃下方，杠铃固定在上方略高于臂长的位置。（史密斯机器上的杠铃非常适合这项练习。）

2. 采用宽距握法，抓住杠铃并让双臂垂吊着，身体完全笔直，略微离开地面，并用脚跟支撑。

3. 保持身体平直，将自己拉向杠铃横杆。

4. 慢慢返回到起始位置并重复练习。

参与的肌肉

主要肌群：背阔肌、斜方肌中束、斜方肌下束、菱形肌

辅助肌群：腹直肌、臀大肌、腘绳肌（半腱肌、半膜肌、股二头肌）

高尔夫训练要点讲解

当你在高尔夫挥杆中进入极限动作范围时，保持适当的身体角度和正确的姿势就会变得更加困难。利用背部的肌肉保持身体完全挺直，这是很重要的。在完全后挥杆中，这些背部肌肉需要发力来保持适当的脊柱姿势。没有这种力量，上背部会开始拱起，肩部会向前旋转。若在后挥杆中无法保持正确姿势，那么几乎不可能让球杆在下挥杆中回到正确路径上并且使球杆面重新正对着球来完成撞击。反向划船有助于防止这种代价高昂的挥杆错误，并为你提供保持正确姿势所需的力量。

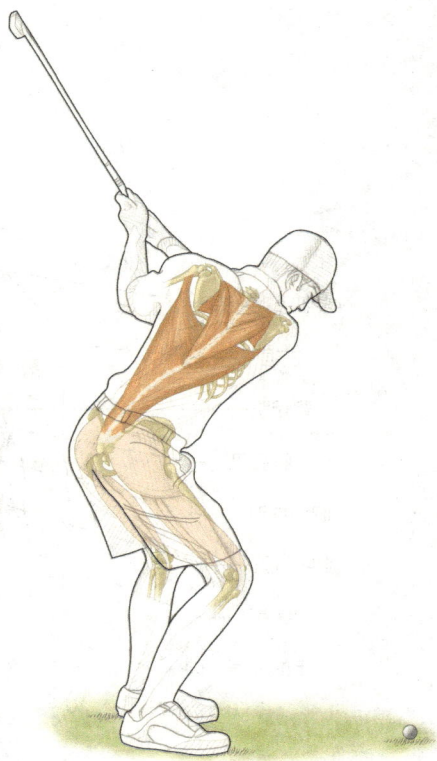

变式

辅助式引体向上

如果正确执行反向划船太难，可以尝试辅助式引体向上。但是，你必须能够使用辅助式引体向上机。辅助式引体向上更直接强调对背阔肌的强化。保持肩部尽可能向下和向后，并专注于用背部肌肉发力。

等长农夫持铃

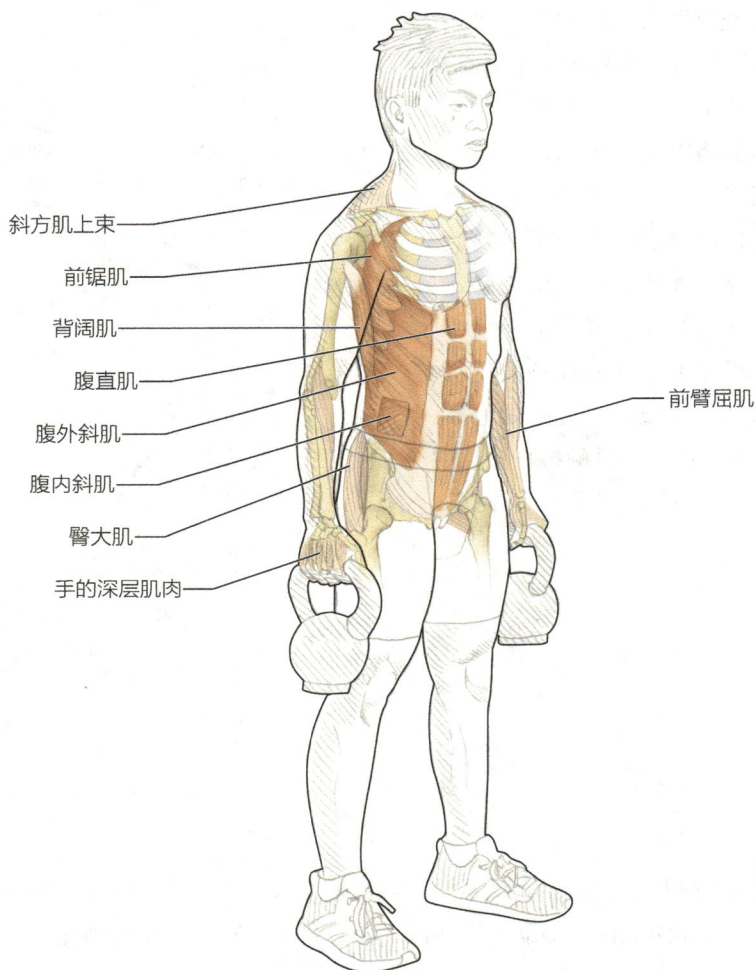

斜方肌上束 ——

前锯肌 ——

背阔肌 ——

腹直肌 ——

腹外斜肌 ——

腹内斜肌 ——

臀大肌 ——

手的深层肌肉 ——

—— 前臂屈肌

执行

1. 每只手各拿一个重壶铃。

2. 站立，身体完全竖直，肩胛骨向后靠拢，保持双肩同高。

3. 保持良好的姿势，脊柱挺直，臀肌绷紧，同时保持躯干前侧和后侧肌肉的参与。

4. 保持 30 ~ 40 秒。

参与的肌肉

主要肌群：腹直肌、腹外斜肌、腹内斜肌、前锯肌、背阔肌

辅助肌群：臀大肌、斜方肌中束和下束、前臂屈肌、手的深层肌肉

高尔夫训练要点讲解

在高尔夫挥杆中，爆发力传递的关键之一发生球杆与球在即将撞击之时，骨盆和躯干要迅速减速。这种减速使能量从身体快速传递到球杆。在骨盆的这种减速发生时，伴随着全躯干的紧绷，以此产生手臂然后是球杆的加速。等长农夫行走需要髋、脊柱和肩的侧面稳定肌协调工作，以避免侧向弯曲。正是这种水平的运动控制和组织激活使球员从发球台开出最大的码数。在练习时能持的壶铃的重量越大，从发球台开出的码数就越大。

变式

单臂等长农夫行走

单手持壶铃，可以增加对腹部和骨盆肌肉的挑战。这将使稳定肌更努力工作来抵抗旋转和侧屈。确保以完美的姿势行走30 ~ 40秒，然后换另一侧重复动作。

六角杠铃硬拉

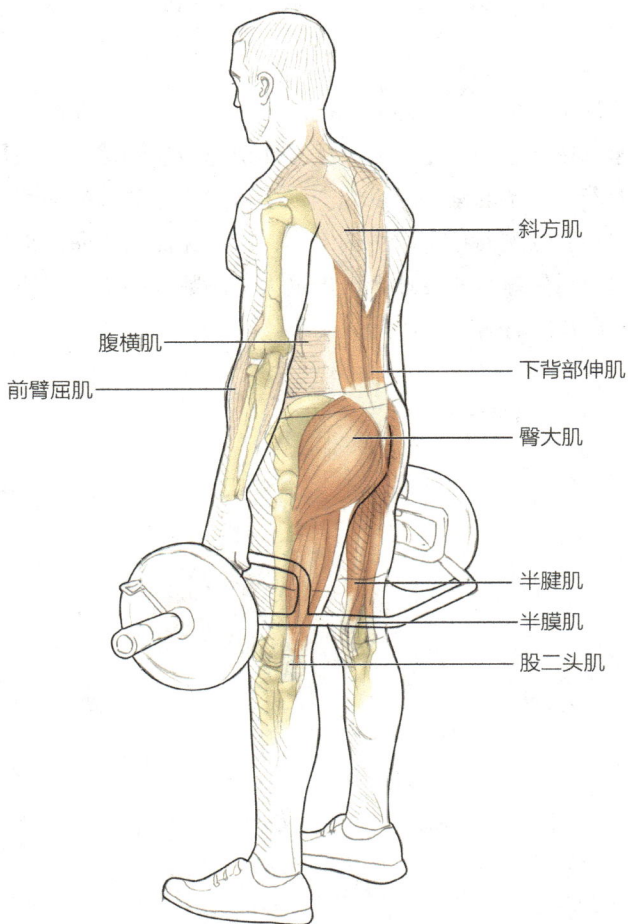

斜方肌

腹横肌

前臂屈肌

下背部伸肌

臀大肌

半腱肌

半膜肌

股二头肌

执行

1. 站在六角杠内，双脚分开略大于肩宽。注意使用让你可以保持良好姿势并轻松完成重复 8 ~ 12 次的重量的杠铃。

2. 屈髋，并向后、向下推髋部和骨盆，降低身体抓住杠铃。当髋部向后移动时，躯干会向前移动，但肩部要保持在脚的正上方，而不是在脚的前面。如果你处于正确的位置，你的手臂将垂直于地面。

3. 抓住杠铃，在小指上施加额外的压力。保持脊柱挺直，收起下巴（轻微双下巴），肩胛骨向后拉。让脊柱、下巴和肩胛骨在整个练习过程中都保持在这个位置。

4. 通过推脚跟并向上和向前移动髋部，将身体推高到站立姿势。身体挺直站立时，体重会更多地转移到前脚。在杠铃处于最高位置时，双膝伸直，髋部向前推。

5. 有控制地降低杠铃，直到杠铃返回地面或者你不再能够保持脊柱挺直。

参与的肌肉

主要肌群：臀大肌、腘绳肌（半腱肌、半膜肌、股二头肌）、下背部伸肌

辅助肌群：斜方肌、前臂屈肌、腹直肌、腹横肌、腰大肌

高尔夫训练要点讲解

硬拉是一个重要的动作。它有助于你提高弯腰时所需要的肌肉的力量。在高尔夫挥杆中，你必须不仅能够使用臀肌和腘绳肌在整个后挥杆过程中支撑和稳定下半身，还要在下挥杆过程中产生爆发力。该练习将帮助你学习如何有效地移动并使用臀肌和腘绳肌的力量，而不会对下背部施加过大的压力。这对于高尔夫挥杆至关重要，它能帮助你在挥杆时产生尽可能大的爆发力，同时避免可能增加损伤风险的姿势和动作。在整个练习过程中要保持背部挺直，使所有运动都由髋部开始发力。六角杠铃是一个很有用的工具，它可以帮助你在此练习中使用正确的姿势。

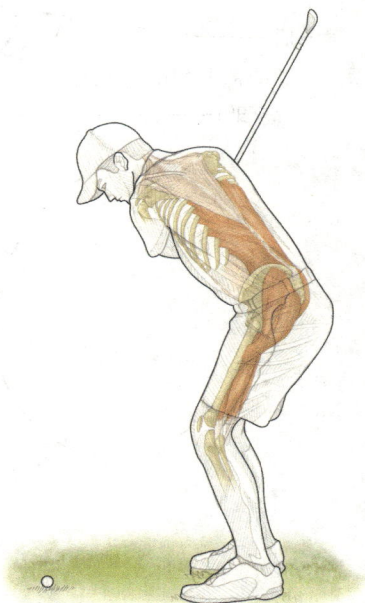

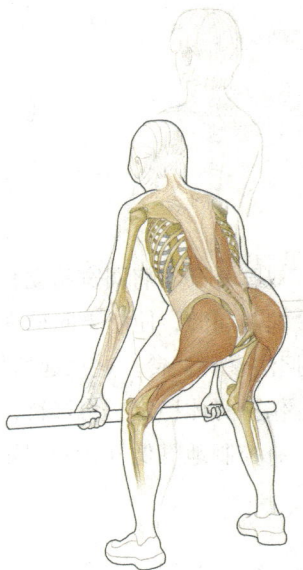

变式

杠铃硬拉

用杠铃执行相同的练习。在整个练习过程中，确保杠铃尽可能靠近身体。

俯身杠铃划船

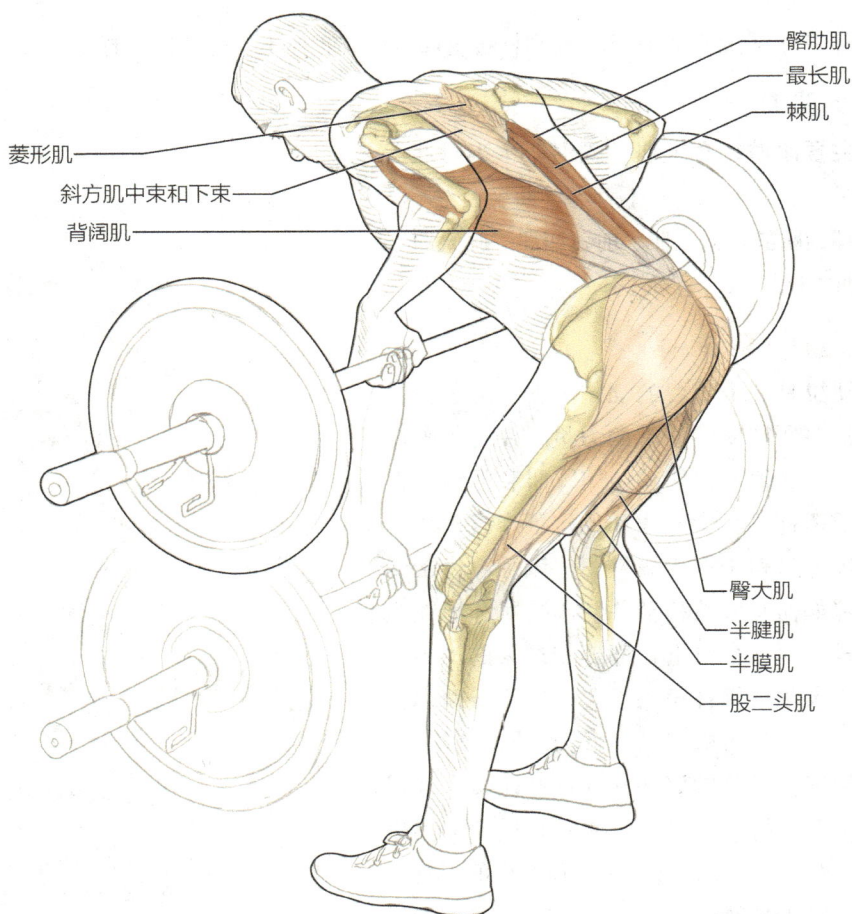

髂肋肌

最长肌

棘肌

菱形肌

斜方肌中束和下束

背阔肌

臀大肌

半腱肌

半膜肌

股二头肌

执行

1. 双脚分开与肩同宽站立，膝关节略微弯曲。

2. 向前屈髋，使躯干向地面降低，保持躯干挺直，肩胛骨向下和向后收紧。以宽距握法拿着杠铃。这是起始位置。

3. 保持身体稳定，将杠铃拉向躯干，肩部不要抬高。

4. 有控制地降低杠铃到起始位置，并重复练习。

参与的肌肉

主要肌群：背阔肌、竖脊肌（髂肋肌、最长肌、棘肌）

辅助肌群：臀大肌、腘绳肌（半腱肌、半膜肌、股二头肌）、菱形肌、斜方肌中束和下束

高尔夫训练要点讲解

对于大多数业余爱好者和许多职业球员来说，高尔夫挥杆最难掌握的一个方面就是对抗偏离击球线路的能力。这在使用更长的球杆且力臂和扭矩会大幅增加时就更为显著。此时，髋、骨盆和脊柱稳定肌（如腰肌、臀肌、竖脊肌、腰方肌和多裂肌）所需的激活水平非常高，肩胛稳定肌（如斜方肌和菱形肌）必须能够控制肩胛骨，使背阔肌能够有效地发挥作用。俯身杠铃划船强调正确的髋关节发力，并有助于增强维持骨盆和脊柱角度所需的肌肉的力量。练习时，从较轻的重量开始，慢慢增加杠上负重。

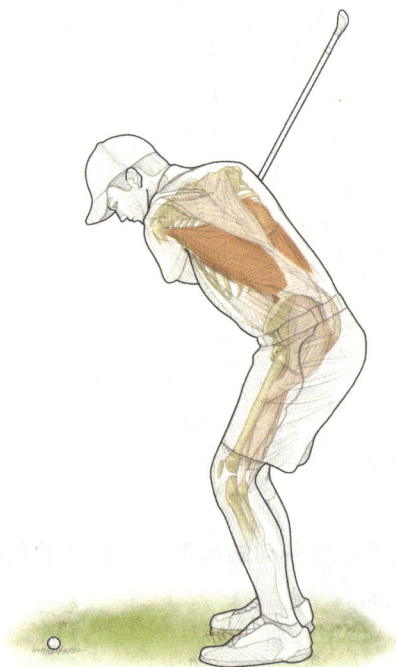

战绳引体向上

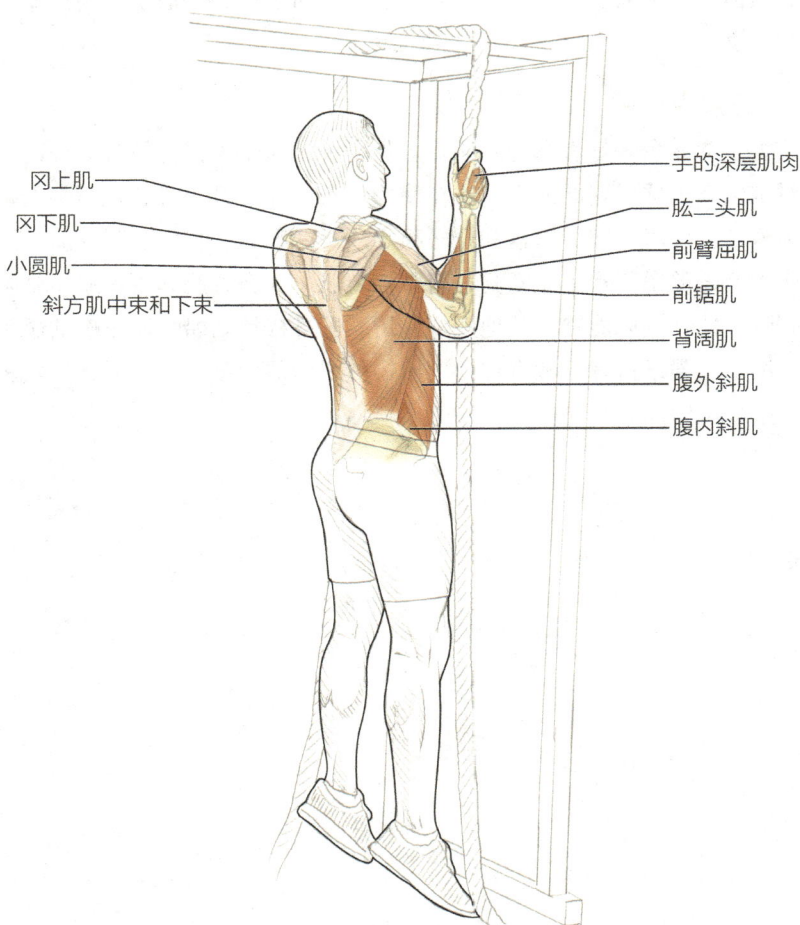

冈上肌
冈下肌
小圆肌
斜方肌中束和下束

手的深层肌肉
肱二头肌
前臂屈肌
前锯肌
背阔肌
腹外斜肌
腹内斜肌

执行

1．将战绳缠绕在深蹲架或不可移动的高架水平物体的顶部，让两段绳索之间的距离与肩同宽，并垂向地面。

2．站在两段战绳之间，每只手各握一端。

3．从蹲姿开始，双臂举过头顶，肘部伸直。

4．通过弯曲肘部并将它们拉到下肋骨处来尝试做一个引体向上。当身体向上移动，肩部或胸部与双手同高时，就到达了最高位置。在每次动作中尝试尽量少用腿部力量。

5. 当手臂和躯干疲劳后，会需要更多的腿部力量来帮助完成动作。刚开始练习时，借用腿部力量来完成规定的重复次数，这是很常见的。

6. 执行 8 ~ 10 次重复。

参与的肌肉

主要肌群： 背阔肌、前锯肌、腹外斜肌、腹内斜肌、前臂屈肌、手的深层肌肉

辅助肌群： 斜方肌中束和下束、肱二头肌、肩袖肌群（冈下肌、冈上肌、肩胛下肌、小圆肌）

高尔夫训练要点讲解

需要有力的紧握、良好的前臂和肩部力量，结合脊柱稳定性，以及来自背阔肌的有力拉动，才可以将球击出最厚的长草区和最棘手的球位。战绳引体向上的好处是，与正常的引体向上相比，它需要更强的脊柱控制能力，以防止身体在绳索上摆动。战绳引体向上的另一个主要好处是，当你上升到最高位置时，双脚刚刚好能够触地，这意味着你可以用双腿来保护自己，并以常规引体向上无法实现的方式逐渐增强手、前臂、肩部和核心区肌肉的力量。

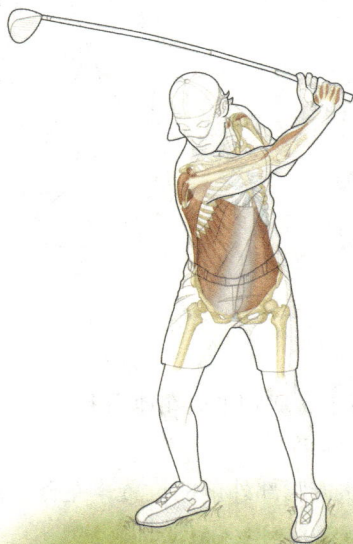

单臂旋转推举

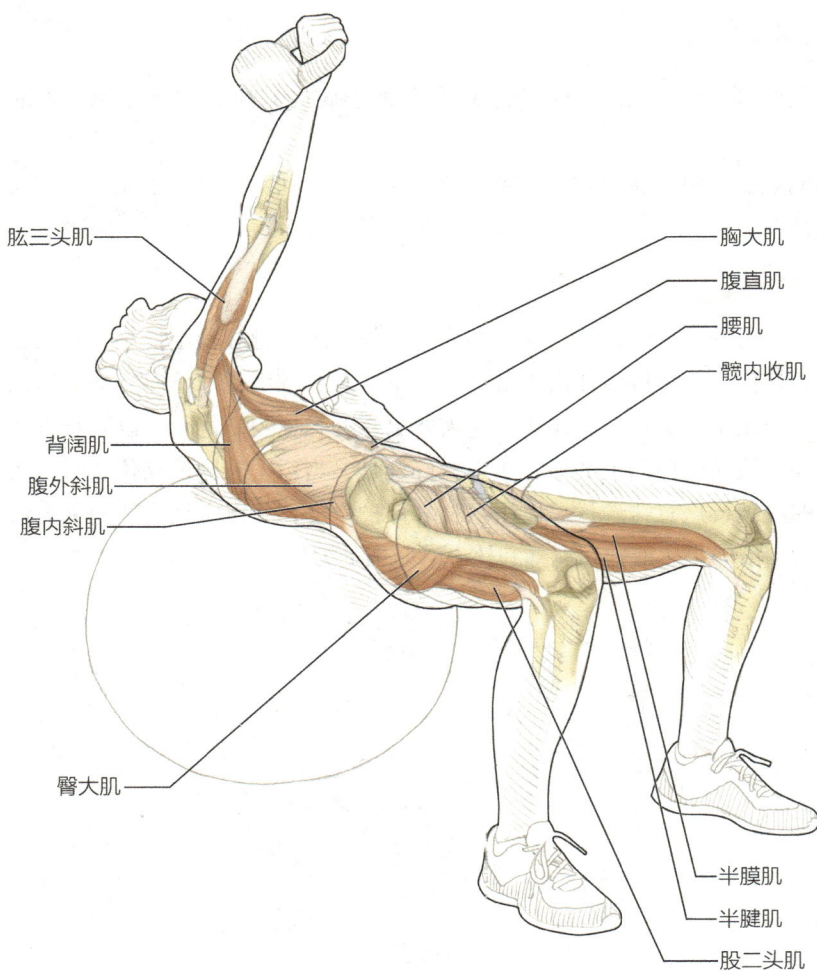

肱三头肌

胸大肌

腹直肌

腰肌

髋内收肌

背阔肌

腹外斜肌

腹内斜肌

臀大肌

半膜肌

半腱肌

股二头肌

执行

1. 仰卧，肩部位于健身球上，双脚平放在地面上。

2. 臀肌用力，使骨盆与地面平行。

3. 右手握住壶铃，放在靠近胸部外侧的位置，左臂指向天花板。这是起始位置。

4. 左肘向下推，压着健身球，同时将右臂向上推向天花板，直到右肩胛骨离开球。

5. 返回到起始位置并重复 6 ~ 12 次。然后将壶铃换到另一只手并重复动作。

参与的肌肉

主要肌群：胸大肌、背阔肌、肱三头肌、臀大肌、腘绳肌（半腱肌、半膜肌、股二头肌）

辅助肌群：腰肌、髋内收肌、腹直肌、腹内斜肌、腹外斜肌

高尔夫训练要点讲解

　　在高尔夫挥杆过程中，右手高尔夫球员需要左臂拉动并发起躯干的旋转，使右肩进入适当的位置，以有效地完成右臂推动。在上肢的这种运动发生时，腿部和髋部的大肌群会驱动髋部进行伸展。在单臂旋转推举中，自由臂的强力拉动引发了将另一只手中的重物推向天花板所必需的胸部旋转。这种运动需要腿、髋和核心的有力支撑。当转化到球场上时，这种更有力的支撑有助于将球发得更远，以及用铁杆将球击出更长的距离。

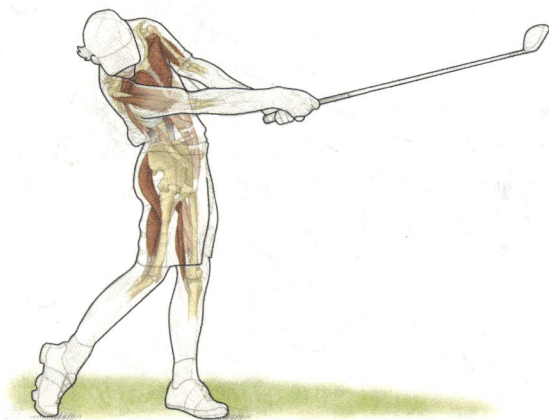

高山式深蹲

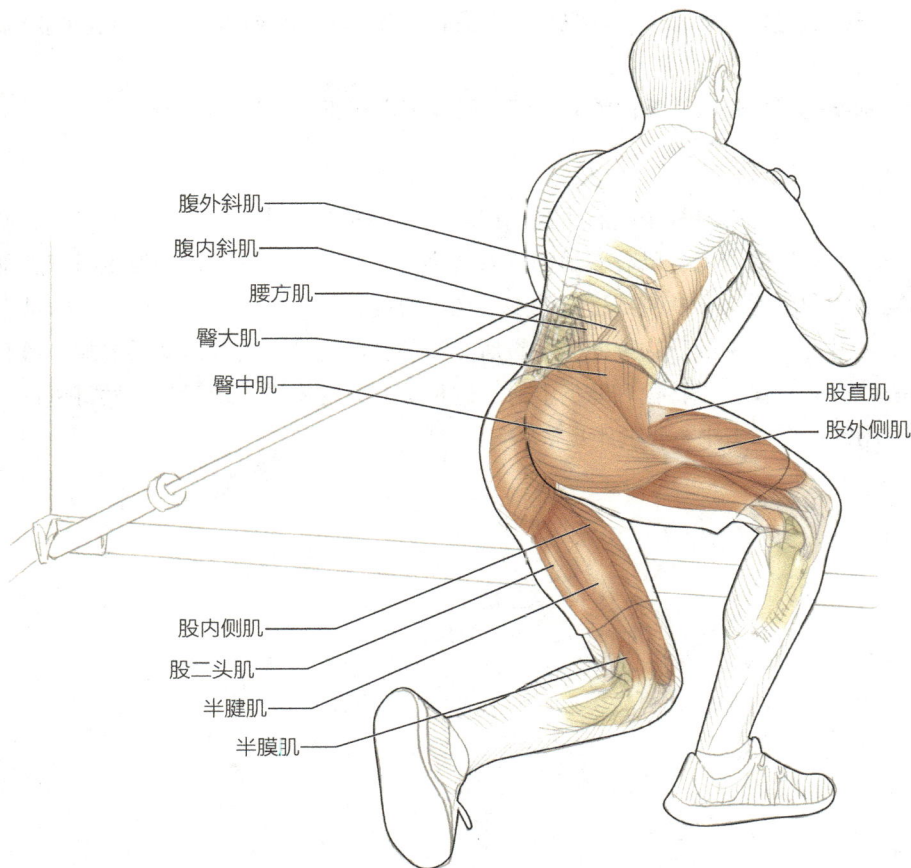

腹外斜肌
腹内斜肌
腰方肌
臀大肌
臀中肌
股直肌
股外侧肌
股内侧肌
股二头肌
半腱肌
半膜肌

执行

1. 将杠铃的一端固定在身体左侧的一个角落，使其不会移动。将一个 4.5 千克重的杠铃片放在杠铃的另一端上。

2. 面向杠铃右侧，站在离杠铃 30 ~ 45 厘米远处。用两只手拿起杠铃的末端，让左肩靠向杠铃片，这样身体就会向左倾斜。左腿抬离地面。

3. 单腿深蹲，同时继续保持肩部靠在杠铃片上的压力。由于杠铃产生的弧线，下蹲时，身体会略微向右移动。

4. 右脚蹬地，返回至起始位置。站起来时，身体会向左移动。

5. 重复 4 ~ 8 次，然后转身并换另一侧重复动作。

156

参与的肌肉

主要肌群： 腘绳肌（半腱肌、半膜肌、股二头肌）、臀大肌、臀中肌、股四头肌（股直肌、股外侧肌、股内侧肌、股中肌）

辅助肌群： 腰方肌、腹内斜肌、腹外斜肌

高尔夫训练要点讲解

轨迹脚最大限度地蹬地，以使髋关节外展和伸展，这种能力是在高尔夫中长距离发球的基石之一。罗里·麦克罗伊、达斯汀·约翰逊、贾斯汀·托马斯和加里·伍德兰德在爆发式下挥杆时都能用后脚产生惊人的驱动力。高山式深蹲具备其独特性，因为它可以在闭合链中促进髋关节的外展和伸展，并有助于更好地利用脚和踝来使力量更好地从地面向上传递。

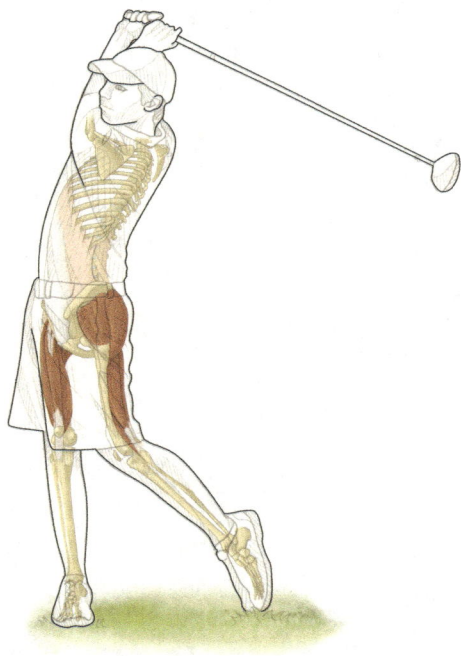

7

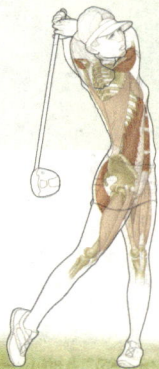

增加发球距离的爆发力训练

爆发力对于高尔夫非常重要。如果你不能让高尔夫球移动很远的距离，就不可能频繁地参加比赛。美国职业高尔夫协会巡回赛上的大多数高尔夫球场都非常重视球杆速度和撞击因素。截至 2017 年 10 月，世界排名前 10 位的球员是简森·戴伊、塞尔吉奥·加西亚、贾斯汀·罗斯、罗里·麦克罗伊、达斯汀·约翰逊、亨利克·斯滕森、松山英树、贾斯汀·托马斯、乔丹·斯皮思和乔恩·拉姆，这一组中没有击球距离短的球员。女子球员中，朴城炫、莱西·汤普森、苏珊·彼得森、魏圣美、布里塔妮·林西科姆和曾雅妮，也都是击球距离较远的球员。青少年巡回赛、大学巡回赛和发展性巡回赛的排名里有许多球员比美国职业高尔夫协会巡回赛职业球员击球距离更远。如今，高尔夫运动对速度要求越来越高，如果你不是在努力提高速度，那么你将成为小组中的第一个打近距离切球的人，并且在要使用更长、更难的球杆的球洞时停滞不前。

我们已经提到过，高尔夫挥杆是所有运动项目中最为动态的一种。想一想将球杆速度从后挥杆顶部的 0 加速到撞击时超过 160 千米 / 时，然后在挥杆结束时再回到 0 所需的巨大力量。在 2017 年美国职业高尔夫协会巡回赛期间，凯文·查普尔的挥杆速度被测出超过 129 千米 / 时。这发生在仅仅 0.20 秒内。是的，在五分之一秒内，这些运动员能够将后挥杆顶部（图 7.1）的杆头速度从 0 加速到超过 120 千米 / 时，并让它在完成位置再次回到 0。这真是非凡的运动表现。

在我们进一步讨论之前，我们应该考虑什么是爆发力。爆发力是指单位时间内做功的多少。只要知道时间是爆发力公式的关键组成部分，就很容易看出体育运动中只有极少数动作产生的爆发力真正可以与精英级别的高尔夫挥杆的爆发力相当。但是，是什么让球员可以创造这样的爆发力？以我们前面提到过的男子官方世界高尔夫排名中的球员为例，简森·戴伊、达斯汀·约翰逊、贾斯汀·托马斯、松山英树和亨利克·斯滕森的骨架、体重、杠杆系统和挥杆风格都有很大的差异。这些球员的平均发球距离超过 300 码，其关键并不是依靠纯粹的力量，而是在于他们能够以综合、有效的方式利用自己的身体。他们能很好地利用和控制全身关节在完整可用动作范围内运动，并且非常重视维持和改善自己的身体。

此外，这些球员都能以基于自身身体能力的独特方式挥杆。他们没有试图使自己的挥杆看起来像一个公式或方法。

在较传统的健美风格的高尔夫体能训练中有两个问题：每个关节单独承受负荷且并不会与身体的其他部位协调工作，这与人体的工作方式相反；训练计划不包括有针对性的爆发性动作。谈及高尔夫体能，大多数训练员、教练员和高尔夫球员都不会认为高尔夫挥杆是非常费力的。相反，许多人

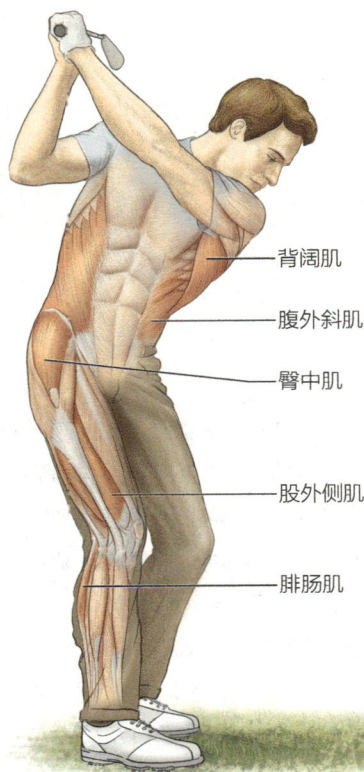

图 7.1　高尔夫球员的后挥杆顶部姿势

认为高尔夫这种运动适合那些大腹便便的老人。但是，我们希望你理解为什么爆发力对高尔夫很重要，并向你展示如何有效地进行爆发力训练，并将其直接传递给高尔夫挥杆（图 7.2）。

我们要明白，高水平的高尔夫挥杆过程中需要巨大的爆发力，这种理解最终可能会影响高尔夫球员进行练习的程度和方法。奥林匹克举重运动员永远不会从上百次的爆发式抓举中获益，因为举重运动员身体和精神都会累积疲劳，并且会认识到这样做会使损伤和技术退化的概率高于潜在的正面回报。在典型的练习课中猛击数百次球的球员也许不知道在这些长时间练习中对自己的身体和精神的压力累积到了什么水平，这对于青少年和年轻的职业球员来说是常态。由于过度练习，以及在身体和精神上累积的压力，许多精英青少年球员、大学球员和年轻的职业球员不得不提前结束其高尔夫生涯。

设计训练计划时常见的主要错误是，在培养爆发力阶段所需的灵活性、身体意识和力量先决条件之前，就加入爆发力为主的训练。在进行本章中介绍的爆发力练习之前，首先要培养本书前面章节中讲解的技能，这是至关重要的。这就是为什么力量和爆发力这两章被安排在本书的结尾，而不是开篇。本章中的每项练习都需要平衡、灵活性和力量。因此，在尝试侧重于发展爆发力的动作之前，必须对这些技能组合进行适当的训练。遵循这一建议不仅可以帮助你避免损伤，还可以使爆发力训练更有效。

本章专门针对想要将自己的身体提升到最高水平并获得爆发力的高尔夫运动员。我们介绍了多种训练模式，包括上半身和下半身的快速伸缩复合训练，以及使用药球、弹力绳、

小菱形肌
大菱形肌
背阔肌
腹外斜肌
臀大肌
股外侧肌
腓肠肌

图 7.2　高尔夫挥杆是一种爆发性动作

壶铃、杠铃和自重的短暂爆发力练习。记住，根据定义，爆发力非常注重动作的速度，不一定要使用最重的负荷执行。我们更关心的是正确的技术加上速度，而不是移动了多少重量。

我们要明白，爆发力训练不一定是为了打造大块肌肉而设计的。就该目的而言，力量训练计划通常会更为有效。另外，爆发力训练计划有助于训练身体的神经系统以更快的速度反应，同时对肌肉组的向心和离心收缩能力提出更苛刻的要求。因为这要求在体内更快速地传递信息，所以它会使身体对压力产生更快和更具爆发性的反应，这是高尔夫球员最大限度地提高球速和杆头速度的必要条件（图 7.3）。当反应时间得到训练、改进和控制时，它可以产生巨大的爆发力和更长的球的飞行距离，这是许多高尔夫球员的首要任务。

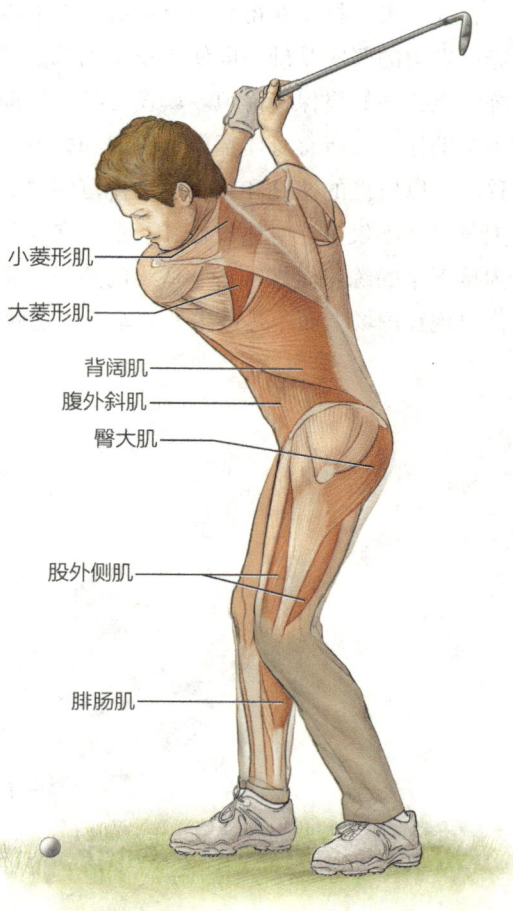

　　在高尔夫挥杆中获得真正有用的爆发力需要考虑许多方面，以建立一个可以培养爆发力的坚实基础。即使你正确训练，并且拥有适合高尔夫运动的身体，在训练时也必须始终保持谨慎。爆发力练习之前的热身是非常重要的。我们建议进行多个动作，让所有身体部位、肌肉和关节在爆发力练习所要求的完整动作范围内移动。以较慢的速度和较小的动作范围开始每个动作，再逐渐增加速度和动作范围。目标不仅是让身体放松并习惯在完整动作范围内运动，还要让肌肉更好地为接下来的练习做好准备。适当的热身确实需要花费多一点时间，但是它可以让你出现在球场上而不是医生办公室里，这就非常值得了。

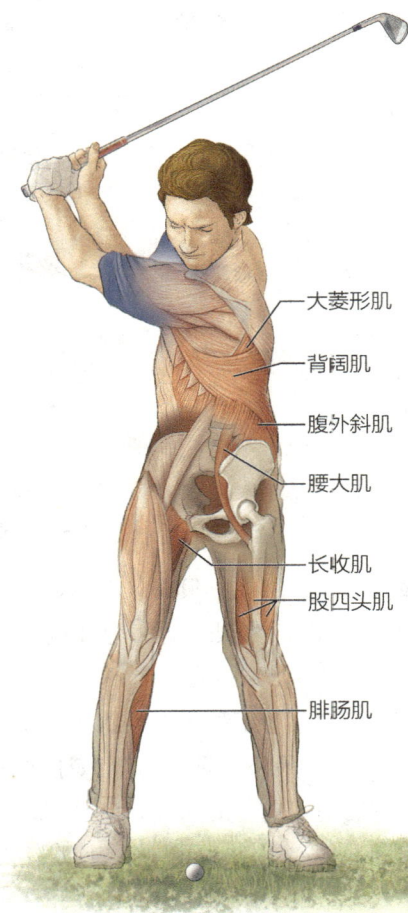

大菱形肌

背阔肌

腹外斜肌

腰大肌

长收肌

股四头肌

腓肠肌

图 7.3　爆发力训练可以加快反应速度，让动作更具爆发性

　　除非另有说明，否则本章中的练习均应重复 5 ～ 10 次。对于需要弹力绳、绳索器械或自由重量器械的练习，从低阻力或者可以让你完成 3 组 10 次重复练习的重量开始。当你可以完成每组 10 次重复的 3 组练习时，就可以增加重量到你可以执行 8 次重复但在最后一次重复时已经感觉非常困难。对于仅使用自重的练习，从 2 或 3 组、每组 5 次重复开始，然后逐渐增加至每组 10 次重复。

　　在不标准完成动作的情况下，所有的练习都有危险，并且旨在增强爆发力的练习通常让身体承受更重的负担，因此，应该在获得医生的许可证明后，在经验丰富的体能训练专业人员的监督下进行。如果你在执行这些动作时感到任何不适，请咨询专业人士以获取指导。

跪姿双手过头掷球

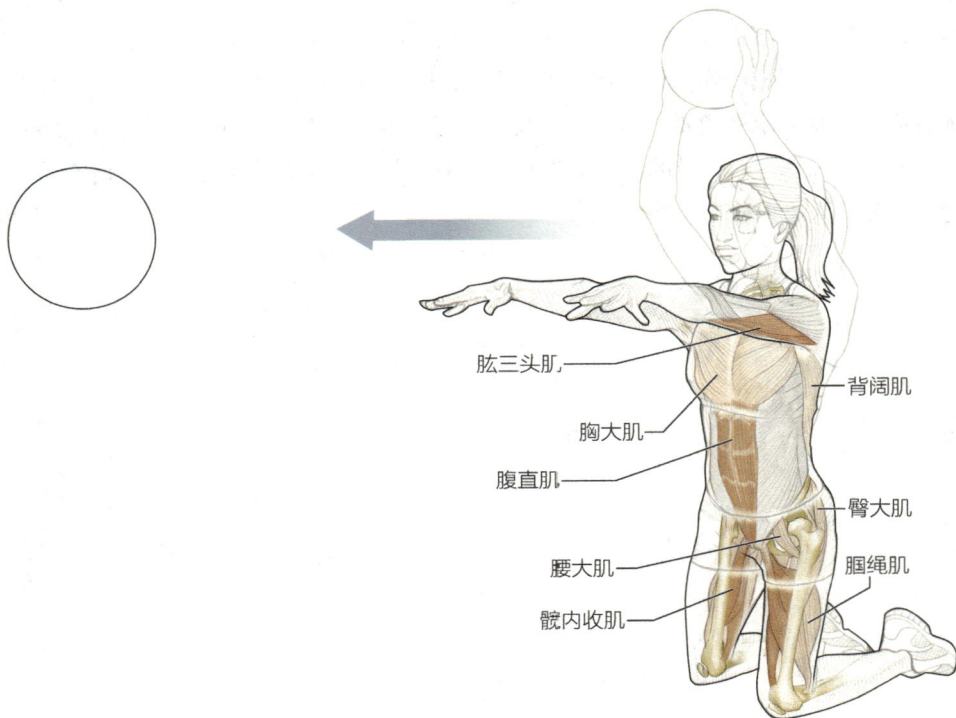

肱三头肌

胸大肌

腹直肌

背阔肌

臀大肌

腰大肌

腘绳肌

髋内收肌

执行

1. 跪在地面上，脚踝向后跖屈，脚趾贴在地面上。

2. 手持药球置于头顶上方，就像足球中要掷界外球那样掷球。在整个练习过程中，确保膝、髋和头部尽可能成一直线。

3. 在保持稳定性和平衡的同时，将药球扔给搭档。

4. 从头顶上方接住搭档抛回来的球并重复练习。

参与的肌肉

主要肌群： 腹直肌、髋内收肌、肱三头肌、竖脊肌（髂肋肌、最长肌、棘肌）

辅助肌群： 臀大肌、腰大肌、腘绳肌（半腱肌、半膜肌、股二头肌）、胸大肌、背阔肌

高尔夫训练要点讲解

虽然过头掷球没有模仿高尔夫挥杆动作，但它非常适合练习全身的力量和平衡。在体能训练中，大腿内侧的内收肌常常被忽略。这些肌肉对于在整个高尔夫挥杆中产生良好的骨盆运动和核心稳定性非常重要。这项练习非常适合强化内收肌的力量，从而帮助在保持高尔夫姿势的同时维持骨盆和脊柱的稳定性。

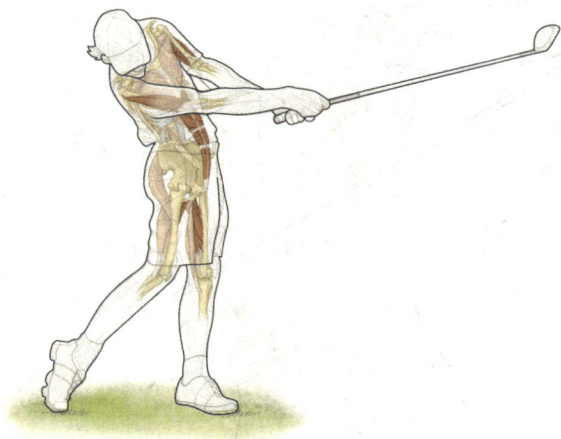

变式

模拟双手过头掷球

如果没有训练搭档，你可以在执行此练习时不要真将球掷出，并同样从中获益。跪在地上，通过将药球像掷界外球一样举过头顶来模拟掷球，然后用双臂将它带到胸前。以你能够保持适当平衡的速度执行练习。当你感觉平衡能力增强时，提高手臂在动作中的移动速度。

对墙双手过头掷球

如果没有训练搭档，你也可以将球扔到墙上。只需跪在地上，做出相同的投掷动作。从较轻的球和自己可以控制的投掷动作开始。当你的身体控制能力更好时，可以增加投掷的速度。在使用较轻的重量时可以达到最大速度后，可以略微增加球的重量，并再次以较慢的动作开始。通过连续的训练课，慢慢地增加速度，直到你无论以多大力量掷球砸墙时都能保持良好身体姿势。

165

弹力绳反向伐木

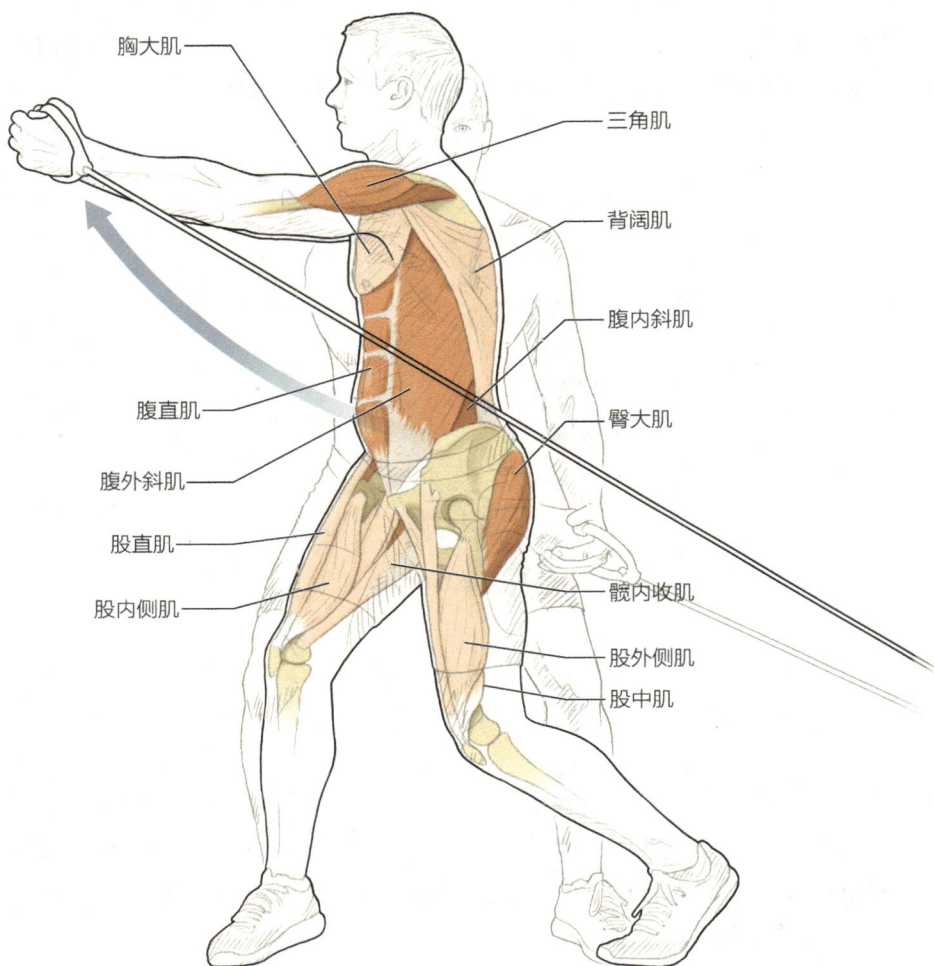

胸大肌

三角肌

背阔肌

腹内斜肌

腹直肌

臀大肌

腹外斜肌

股直肌

髋内收肌

股内侧肌

股外侧肌

股中肌

执行

1. 将弹力绳连接到在你左侧的不可移动物体上接近地面的较低位置。双手握住弹力绳的手柄，并以运动姿势站立，髋和膝稍微弯曲，双脚分开与肩同宽。

2. 保持背部挺直，右腿拉，同时左（后）腿推，快速旋转并站起来，同时将手柄向上拉过身体，沿对角线拉到身体的右上方。重心位于右腿上，眼睛看着位于胸骨前面的手柄。

3. 慢慢回到起始位置。执行要求的重复次数（大多数情况下为 6 ~ 10 次），然后换另一个方向重复动作。

参与的肌肉

主要肌群：腹直肌、腹内斜肌、腹外斜肌、三角肌、臀大肌

辅助肌群：股四头肌（股直肌、股外侧肌、股内侧肌、股中肌）、髋内收肌、胸大肌、背阔肌

高尔夫训练要点讲解

高尔夫挥杆的高速旋转会对身体造成巨大压力。因为高尔夫是一项习惯性长期使用身体一侧的运动，这种不对称的身体运动模式会使球员发生损伤的可能性更高。反向伐木不仅有助于确保旋转灵活性，还有助于加强与高尔夫挥杆相反的运动模式的发展，这将降低损伤风险。负责这些相反运动的肌肉也可以看作是高尔夫挥杆中的减速肌肉。如之前提到过的，减速在高尔夫运动中很重要，因为它允许能量通过身体一直传递到球杆头，同时在所涉及的关节接近末端范围之前帮助消散作用力。因此，即使你只朝一个方向挥动高尔夫球杆，你也必须训练做相反运动的肌肉。

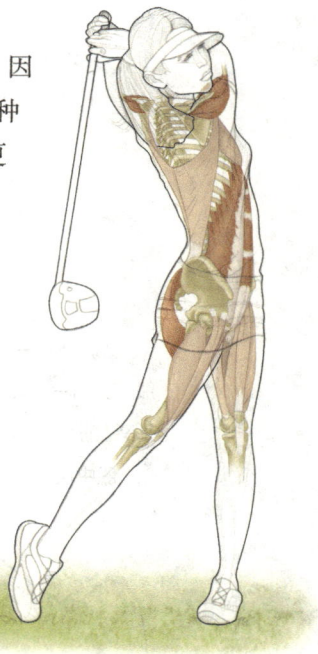

变式

绳索反向伐木

你也可以使用绳索器械执行此练习。将绳索连接到低滑轮并遵循相同的动作。使用绳索会略有不同，因为绳索运动将受到更多限制。这使整个练习过程中的正确姿势和稳定性更为重要。除非你使用的是空气加压绳索器械，否则你需要比使用弹力绳时慢得多的速度执行练习。这将使练习更偏向于力量练习，而不是爆发力练习。

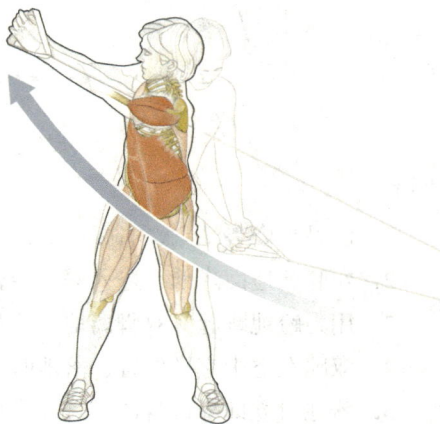

分腿蹲跳

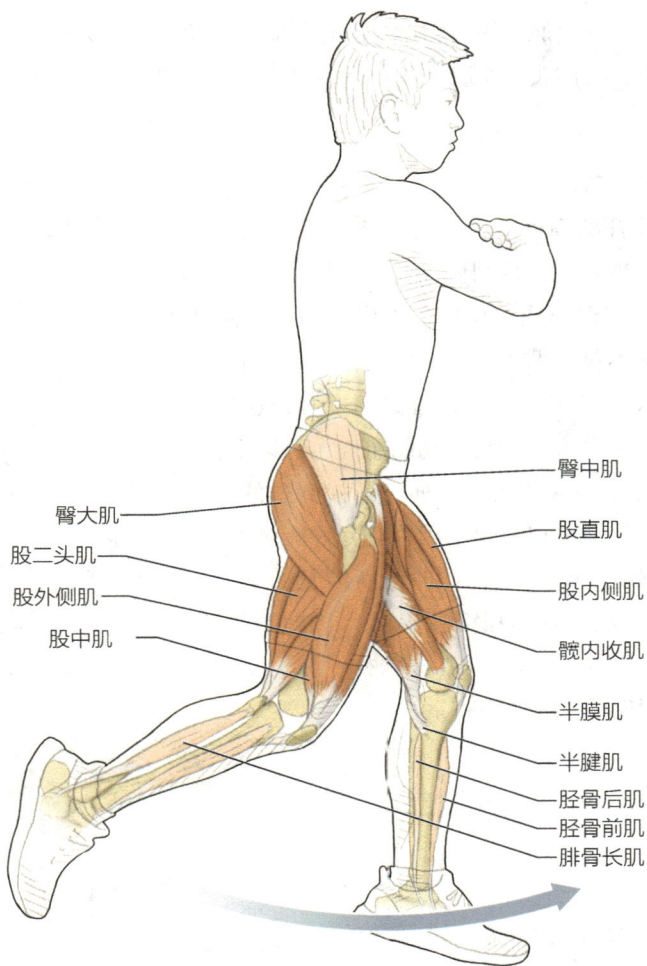

臀大肌

股二头肌

股外侧肌

股中肌

臀中肌

股直肌

股内侧肌

髋内收肌

半膜肌

半腱肌

胫骨后肌

胫骨前肌

腓骨长肌

执行

1. 以弓步姿势站立，右脚在前，左脚在身后。
2. 左膝朝地面降低，进入深弓步，右膝不要移动。
3. 用力蹬地跳起，双脚离地，让身体猛冲到空中。
4. 双腿在空中交换位置，落地时左脚在前，右脚在后。
5. 落地时立即降低身体进入深弓步姿势，并重复练习。

参与的肌肉

主要肌群：臀大肌、股四头肌（股直肌、股外侧肌、股内侧肌、股中肌）、
腘绳肌（半腱肌、半膜肌、股二头肌）、髋内收肌

辅助肌群：臀中肌、胫骨后肌、胫骨前肌、腓骨长肌

高尔夫训练要点讲解

该练习不仅可以促进对臀肌、腘绳肌、股四头肌和髋内收肌的离心和向心
收缩能力的发展，还可以促进对帮助发展足弓和脚踝稳定肌的离心和向心收缩
能力，因此它具有很大的价值。身体减速越快，在以更快的速度挥杆击球时身
体就会觉得更安全。

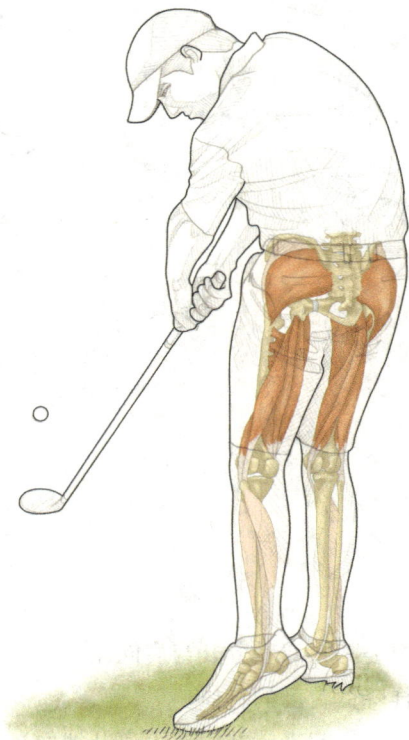

快速收缩复合式俯卧撑

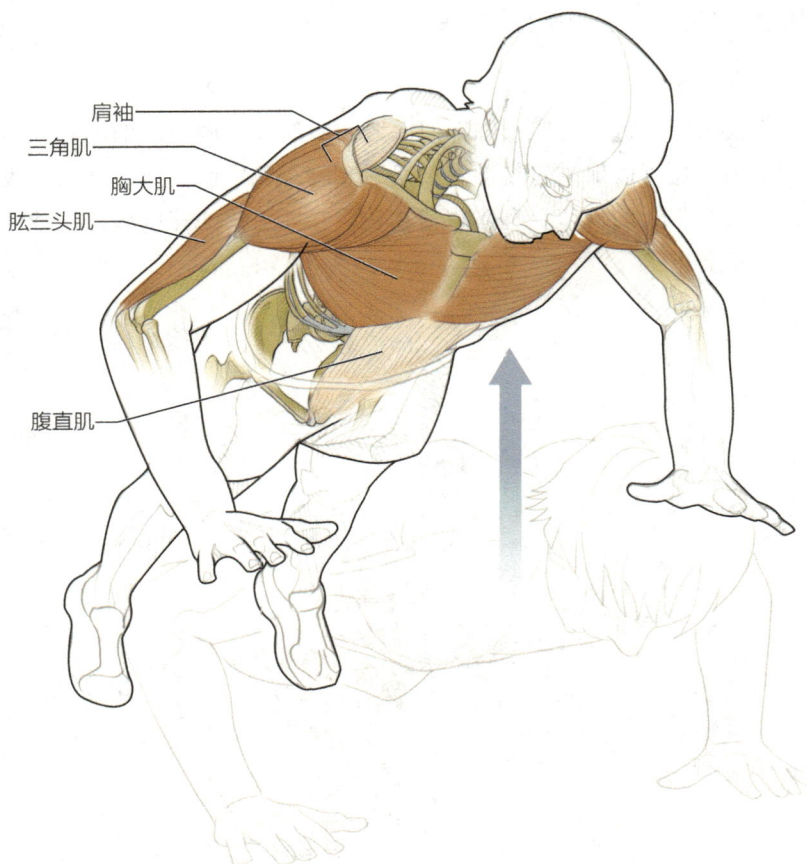

肩袖
三角肌
胸大肌
肱三头肌

腹直肌

执行

1. 身体呈正常俯卧撑姿势，双手分开与肩同宽。

2. 像正常俯卧撑那样降低自己的身体。

3. 尽可能用力、快速地撑起来，并使双手离开地面。

4. 双手轻轻地落地，肘部略微弯曲。在胸部和躯干向地面降低时，让两侧肩胛骨互相靠拢。在整个练习过程中保持身体稳定，保持脊柱、骨盆和腿位于一条直线上。

5. 重复练习。

参与的肌肉

主要肌群： 胸大肌、肱三头肌、三角肌

辅助肌群： 腹直肌、肩袖肌群（冈下肌、冈上肌、肩胛下肌、小圆肌）

高尔夫训练要点讲解

高尔夫中的大多数击球不需要巨大的上半身力量和爆发力。但是，在某些时候，这些身体素质对于击球潜力非常重要。简森·戴伊如此擅长混合赛的其中一个原因就是，他拥有良好的上半身的力量和爆发力来完成一些非常困难的击球。不可避免的是，有一些发球最终会落入一些非常深的长草区。如果没有足够的力量，你将别无选择，保险起见只能将球重新击回到球道上，但这也极具挑战性。通过做快速伸缩复合式俯卧撑来增加上半身的爆发力，在不好的发球后就可以让自己有更多的选择。良好的爆发力能让你更轻松地通过长草区并回到球道，你也将有更多机会从极困难的球位击上果岭。

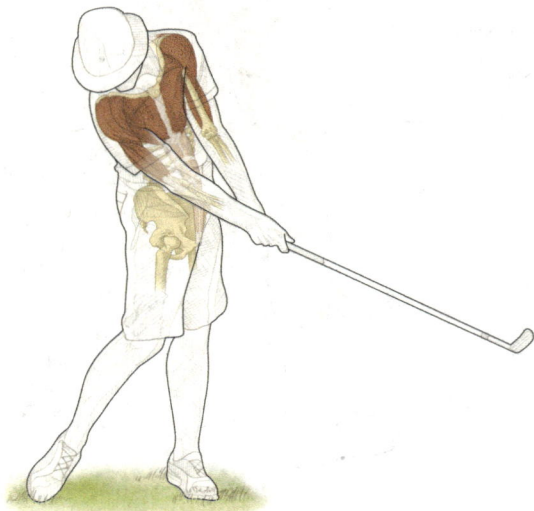

变式

升高式快速伸缩复合式俯卧撑

该练习执行起来更容易一些。不同之处在于，不是在地上，而是使用长凳、楼梯或台阶来消除一些体重的压力。

壶铃甩摆

冈上肌
冈下肌
小圆肌

三角肌

背阔肌
棘肌
最长肌
髂肋肌

腰方肌

臀中肌

臀大肌

股外侧肌

股二头肌

股直肌
股内侧肌
半膜肌
半腱肌

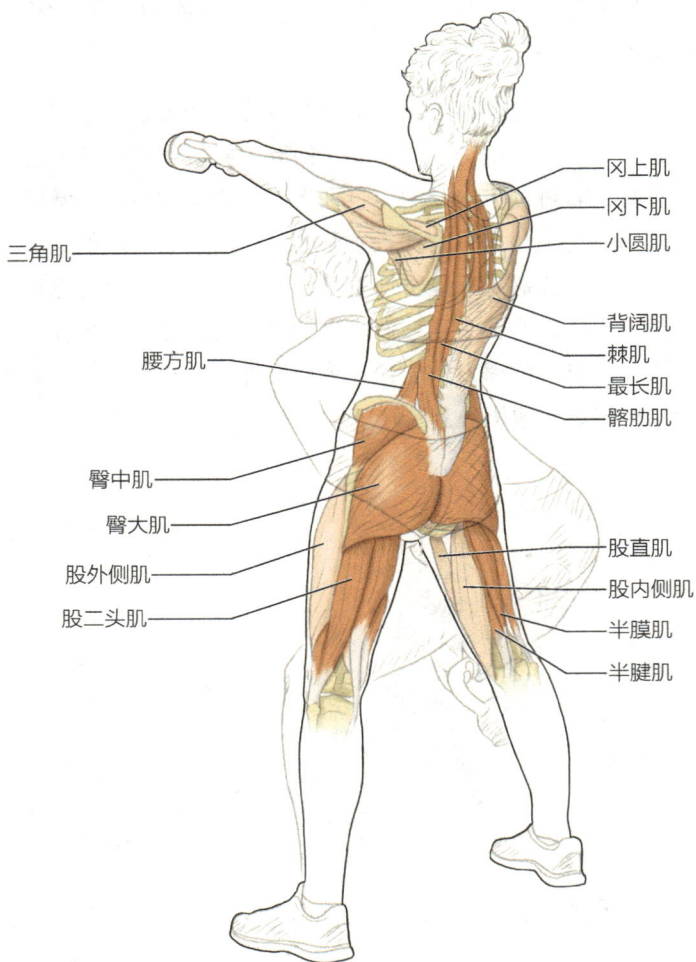

安全提示　首先使用较轻的壶铃，在熟悉练习技巧之后再增加重量。使用较轻的壶铃练习，直到完全学会正确的姿势。

执行

1．以运动姿势站立，双脚略微转向外，略宽于髋宽，稍微弯曲膝盖并屈髋，背部处于中立至略微伸展的姿势，躯干与地面大致平行。壶铃位于头部正下方的地面上。

2．双手在中线位置抓住壶铃的顶部，将壶铃稍微抬离地面，让它在两腿之间摆动。保持脊柱拉长。将壶铃向后甩摆。

3．臀肌发力，伸髋。髋部的推力应该足够大，以使双手能够将壶铃送到大约胸部高度。肘部应该在整个运动中保持伸直。不要靠双臂发力来提起壶铃。手臂仅起着支撑和控制动作的作用。

4．在甩摆的顶部位置，身体应该挺直，以刹住壶铃的动力。

5．在双臂伸直的情况下，继续屈髋并将壶铃向后甩摆。

6．重复 10 ~ 30 秒。

参与的肌肉

主要肌群：臀大肌、臀中肌、腘绳肌（半腱肌、半膜肌、股二头肌）、竖脊肌（髂肋肌、最长肌、棘肌）、腰方肌

辅助肌群：背阔肌、股四头肌（股直肌、股外侧肌、股内侧肌、股中肌）、三角肌、肩袖肌群（冈下肌、冈上肌、肩胛下肌、小圆肌）

高尔夫训练要点讲解

使用臀后侧的大肌群发力，特别是臀大肌和腘绳肌产生有效并具有爆发性的伸展动作，这种能力对于高尔夫球手来说是至关重要的。正确的屈髋动作可以消除下背部的很多压力，并实现从腿部到躯干的更完整的能量传递。无论是投掷和跳跃，还是短跑和拳击等，髋关节伸展是几乎所有体育活动的主要爆发力来源。许多高尔夫球员缺乏正确的屈髋能力，因此，从来没有让身体做好适当的准备来使用臀后侧这些大肌肉发力产生伸髋动作。壶铃甩摆练习可以立即增强在发球台、球道和长草区所需的爆发力。

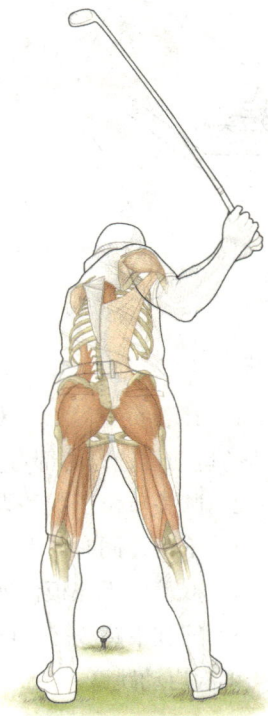

负重背心快速伸缩复合式深蹲

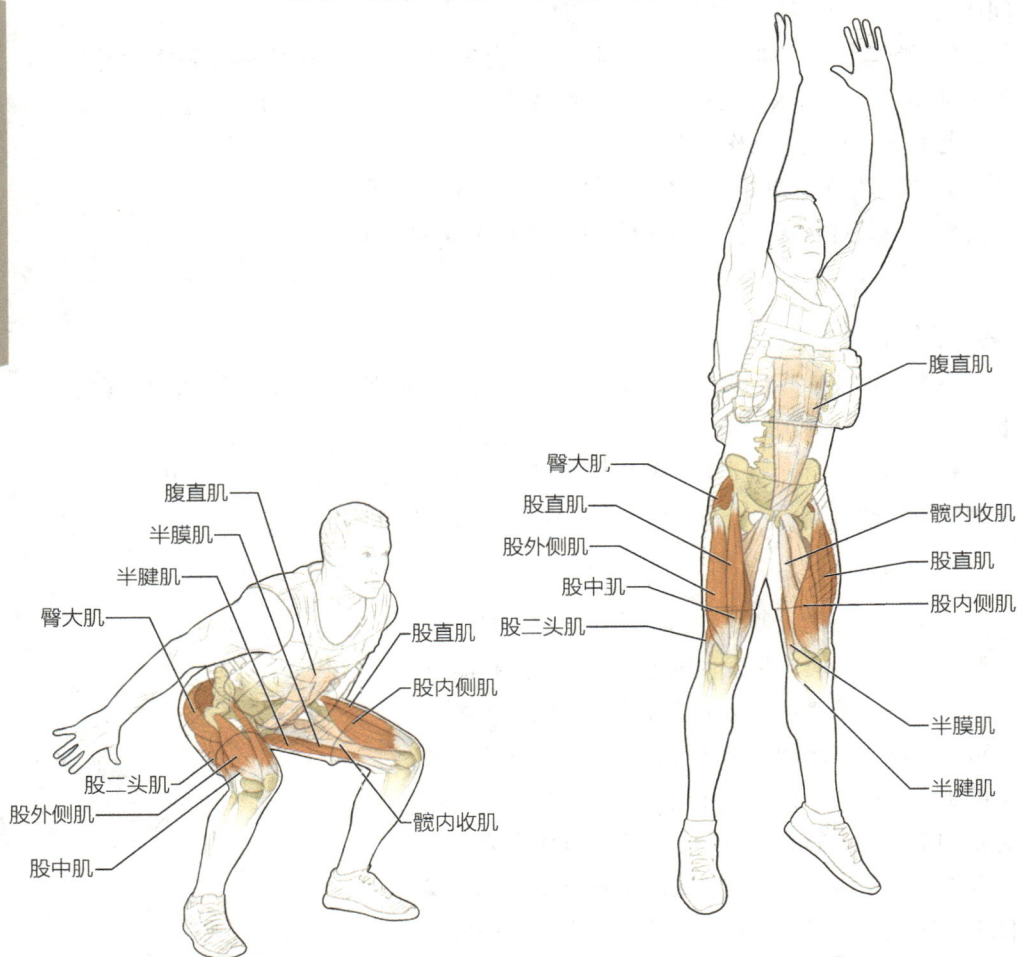

腹直肌

臀大肌

股直肌

股外侧肌

股中肌

股二头肌

髋内收肌

股直肌

股内侧肌

半膜肌

半腱肌

腹直肌

半膜肌

半腱肌

臀大肌

股直肌

股内侧肌

股二头肌

股外侧肌

股中肌

髋内收肌

执行

1. 穿着负重背心，双腿分开与肩同宽站立，双脚稍微向外转。将手臂放在舒适的运动位置，肘部弯曲。

2. 膝关节位于踝和脚的上方。

3. 下蹲，同时向下和后侧拉双臂，让身体准备好用力跳跃。

4. 双臂向天花板伸展，同时尽可能向高处跳跃。

5. 回到下蹲姿势，同时保持脊柱拉长。双脚接触地面后，就立即蹬离地面，开始再次启动跳跃。

安全提示 如果你的髋部前倾，那么要采用更加中立的站姿，双脚彼此平行，脚趾指向前方，而不是向外转。

参与的肌肉

主要肌群： 臀大肌、腘绳肌（半腱肌、半膜肌、股二头肌）、股四头肌（股直肌、股外侧肌、股内侧肌、股中肌）

辅助肌群： 腹直肌、髋内收肌

高尔夫训练要点讲解

　　负重背心快速伸缩复合式深蹲在从深蹲运动的离心、缓冲作用力的阶段过渡到向心爆发性部分的过程时，安全地增加了身体所经受的阻力。对于大多数高尔夫球员来说，关键不在于能跳多高，而是可以快速且有效地减慢身体速度并反转方向。提高减慢身体速度的能力将使高尔夫挥杆变得更安全，因为你可以在更短的时间内缓冲更大的作用力。这意味着在挥杆结束时的速度会降低，而此时许多关节已接近其末端动作范围。而在高尔夫运动中，大多数过度使用性损伤都发生在末端动作范围处。当肌肉不能适当地减慢身体的速度时，关节内部及其周围的结缔组织（关节囊、韧带、肌腱）会承受更大的剪切力和压力扭矩。

　　相反，如果身体能够在撞击后有效地使身体和球杆减速，当你需要打出小鸟球才能进入季后赛时，你将更有可能释放出在第 18 洞打出沙坑所需的额外速度。能够减慢身体速度将获得更高的杆头速度。如果你不能减慢身体的速度，身体将不会让你达到更高的杆头速度，因为它本能地知道更快的速度可能会让身体有更大的损伤风险。

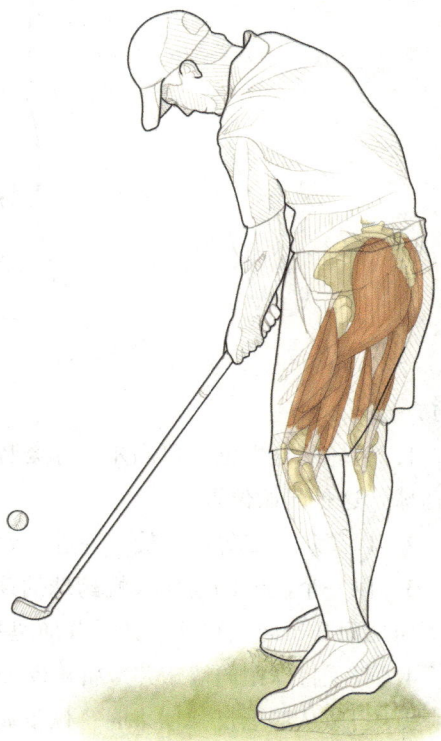

175

快速伸缩复合式高尔夫对墙掷球

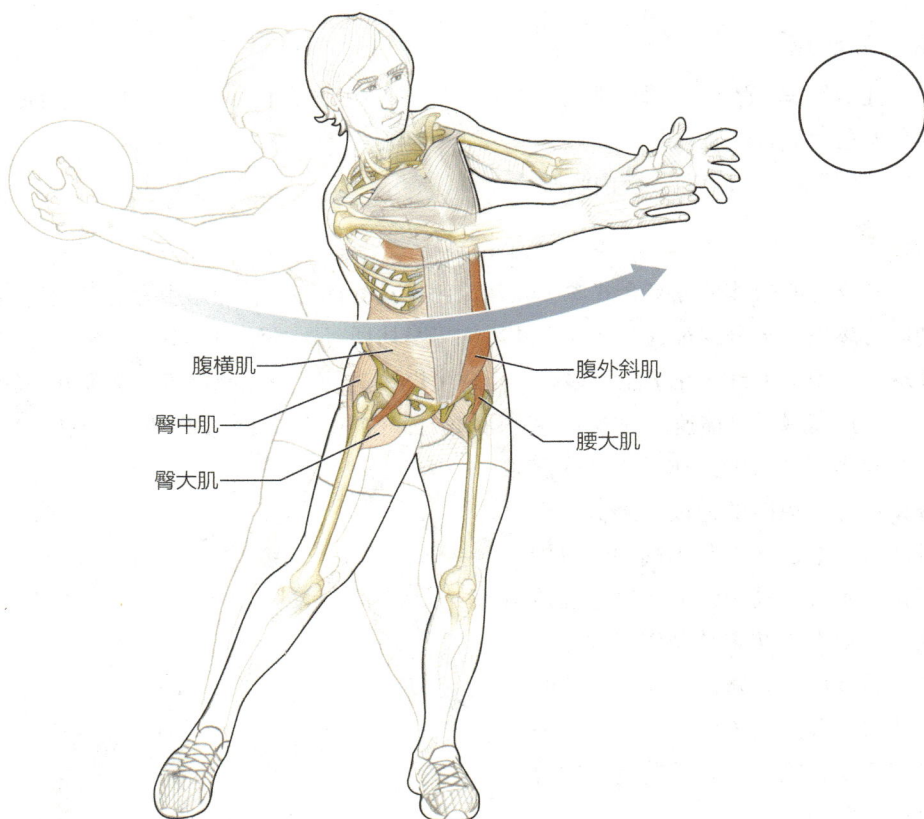

腹横肌

臀中肌

臀大肌

腹外斜肌

腰大肌

执行

1. 身体侧对墙壁，以高尔夫球姿势站在距离坚固墙壁几米的地方，双手拿着药球。这是起始位置。

2. 以高尔夫姿势向右旋转并进入后挥杆位置。

3. 以一个流畅的动作减慢药球的速度，到达后挥杆顶点位置，然后通过双腿下压地面开始向左转动，让手臂加速并将球再次朝向墙壁。

4. 双手将球抛向墙壁并准备接反弹回来的球，同时站起来并完成随挥。

5. 当球从墙上反弹回来时，恢复高尔夫挥杆准备姿势，重复抛球动作，并执行要求的重复次数（6 ~ 10次）。

6. 换另一侧重复动作。

参与的肌肉

主要肌群： 腹内斜肌、腹外斜肌、腰大肌

辅助肌群： 臀大肌、臀中肌、腹横肌

高尔夫训练要点讲解

　　当你到达后挥杆的顶点位置时，重要的是使用核心减慢速度，同时用双腿开始将骨盆推向目标。在下挥杆时骨盆和肩独立运动。学习使用双腿发力来启动下挥杆动作，同时使骨盆与上半身独立运动，这对于发展在挥杆中的爆发力和效率是一个重要的方面。快速伸缩复合式高尔夫掷球有助于发展骨盆、核心和手臂肌肉的离心（拉长）和向心（缩短）爆发力。

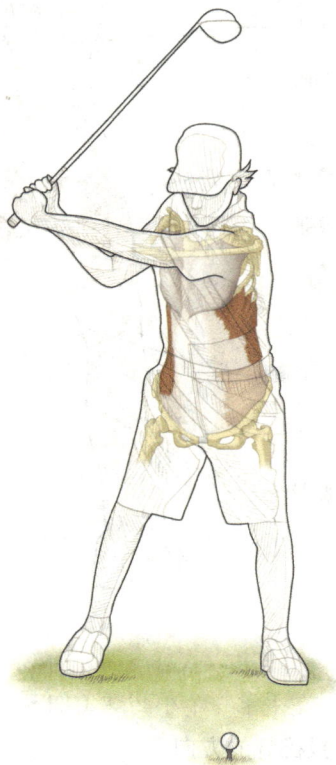

变式

高尔夫姿势对搭档掷球

　　如果没有墙壁，但有练习搭档，在执行此练习时可以将球掷向练习搭档。尝试在旋转到后挥杆位置时接球，并使用平滑过渡来开始旋转。

推铅球

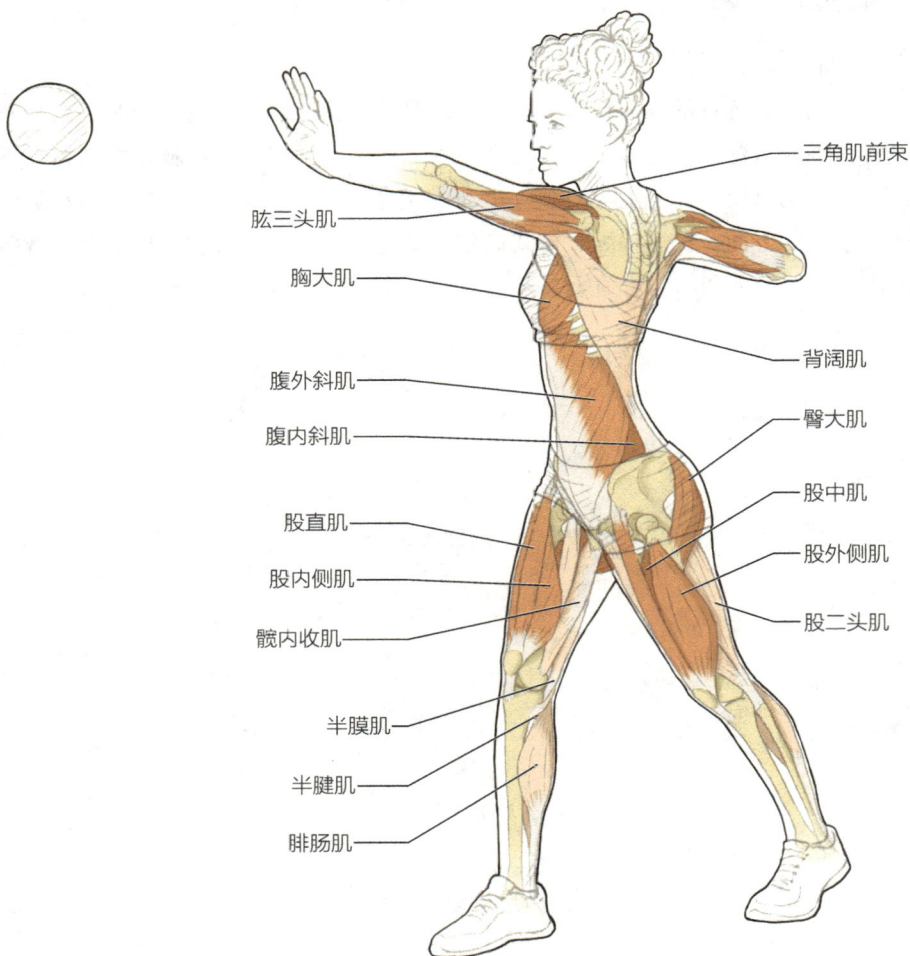

三角肌前束

肱三头肌

胸大肌

背阔肌

腹外斜肌

臀大肌

腹内斜肌

股中肌

股直肌

股外侧肌

股内侧肌

股二头肌

髋内收肌

半膜肌

半腱肌

腓肠肌

执行

1. 双脚前后分开站立，左手拿一个小药球（如 SoftMed 球）放在左肩旁边。右臂伸直，指向身前球要被投掷到的方向。

2. 屈膝，屈髋，躯干向左旋转，使大部分体重落在左脚上。这是起始位置。

3. 通过弯曲右肘并用力将其拉向右髋后侧来开始投掷动作，这有助于让身体朝目标旋转。同时，左脚用力蹬地，将腿和骨盆推向目标方向。

4. 右脚向后、向下用力，将重心转移到右腿上，完全向右旋转。

5. 当身体向右旋转时，用推铅球的动作将球从左肩大力推向目标。能量从地面依次通过脚、膝和髋向上传递。

6. 执行要求的重复次数。然后换另一侧重复动作。

参与的肌肉

主要肌群：胸大肌、三角肌前束、肱三头肌、腹外斜肌、腹内斜肌、臀大肌、股四头肌（股直肌、 股外侧肌、股内侧肌、股中肌）

辅助肌群：腘绳肌（半腱肌、半膜肌、股二头肌）、髋内收肌（目标侧腿）、腓肠肌、背阔肌（目标侧手臂）

高尔夫训练要点讲解

高尔夫中最出色和稳定的发球手能够使用目标侧手臂拉动来使身体朝向目标旋转，同时使用轨迹侧手臂推动来增加传递给球的能量。推铅球是一个很好的练习，可以使上肢的拉（目标侧）和推（轨迹侧）与腿部的拉（目标侧）和推（轨迹侧）同步。这是确保身体在爆发力发展过程中作为一个整体工作的最佳方法之一，同时可以最大限度地减少对任何一个肢体的过度压力。格雷厄姆·德拉特是美国职业高尔夫协会巡回赛 2013 赛季中排名最高的击球手，他就曾利用这种风格的目标侧手臂拉动练习来帮助他发展高尔夫挥杆中使用的精彩旋转。

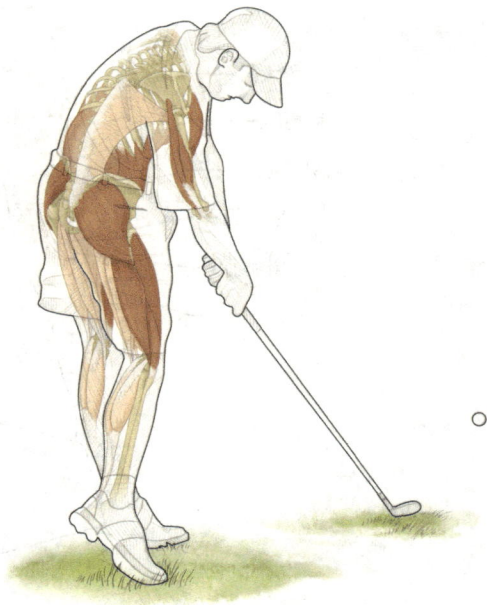

变式

单臂弹力绳拳击

可以使用弹力绳而不是球来练习同样的运动模式。将弹力绳连接到身后右侧的不可移动物体上接近地面的位置。用右手抓住弹力绳的手柄，并执行与推铅球时相同的动作。保持结束姿势 2 秒，然后返回到开始位置，重复练习。

改良版单臂哑铃抓举

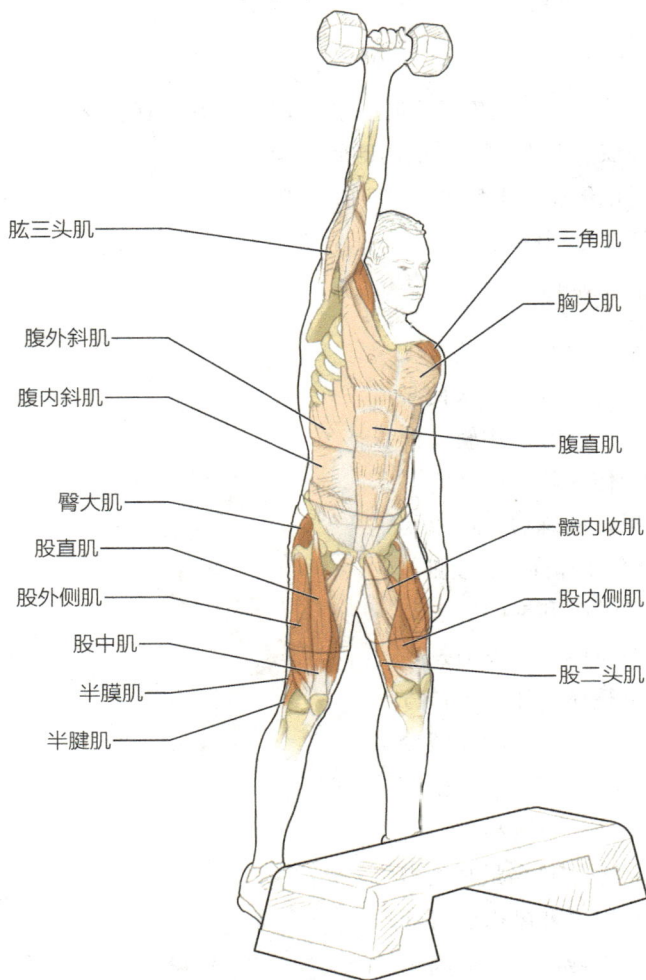

肱三头肌

三角肌

胸大肌

腹外斜肌

腹内斜肌

腹直肌

臀大肌

髋内收肌

股直肌

股内侧肌

股外侧肌

股中肌

股二头肌

半膜肌

半腱肌

执行

1. 将哑铃放在长凳上或离地面约 30 厘米的台阶上。站在长凳的正前方，双脚分开略大于肩宽。哑铃和小腿之间的空间尽可能小。

2. 屈膝屈髋。以正握姿势用右手握住哑铃，掌心向前。将哑铃放在长凳或台阶上（而不是从地面举起重物）有助于拉长脊柱，而不是拱起下背部。

3. 下蹲过程中，右肩胛骨收缩，肩部和背部蓄力。在起始和结束姿势中，肘部伸直，但是在练习的实际移动部分，肘部会弯曲。

4.伸髋伸膝站立起身，并用力向上推动肘部，将哑铃上举。在结束时身体笔直，肘部伸展并位于右肩正上方。保持肩部贴紧肋骨后部，并在整个髋部和手臂的驱动过程中保持肩部下拉。

5. 你会注意到，在用力向上蹬，进入站直姿势的过程中，当脚后跟从地面抬起时，体重转移到脚趾上。

6. 返回至起始位置并执行要求的重复次数。然后换另一侧重复动作。

7. 从相对较轻的重量开始练习，在整个练习过程中要保持脊柱、髋部和肩部的良好姿势。

参与的肌肉

主要肌群: 臀大肌、腘绳肌（半腱肌、半膜肌、股二头肌）、股四头肌（股直肌、股外侧肌、股内侧肌、股中肌）、髋内收肌、三角肌

辅助肌群: 胸大肌、肱三头肌、腹直肌、腹外斜肌、腹内斜肌

高尔夫训练要点讲解

正如我们所讨论的那样，在有条理的运动控制系统的影响下，使用腿部、高效的屈髋和强大的核心对于提高球场上的表现，增加可选的击球方式，并减少损伤的可能性来说是最有效的方法。改良版单臂哑铃抓举需要腿、髋和核心的有效同步。定期执行该练习可以大大提高身体技能，让你更轻松地击败对手。开始这项练习时选择的重量一定要比自己认为需要的重量更轻，并在尝试更重的负荷之前专注于创造尽可能高效的运动。

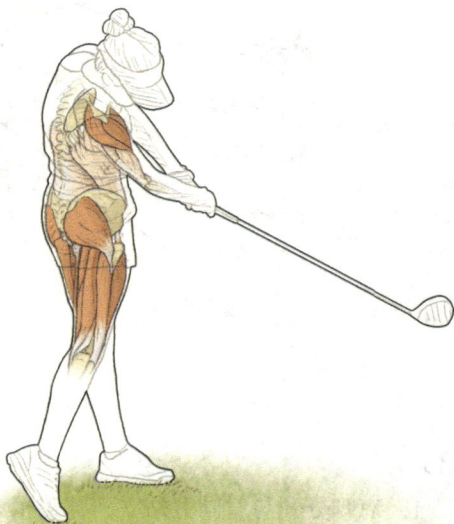

药球稳定性摔砸

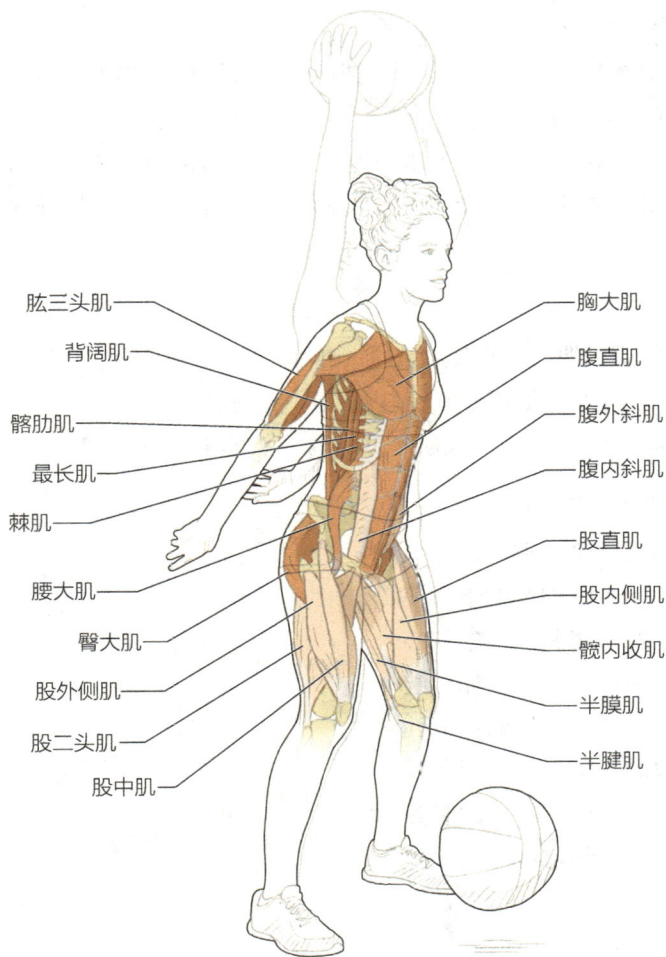

肱三头肌 — 胸大肌
背阔肌 — 腹直肌
髂肋肌 — 腹外斜肌
最长肌 — 腹内斜肌
棘肌 — 股直肌
腰大肌 — 股内侧肌
臀大肌 — 髋内收肌
股外侧肌 — 半膜肌
股二头肌 — 半腱肌
股中肌

执行

1. 双脚分开与肩同宽站立，膝盖稍微弯曲。

2. 将一个可以摔砸的药球举过头顶，同时始终保持躯干稳定。在练习过程中尽量减少脊柱弯曲。这类似于平板支撑练习中所体验的位置，并且被称为站立平板姿势。

3. 在保持站立平板姿势的情况下，尽可能用力地将药球向下砸到身前的地板上。

4. 当球从地面反弹回来时接住球，并将药球放回到头顶位置。

5. 执行要求的重复次数。

参与的肌肉

主要肌群： 腹直肌、背阔肌、臀大肌、胸大肌、肱三头肌、腰大肌、竖脊肌（髂肋肌、最长肌、棘肌）

辅助肌群： 腘绳肌（半腱肌、半膜肌、股二头肌）、髋内收肌、股四头肌（股直肌、股外侧肌、股内侧肌、股中肌）、腹外斜肌、腹内斜肌

高尔夫训练要点讲解

培养脊柱周围肌群对抗内、外部作用力的能力，不仅可以促进力量的发展，还可以增加躯干内部的抗性。增加抗性可减少损伤的机会。许多人习惯在地面上执行平板支撑练习，但在训练中引入与动态站立平板类似的练习将有助于促进脚、脊柱和骨盆中的神经系统感受器之间的协调。在身体的神经系统内进行更好、更准确的沟通将提高你在发球台的表现，以及在长草区、沙地和球道上的棘手球位的表现。

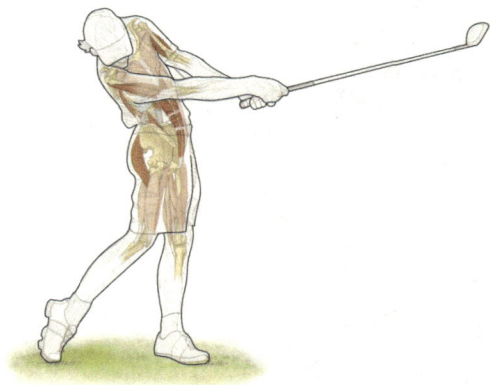

变式

药球爆发性摔砸

可以调整此练习，以增加爆发力并让更多肌肉参与。在练习过程中不是保持站立平板姿势，而是在将球砸到地面时屈髋。在将药球举过头顶时，踮起脚用脚趾支撑。用脚跟蹬地开始动作，然后在将球砸到地面时并屈髋。大多数运动员应该在最低位置保持脊柱伸展，而不是脊柱屈曲。爆发力要从髋部产生，而不是脊柱。

8

方案规划

由于需要专门针对每位高尔夫球手的需求、渴望、限制和天赋设计训练方案，我们分析了一些世界上顶级高尔夫球员的体能训练计划，以了解他们如何在不同的赛季阶段中使用本书中的练习。练习的选择显然会根据每个运动员在球场上或球场下的要求以及球员所承受的总体压力而发生变化。此外，这些运动员使用的阻力水平、组数、休息时间和其他参数在每天和每周都会发生变化，并取决于运动员的生物指标、恢复情况等。

不幸的是，在大多数情况下，运动员由于伤病或身体控制明显受限才开始与我们合作。因此，方案通常首先着重于提高每个关节的动作质量和控制。健康、功能正常的关节是不容妥协的条件。如果关节在做简单的单关节动作时都不能创造或控制正常或更多的活动范围的话，那么你显然不能指望它奇迹般的在多关节动作中获得安全的活动范围。然而，许多训练师、运动员和教练似乎都有这种期望。

当运动员获得必要的关节健康和运动控制能力时，方案的重点通常会转移到整体身体意识和动作效率。我们强调改善脚、髋、脊柱和肩关节的功能和控制力。我们需要运动员具备身体某个关节独立于其他关节单独移动的能力。一旦他们具备这种能力，我们就让这些关节参与更复杂的动作，以使这些关节互相协调、合作。谁会让运动员在尚未具备必需的踝背屈、屈髋或执行自重深蹲的能力时就执行高抓？在本书中，我们建议将在灵活性及平衡和本体感受章节（第3章和第4章）中介绍的动作结合起来，为进入力量和爆发力练习打好基础。

本章节选介绍了高宝璟、加里·伍德兰德、凯文·查普尔、格雷厄姆·德拉特和安秉勋使用的方案。高宝璟的方案侧重于用来建立坚实基础的练习，从双脚开始，自下而上，帮助她获得对每个身体部位的控制。安秉勋的方案则是他在赛季前一周所做的练习示例。他已经在休赛期发展了自己的整体力量和爆发力，所以他逐渐减量训练，并专注于恢复，为欧洲巡回赛和美国职业高尔夫协会巡回赛的大量旅程要求做好准备。格雷厄姆·德莱特在背部手术后使用他的这部分方案保持身体的健康和正常运作，并尽量减少手术的影响。凯文·查普尔的方案是典型的上场前热身训练课示例。无论这是巡回赛中的第1周还是已经连续参赛5周，该方案都有助于确保他的身体做好适当的准备。

最后，加里·伍德兰德的方案展示了他如何在休赛期提高其整体能力。与本章中的许多其他方案不同，加里·伍德兰德的方案包括更多来自本书的力量和爆发力章节中的练习。他已经具备基本能力，并在训练中侧重于建立力量和过渡到以爆发力为重点的部分。参加世界顶级巡回赛的大多数运动员都没有在其方案中花费大量时间在这一部分，因为没有足够长的休赛期，许多运动员需要将大部分时间专用于恢复。当加里·伍德兰德在其训练中执行以力量或爆发力为重点的部分时，其方案也同样强调身体恢复。这可能包括软组织治疗、冷冻疗法、针灸或干针疗法、高压疗法或其他治疗。如果你要努力训练并破坏组织，你需要确保组织拥有可实现适当恢复的必要环境。

无论是精英运动员还是业余运动员，疼痛和炎症都可能是限制其达到最佳表现水平的最大障碍。从高尔夫球员的肘部到下背部疼痛，从外胫炎和半月板发炎到肩部和颈部疼痛，治疗疼痛和炎症膏药可能是最安全的帮助缓解肌肉骨骼疾病的方法。

以灵活性、平衡和本体感受为重点

如果体能训练对你来说是一种全新的体验，或者如果你在相当长的一段时间之后重新恢复体能训练，我们强烈建议你在热身、灵活性、平衡和本体感受练习中多花一点时间。对于大多数高尔夫球员来说，这些练习对于健康和球场上的表现都是最有价值的。在损伤史、训练经验、遗传基因和健康方面，每个人都会有不同的过去。如果手臂和肩部需要更大的灵活性或力量，那么就花更多时间在这些练习上。如果脚或髋关节的灵活性不足，在安排计划时着重强调灵活性练习。

高宝璟的方案（表8.1）对于刚刚开始训练计划并需要提高脚、髋、脊柱和肩部灵活性的高尔夫球员是一个很好的例子。在高宝璟的方案中，练习的重点是孤立各个关节段，以获得让各个关节与相邻关节相对移动的能力。我们大多数人都无法有意识地单独移动一个关节段。结果就是，我们被迫使用代偿性和低效益

表 8.1　高宝璟的以灵活性、平衡和本体感受为重点的方案

练习	重复次数	备注
抬起踇趾	20 次	尽量保持脚趾向正上方抬起，而不是向外倾斜
内翻外翻	20 次	从脚而不是从髋发起动作
分段的猫式和骆驼式	5 次，每次重复用 1 分钟	尝试一次只移动一个脊椎节段
90/90 过渡	每侧 5 ~ 8 次，慢	尝试保持双腿始终分开得尽可能远
肩胛骨画圈	每个方向 5 次	尝试仅移动肩胛骨，移动尽可能大的范围
针对肩部的俯卧泳者式	每个方向 2 次，每次重复用 1 分钟	肘和手始终保持在尽可能高的位置，并缓慢移动
三个位置的侧弓步	每个位置 5 次	在弓步时，专注于让非移动腿侧的膝关节保持伸直
斗蛙式等长练习（内收和外展）	每个方向 1 次，保持 60 秒	始终保持脊柱拉长
单臂弹力绳拳击	每侧 8 ~ 12 次	总是恢复到起始位置并在后髋部蓄力，这样你就可以有效地用腿蹬地，不要忘记用空闲的手拉，以带动旋转

的耦合动作，而这些动作会增加全身肌肉和结缔组织上的压力。一旦这些关键区域变得更加灵活，并且可以受到更精确的控制后，你就可以开始让各身体部位参与更复杂的多关节动作。

当高宝璟第一次开始与戴维斯博士合作时，其方案中的许多基本要素对她来说都是一个挑战。在过去，她会在发展出身体先决条件之前就尝试更复杂的动作。这造成了难以纠正的不良运动模式。你会注意到，该方案非常重视培养平衡和身体意识。最终，她很快掌握了这些练习，并进步到更多层面的动作。

我从未意识到获得对自己身体每个部位的控制有多么重要。当我在训练中专注于这一点时，我可以在高尔夫挥杆中使动作的效率和准确度最大化。我能为您提供的最佳建议就是掌握基础要点，因为所有其他技能都是在基础要点上发展出来的。

高宝璟

通过自重训练强调力量和灵活性

当你可以让每个关节在所需的控制下在必要的动作范围内移动时，可以使用自身体重进行更复杂的练习。如果你的盂肱关节不能很好地内外旋，你的肩胛骨便不能适当地前伸、后缩，你的胸椎也不能有效地伸展、屈曲和旋转，如果是这种情况，便不要执行四点支撑－蟹－四点支撑式。如果这些关节已具备所需的动作范围，那么鼓励转向难度更高的动作。

安秉勋使用的方案（表8.2）为每个关节获得足够控制后可以选择的练习类型提供了一个很好的例子。安秉勋的以自重训练主导的方案具有非常大的挑战性，但通过增减执行的重复次数可以改变其难度。安秉勋的这个均衡的方案将在所有运动平面内加强腿部、手臂和躯干的力量，同时还可以改善全身的灵活性。

安秉勋在2016年大师赛上开始与戴维斯博士一起合作，当时他在该巡回赛的练习中甚至无法完成一次完整的挥杆，这是由于他一直饱受颈部伤病的困扰，并且直到那一周还没有好转。不幸的是，这次伤病在奥古斯塔前一周发展为很严重的问题，并损害了他挥杆的能力。他在周四能够发球，虽然过程很艰苦，但是他以强势的表现完成并晋级到周五的比赛。他在周五表现得非常出色，但最终还是因为一杆而被淘汰了。他了解到，颈部的疼痛和功能障碍是由于对胸椎的伸展和旋转以及肩胛骨的运动缺乏控制。结果就是，肩部和手臂的动作对颈部和上背部造成的压力明显过大。现在他可以更熟练地移动，并且已经建立了执行更复杂的练习的先决条件，他可以在执行力量练习时对其身体造成更少的负面压力。这有利于他的运动表现并减少损伤概率！

在安秉勋的方案（表8.2）中，可以看到他在2018赛季开始前一周所做的一些练习。他已经花了两个月的时间来发展他的整体力量和爆发力，并且在开始繁忙的欧洲巡回赛和美国职业高尔夫协会巡回赛之前，逐渐减少训练并保持其运动潜力，同时发展其能量储备。

我努力改善对身体的控制，并因此在杆头速度和球速方面取得了明显的进步。我从来没有想过，学习如何更高效地移动身体会使我的击球距离能够提升这么多。

安秉勋

表 8.2　安秉勋通过自重训练培养力量和灵活性的方案

练习	重复次数	备注
90/90 过渡	每侧 5 次，慢	在每次练习时，当后腿进入向外旋转姿势时，前腿尽可能长时间地保持在地面上
四点支撑转上下犬式	3 ~ 5 次	别着急，专注于每个椎骨与上一个椎骨的相对移动
哥萨克式深蹲	每侧 5 ~ 8 次	始终保持脊柱拉长，它很容易变得过度拱起
蟹式伸臂	每只手臂 5 次，慢	开始动作时首先双脚用力蹬地，抬起髋部，然后用腹部呼吸，并尝试让上半身和悬吊的手臂放松
四点支撑 – 蟹 – 四点支撑式	每个方向 3 ~ 5 次	注意肩部动作，不要让肩部向耳朵耸起
四点支撑转蝎式伸展	每个方向 2 ~ 3 次	当你向上推髋部时，要确保手臂伸直；当你向天花板抬起时，专注于抬起髋部而不是伸展髋部
不对称开球旋转	每个方向 8 次	当你进入后挥杆时，保持肩胛骨向下
单腿飞机式	每条腿 10 次	蹬趾应始终与地面保持接触，假装蹬趾下面有一只小虫，不要让它逃脱
跪姿双手过头掷球	8 ~ 12 次	尝试注意在将球举过头顶时不要让肋骨抬起来，这将使下背部更稳定

以力量和爆发力为重点

　　当能够正确完成高级自重训练时，就可以增加外部阻力（哑铃、壶铃等）。你可以重点强调提高力量，然后提高爆发力。加里·伍德兰德的方案（表 8.3）显示了他在休赛期所执行的方案类型，这是他使用自重训练来提高灵活性和身体意识，让身体做好适当准备后的方案。他在全面热身后执行该方案，方案的开始针对爆发力训练，然后是力量训练（六角杠铃硬拉），这样在进行爆发力训练时，神经系统就不会因为高需求的加速和减速而疲劳。该方案为强调力量和爆发力的全身训练方案提供了一个很好的例子。

表 8.3　加里·伍德兰德的以力量和爆发力为重点的方案

练习	重复次数	备注
跪姿双手过头掷球	8 ~ 12 次	手臂发力，但保持脊柱支撑
分腿蹲跳	每条腿 5 ~ 8 次	每次跳跃都要跳得尽可能高
负重背心快速伸缩复合式前蹲	5 ~ 8 次	在深蹲的最低位置，下背部不要放松
六角杠铃硬拉	3 ~ 8 次	将自己拉向地面时，锁住肩和背阔肌，然后在站起来时专注于用力蹬地
俯卧撑转平板支撑	每只手臂 12 次	从平板姿势转变为俯卧撑时，要用力推地面
单臂旋转推举	每侧 8 次	用非负重手拉动身体，使躯干正确旋转
高脚杯弓步行走	连续弓步行走 30 秒	将前腿的膝关节向后拉，向上推身体并离开弓步姿势
弹力绳反向伐木	每侧 8 次	动作结束后始终返回到起始位置，如果匆忙完成动作，很容易使动作不标准

　　2017 赛季是加里·伍德兰德第一次在美国职业高尔夫协会巡回赛上打完一个完整的赛季，并且保持没有伤病。这一成功的大部分原因在于他有了一个新的重点：在整个赛季中保持体能训练，而在以往他通常会因为巡回赛分神而懈怠训练。这个新的训练方案很有帮助，并且他加入了定期的治疗和康复计划。由于加里·伍德兰德能够健康地完成 2017 赛季，他就可以利用 2017–2018 赛季的休赛期作为专注于提高其力量和爆发力的机会。本方案是他在休赛期中期执行的训练类型的一个例子。你会注意到他在这部分训练中仍然强调身体控制、平衡和灵活性，但他的重点是探索他的运动潜力。

　　我需要掌握基础的练习，才能获得执行这些更复杂的动作的权利。如果你投入时间和精力去完成本书开头的练习，你会在力量和爆发力练习中获得明显更大的进步。

加里·伍德兰德

以动态热身为重点

　　当你循序渐进地完成本书的练习，并且你的身体发展了抗性后，你就可以改变上场前的热身练习，使其包括的练习不仅可以让你为即将到来的练习或比赛做好准备，还可以为将来的训练课做好准备。如果你想想狂热的业余球员或职业高尔夫球员要做多少上场前或练习前的热身，你就可以了解热身为长期改善身体提供了多好的机会。

在凯文·查普尔的方案（表 8.4）中，我们看到有一个部分是高尔夫前热身。他的方案通常需要 25 ～ 30 分钟。热身的一个重点是挑战他的弱点，以实现长期改善。普通职业高尔夫球员每年参加 25 ～ 30 个锦标赛周，即每年将进行 125 次以上的热身，而这尚未包括在休赛的周末打高尔夫。改进的机会有很多！第 2 章中的热身非常适合那些刚开始其体能训练之旅的人，但是随着身体的改善，应使用更加详细的个性化方案，涉及更复杂的练习。在这个热身方案中，凯文·查普尔首先激活他的脚、髋、肩和脊柱，然后进入需要旋转和抗旋转的全身练习。他最后要完成更加动态的练习，强调速度，并且使用弹力带来提供渐进的阻力。这个热身方案提供了很好的例子，首先是孤立的低强度运动，然后是可控的全身练习，最后当身体已经完成适当的热身和准备时，执行剧烈的高速运动。

表 8.4　凯文·查普尔的以动态热身为重点的方案

练习	重复次数	备注
抬起踇趾	20 次	尽量保持脚趾向正上方抬起，而不是向外倾斜
四点支撑转上下犬式	5 次，每次重复用 1 分钟	当脊柱从屈曲过渡到伸展再从伸展过渡到屈曲时，感觉动作要有力并且要缓慢移动
90/90 过渡	每侧 5 ～ 8 次，慢	尝试保持双腿始终分得尽可能远
针对肩部的俯卧泳者式	每个方向 2 次，每次重复用 1 分钟	肘和手始终保持在尽可能高的位置，并缓慢移动
手抓脚趾式	每侧 2 次，每次重复用 20 秒	非支撑腿尽可能抬高，稳定腿保持伸直，但是对于大多数人来说，抬起的腿可能是弯曲的
跪姿弹力绳推拉	每侧 8 ～ 12 次，慢	在整个练习过程中保持屈髋和脊柱角度不变
抗旋转罗马尼亚硬拉	每侧 5 ～ 8 次	在保持脊柱中立的情况下尽可能降低身体，在降低时不要让髋部打开
抬膝反向弓步	每个位置 8 次	在这个动作中的任何时候都不要让膝盖靠向身体中线
不对称开球旋转	每个方向 8 次	用双腿发力创造爆发力，并让脚、髋和核心参与
单臂弹力绳拳击	每侧 8 ～ 12 次	在该练习中，拉的手臂与推的手臂同样重要（可能比推更重要）

热身给你提供了一个将自己的不足转变成优势的机会。这个热身方案中的许多动作都集中在凯文·查普尔想要在其身体能力中提高的领域。如果你在热身时做同样的练习，你也会注意到自己的身体在高尔夫球场内外的移动和表现都有显著改善。

> 大多数看我挥杆的人都认为我应该击出更远的距离。幸运的是，我能够在马克·布莱克本这里找到一位伟大的教练和知识渊博的训练师及治疗师（本书的作者），他们能够配合我的身体，使我最大限度地发挥独特的潜力。你需要利用身体最高效的移动方式来挥杆，而不是去模仿其他人。确保身体在每次练习课和上场打每一轮时都经过热身，这很重要，因为适当的热身不仅仅是一项身体活动。是的，它将帮助你在打高尔夫时更有效地移动，并且它也提供了一个机会去摆脱生活中不可避免的干扰，同时创造一个极好的机会来确保身体为每一次发球做好充分准备。
>
> 凯文·查普尔

以损伤康复为重点

在本书中没有专门介绍损伤预防。然而，我们列举了一个来自格雷厄姆·德拉特的术后训练（表8.5）的例子，这是其方案的一部分，目的是改善脚、踝、髋和脊柱功能，以尽量减轻接受了手术的下背部的压力。康复和预防中最大的错误之一是过分关注受伤的组织。在棒球中，这类似于关注投手接受韧带移植手术的肘部。如果你只关注肘部，那么再次受伤的可能性会非常高，因为你没有改变投掷动作对肘部的压力。通过改善髋、脊柱和肩的功能，我们通常可以减轻对肘部的压力，并且再次受伤的可能性明显降低。

背部受伤的高尔夫球员也是如此。如果我们改善在受伤区域下方和上方的关节功能，我们就可以明显减少下背部结构所承受的负荷，并大大降低损伤风险。如果你之前有过背部损伤或想要尽可能降低背部损伤的可能性，请从格雷厄姆·德拉特的方案中吸取经验，并将其添加到自己的方案中。

格雷厄姆·德拉特在美国职业高尔夫协会巡回赛的整个2010赛季中都受到背痛的困扰。不幸的是，背痛已经达到了让他无法下地的程度。他于2011年1月接受了微创椎间盘切除术。然后，他把2011年剩下的时间都用于背部恢复，并试图回到巡回赛。12月到来了，他打球时仍然无法摆脱疼痛。一起参加美国职业高尔夫协会巡回赛的一名职业球员建议他去寻求戴维斯博士的帮助，于是他飞往

表 8.5　格雷厄姆·德拉特的损伤康复为重点的方案

练习	重复次数	备注
抬起踇趾	20 次	这比看起来更难
内翻外翻	20 次	专注于足弓的隆起和压平，如果正确地执行此练习，在移动足弓时将会看到胫骨前后旋转
分段的猫式和骆驼式	5 次，每次重复用 1 分钟	动作要缓慢进行
90/90 过渡	每侧 5～8 次，慢	尝试保持双腿始终分开得尽可能远
鸽子式	每侧 1 次，每次重复用 40～60 秒	专注于呼吸，并把注意力集中在髋部背面
肩胛骨画圈	每个方向 5 次	动作要慢，并且幅度尽可能大
鹳式转弓式	每条腿 3 次，每次重复用 30 秒	尝试感受全身尽可能拉长
哥萨克式深蹲	每个方向 10 次	让髋部尽可能低，并感受到大腿内侧的张力
三角式	每个位置 5 次	重点应该放在旋转上，而不是放在膝关节有多直，不要牺牲旋转来拉直膝关节
斗蛙式等长练习（内收和外展）	每个方向 1 次，每次等长用 60 秒	始终保持脊柱拉长
V 字坐姿加旋转和单臂伸展	每侧 5～8 次	尽量保持背部的自然弯曲，并且在维持这个弧度情况下尽可能旋转，开始时双脚均在地面上

奥兰多进行评估。在评估过程中，戴维斯博士发现格雷厄姆·德拉特的脚、踝和髋没有在适当的范围内移动，并且每次挥杆都会给他的下背部带来很大的压力。根据这些发现，格雷厄姆·德拉特必须非常重视改善这些关键区域的动作范围和控制。在本书所列出的方案中，你会找到他用来减少下背部的压力的一些练习。

　　改善我的髋部内旋以及踝和踇趾的背屈有助于我重返美国职业高尔夫协会巡回赛。我不仅能够重返巡回赛，而且在完成 2013 赛季时还是美国职业高尔夫协会巡回赛中排名最高的击球手，并为我赢得了第一次代表国际联队参加总统杯比赛的机会。

格雷厄姆·德拉特

练习进阶

　　正如本章的训练方案所示，练习处方可能会有很大差异。即使是世界上一些最伟大的球员在尝试力量和爆发力练习之前，也需要先回归基础。我们强烈建议你完全摒除有效锻炼总是需要大量出汗和负重的错误想法。如果你可以不再仅仅注重负重多少，而是掌握好动作，你就会在高尔夫球场上看到收获。本书中安排这个进阶章节是有特殊考虑的；该章节应帮助你确定哪些练习适合自己。我们还创建了一个练习进阶表（表8.6），以帮助你设计自己的高尔夫体能训练计划。该表按照章节顺序列出了本书中的练习。练习的类别或特定条件列在练习名称的旁边，并列出了相对应的章节，帮助你快速找到练习的细节和任何变式。

　　此表中最有用的部分是标记为"先决条件"的一列，这是在执行第一列中的练习之前必须掌握的先决条件。本书的每一部分都以之前的练习为基础，因此你要熟悉特定练习之后，再继续进行后面章节中的多方面练习。使用此列中的信息作为判断指标，评估应该关注哪些练习，以及可以多快地进阶练习。你可能会发现自己可以熟练地执行肩胛/肩部练习，但在其他方面则需要更多训练，例如基本的髋、脚和踝的灵活性。如果是这种情况，你的方案中可以选择更高级的肩胛骨练习，但也应包括第2章和第3章的髋、脚和踝的灵活性练习。或者，你可能会发现自己可以迅速进阶脚和踝的练习，但是需要更多时间来掌握髋关节和肩胛的练习。在这种情况下，使用此表可以帮助你更快地进阶到脚和踝的高级练习，同时继续前几章的髋关节和肩胛练习。先决条件列应该可以帮助你了解何时可以进阶到更高级的练习，或者你是否应该继续学习某个节段的运动的基础。如果你发现自己最初还需要加强前几章的练习，请不要感到惊讶。对自己诚实，并相信在高尔夫球场上的最大收获将来自于掌握了热身、灵活性、平衡和本体感受章节的练习。

表 8.6　练习进阶

运动前的热身				
练习	页码	类别	变式	先决条件
踝关节背屈，使用 SUPERFLEX 弹力带	22	热身		
髋 90/90	23	热身		
鸽子式	24	热身		
三角式	25	热身		
分段的猫式和骆驼式	26 ~ 27	热身		
肩胛骨画圈	28	热身		
针对肩部的俯卧泳者式	29	热身		
平板支撑	30	热身		
单腿站立髋关节屈曲和膝关节伸展	31	热身		
三个位置的侧弓步	32 ~ 33	热身		
实现最佳挥杆角度所需的灵活性				
练习	页码	类别	变式	先决条件
等长髋屈肌拉伸保持（腘绳肌激活）	40 ~ 41	灵活性		
斗蛙式等长练习（内收和外展）	42 ~ 43	灵活性		髋 90/90（热身）
90/90 过渡	44 ~ 45	灵活性		髋 90/90（热身）
单臂冲拳对侧手臂拉	46 ~ 47	灵活性		肩胛骨画圈（热身）
四点支撑转上下犬式	48 ~ 49	灵活性		分段的猫式和骆驼式（热身） 针对肩部的俯卧泳者式（热身）
蟹式伸臂	50 ~ 51	灵活性		肩胛骨画圈（热身） 针对肩部的俯卧泳者式（热身） 分段的猫式和骆驼式（热身）

续表

实现最佳挥杆角度灵活性训练				
练习	页码	类别	变式	先决条件
四点支撑转蝎式伸展	52 ~ 53	灵活性		分段的猫式和骆驼式（热身）
				针对肩部的俯卧泳者式（热身）
				单腿站立髋关节屈曲和膝关节伸展（热身）
四点支撑 – 蟹式 – 四点支撑	54 ~ 55	灵活性		蟹式伸臂（灵活性）
哥萨克式深蹲	56 ~ 57	灵活性		三个位置的侧弓步（热身）
				踝关节背屈，使用SUPERFLEX弹力带(热身)
灵活性反向打开练习	58 ~ 59	灵活性		肩胛骨画圈（热身）
				分段的猫式和骆驼式（热身）
背靠墙天使式	60 ~ 61	灵活性	仰卧天使式	肩胛骨画圈（热身）
				分段的猫式和骆驼式（热身）

实现有效能量转移的平衡和本体感受训练				
练习	页码	类别	变式	先决条件
抬起踇趾	66 ~ 67	平衡	辅助式抬起踇趾	
内翻外翻	68 ~ 69	平衡	相反的内翻外翻	
等长提踵	70 ~ 71	平衡	等长提踵转部分挺髋蹲	抬起踇趾（平衡）
单腿滚球	72 ~ 73	平衡	闭眼单腿滚球	单腿站立髋关节屈曲和膝关节伸展（热身）
单腿飞机式	74 ~ 75	平衡	单腿高尔夫挥杆	单腿站立髋关节屈曲和膝关节伸展（热身）
				三角式（热身）
改良版手抓脚趾式	76 ~ 77	平衡	手抓脚趾式	单腿站立髋关节屈曲和膝关节伸展（热身）
				三个位置的侧弓步（热身）

续表

实现有效能量转移的平衡和本体感受训练				
练习	**页码**	**类别**	**变式**	**先决条件**
单腿接球	78 ~ 79	平衡	单腿对墙接球	单腿站立髋关节屈曲和膝关节伸展（热身） 单腿滚球（平衡）
鹳式转身	80 ~ 81	平衡	药球鹳式转身	改版手抓脚趾式（平衡）
鹳式转弓式	82 ~ 83	平衡	闭眼鹳式转弓式	鹳式转身（平衡） 分段的猫式和骆驼式（热身）
健身球直腿抬髋	84 ~ 85	平衡	在楼梯、台阶或椅子上的直腿伸展 在健身球上的不稳定腿部伸展	蟹式伸臂（灵活性）
健身球腘绳肌弯曲	86 ~ 87	平衡	使用健身球的不稳定腘绳肌弯曲 单腿健身球腘绳肌弯曲	健身球直腿抬髋（平衡）
单腿战绳拔河	88 ~ 89	平衡	闭眼拔河	鹳式转弓式（平衡）
单腿伸手深蹲	90 ~ 91	平衡	支撑式单腿深蹲	踝关节背屈，使用SUPERFLEX弹力带（热身） 单腿站立髋关节屈曲和膝关节伸展（热身） 三个位置的侧弓步（热身）
不对称开球旋转	92 ~ 93	平衡		肩胛骨画圈（热身） 髋90/90（热身） 灵活性反向打开练习（灵活性）
实现无伤病挥杆的旋转对抗和减速训练				
练习	**页码**	**类别**	**变式**	**先决条件**
半侧平板支撑髋关节系列	98 ~ 99	旋转对抗		
跪姿弹力绳推拉	100 ~ 101	旋转对抗		平板支撑（热身）
跪姿战绳：击败波浪	102 ~ 103	旋转对抗		平板支撑（热身） 健身球腘绳肌弯曲（平衡）

续表

实现无伤病挥杆的旋转对抗和减速训练				
练习	页码	类别	变式	先决条件
在平板支撑中交替伸臂	104 ~ 105	旋转对抗	在跪姿平板支撑中交替伸臂	平板支撑（热身）
				针对肩部的俯卧泳者（热身）
				分段的猫式和骆驼式（热身）
平板支撑拉战绳	106 ~ 107	旋转对抗	跪姿平板支撑拉战绳	在平板支撑中交替伸臂（旋转对抗）
退一步向内旋肩	108 ~ 109	动态旋转对抗		背靠墙天使式（灵活性）
单腿水平劈砍	110 ~ 111	动态旋转对抗	绳索单腿水平劈砍	单腿滚球（平衡）
V字坐姿加旋转和单臂伸展	112 ~ 113	动态旋转对抗		灵活性反向打开练习（灵活性）
				健身球腘绳肌弯曲（平衡）
				跪姿战绳：击败波浪（旋转对抗）
旋转侧平板支撑	114 ~ 115	动态旋转对抗		半侧平板支撑髋关节系列（旋转对抗）
				平板支撑（热身）
				针对肩部的俯卧泳者式（热身）
抗旋转后弓步	116 ~ 117	动态旋转对抗		跪姿弹力绳推拉（旋转对抗）
				三个位置的侧弓步（热身）
抗旋转罗马尼亚硬拉	118 ~ 119	动态旋转对抗		鹳式转弓式（平衡）
				跪姿弹力绳推拉（旋转对抗）
前后减速跳	120 ~ 121	减速		踝关节背屈，使用SUPERFLEX弹力带（热身）
				单腿伸手深蹲（平衡）
				单腿战绳拔河（平衡）

续表

实现无伤病挥杆的旋转对抗和减速训练				
练习	页码	类别	变式	先决条件
侧向跨步到侧向弹跳	122 ~ 123	减速	药球侧向弹跳 侧向弹跳加转身	内翻外翻（平衡） 哥萨克式深蹲（灵活性） 单腿伸手深蹲（平衡） 鹳式转身（平衡） 半侧平板支撑髋关节系列（旋转对抗）
跳深	124 ~ 125	减速	负重背心跳深蹲	踝关节背屈，使用SUPERFLEX弹力带（热身） 斗蛙式等长练习（内收和外展）（灵活性） 单腿伸手深蹲（平衡） 半侧平板支撑髋关节系列（旋转对抗）
增加击球距离的力量训练				
练习	页码	类别	变式	先决条件
前蹲	132 ~ 133	力量		跳深（减速）
高脚杯弓步行走	134 ~ 135	力量		分段的猫式和骆驼式（热身） 抗旋转后弓步（动态旋转对抗）
抬膝反向弓步	136 ~ 137	力量		高脚杯弓步行走（力量） 单腿站立髋关节屈曲和膝关节伸展（热身）
俯卧撑转平板支撑	138 ~ 139	力量	跪姿俯卧撑转平板支撑	针对肩部的俯卧泳者式（热身）
T俯卧撑	140 ~ 141	力量	哑铃T俯卧撑	肩胛骨画圈（热身） 针对肩部的俯卧泳者式（热身） 半侧平板支撑髋关节系列（旋转对抗）

续表

增加击球距离的力量训练				
练习	页码	类别	变式	先决条件
坐姿弹力绳划船	142 ~ 143	力量	坐姿绳索划船	肩胛骨画圈（热身） 针对肩部的俯卧泳者式（热身） V 字坐姿加旋转和单臂伸展（动态旋转对抗）
反向划船	144 ~ 145	力量	辅助式引体向上	针对肩部的俯卧泳者式（热身） 平板支撑（热身） 健身球腘绳肌弯曲（平衡）
等长农夫持铃	146 ~ 147	力量	单臂等长农夫行走	分段的猫式和骆驼式（热身） 针对肩部的俯卧泳者式（热身） V 字坐姿加旋转和单臂伸展（动态旋转对抗）
六角杠铃硬拉	148 ~ 149	力量	杠铃硬拉	针对肩部的俯卧泳者式（热身） V 字坐姿加旋转和单臂伸展（动态旋转对抗） 抗旋转罗马尼亚硬拉（动态旋转对抗）
俯身杠铃划船	150 ~ 151	力量		六角杠铃硬拉（力量）
战绳引体向上	152 ~ 153	力量		平板支撑拉战绳（旋转对抗） 反向划船（力量）
单臂旋转推举	154 ~ 155	力量		针对肩部的俯卧泳者式（热身） 旋转侧平板支撑（动态旋转对抗） T 俯卧撑（力量）
高山式深蹲	156 ~ 157	力量		单腿伸手深蹲（平衡） 侧向弹跳加转身（减速）

续表

增加发球距离的爆发力训练				
练习	页码	类别	变式	先决条件
跪姿双手过头掷球	164 ~ 165	爆发力	模拟双手过头掷球 对墙双手过头掷球	平板支撑（热身） 跪姿弹力绳推拉（旋转对抗） 跪姿战绳：击败波浪（旋转对抗）
弹力绳反向伐木	166 ~ 167	爆发力	绳索反向伐木	V字坐姿加旋转和单臂伸展（动态旋转对抗） 单臂旋转推举（力量）
分腿蹲跳	168 ~ 169	爆发力		高脚杯弓步行走（力量） 抬膝反向弓步（力量）
快速收缩复合式俯卧撑	170 ~ 171	爆发力	升高式快速收缩复合式俯卧撑	平板支撑（热身） 俯卧撑转平板支撑（力量）
壶铃甩摆	172 ~ 173	爆发力		前蹲（力量） 六角杠铃硬拉（力量）
负重背心快速伸缩复合式深蹲	174 ~ 175	爆发力		跳深（减速） 前蹲（力量）
快速伸缩复合式高尔夫对墙掷球	176 ~ 177	爆发力	高尔夫姿势对搭档掷球	V字坐姿加旋转和单臂伸展（动态旋转对抗） 单臂旋转推举（力量）
推铅球	178 ~ 179	爆发力	单臂弹力绳拳击	单臂旋转推举（力量） 弹力绳反向伐木（爆发力）
改良版单臂哑铃抓举	180 ~ 181	爆发力		前蹲（力量） 战绳引体向上（力量）
药球稳定性摔砸	182 ~ 183	爆发力	药球爆发性摔砸	俯卧撑转平板支撑（力量） 战绳引体向上（力量）

结束语

我们希望你现在已理解设计真正有效的高尔夫体能训练方案所需的一切。同时，我们也应该知道即使对于技能水平相似的球员，他们的训练方案也不可能是相同的。在设计高效的体能训练方案时，需要考虑许多因素。本书提供了多种练习以供选择。了解身体在正确的高尔夫挥杆过程中如何移动，有助于你针对提高身体实现这些运动的能力来设计一个体能训练方案。这是利用体能训练来将击球变得更远、更稳定、更准确的最佳方式。我们希望本书能让你更深入地了解高尔夫挥杆的力学，并提供一个最佳方法来让你的身体为更高水平的高尔夫挥杆做好准备。

作者简介

照片由罗布·哈克斯提供。

克雷格·戴维斯（Craig Davies），是美国职业高尔夫协会巡回赛的体能教练，多个国际高尔夫协会和多国 PGA 的顾问。从 2006 到 2009 年，他在美国最成功的青少年高尔夫学院之一的学校担任营养与健身系主任。

戴维斯曾在许多研讨会和峰会上担任主题演讲嘉宾，包括加拿大高尔夫运动峰会、安大略省 PGA 职业发展研讨会和世界高尔夫健身峰会。他在总统杯和莱德杯等国际性赛事中有着丰富的工作经验。他的客户包括许多国际高尔夫球手，而他的职业高尔夫球手客户则一直是巡回赛中的精英，其中包括凯文·查普尔、贾斯汀·罗斯、梁容银、金时沅、高宝璟、加里·伍德兰德、格雷厄姆·德拉特、金河珍、亨利克·斯滕森、肖恩·奥海尔、亨特·马汉和斯蒂芬·艾米斯等。

戴维斯是位于美国佛罗里达州的弗莱运动表现学院的 DEPTH 系统研究所的所长。他在网站上为训练员、教练和手法治疗师提供在线教育课程，并在世界各地为训练员开办增强运动表现的讲习班。

照片由多米尼克·迪塞亚提供。

文斯·迪赛亚（Vince DiSaia），动量功能性健康机构的创始人兼临床主任。他的目标是为所有客户提供最全面的健康策略，以确保他们在优化健康状况的同时发挥出最高的竞技水平。

迪赛亚在健康和健身领域从业超过 15 年。他不断研究健康、健身和运动表现方面的最前沿理念。他目前的研究重点是功能性医学，此前，他曾接受过力量指导师、脊椎治疗师和运动医学专家的指导。他的方法既可优化运动员的身体能力，也可促进健康，从而提升人体运动表现。在其职业生涯中，迪赛亚与多项不同运动的职业运动员合作，并参加过美国职业高尔夫协会巡回赛和美国女子职业高尔夫协会巡回赛。他喜欢与同事分享他的知识，并曾经为医生、治疗师和力量教练讲授关于下背部疼痛、跑步损伤、高尔夫挥杆生物力学、高尔夫健身，以及通过健康优化提升运动表现等主题的内容。

译者简介

唐翀，清华大学经济管理学院全日制工商管理硕士；清华大学学生高尔夫球协会创始人，担任了第一届和第二届清华大学学生高尔夫球协会会长，并成为协会终身荣誉会长。在担任会长期间，积极组织各种活动，协会发展了1800余名会员，会员遍布多个国家。倡导用科学高效的训练方法普及高尔夫运动，并总结了多种高尔夫训练方法。译有《高尔夫运动从入门到精通（全彩图解第2版）》一书。